Market and Competition in the Twenty-First Century:
Digital Economy, Platforms, and Imperfect Competition

21世紀の市場と競争

デジタル経済・プラットフォーム・不完全競争

安達貴教——[著] Takanori Adachi

勁草書房

はじめに

雲一つない快晴のもと、ヘリコプターから地上の様子を眺める。その光景は、前世紀末である１９９０年代と比べてどれほど変化したであろうか。確かに、一部では高層のビルディングは増えた。しかし、都市部・非都市部の双方において、その様相には劇的な違いはないであろう。20世紀を象徴する工業品とも言える自動車の流れにもそれほど大きな変化はない。

けれども、ヘリコプターの窓越しからよく目を凝らしてみると、30年前とは大きく異なる点がある。人びとは常に何か小型の四角い物体を触っているのだ。それがどういう種類の物体なのかは、２０２４年の読者の皆さんにとっては説明するまでもない。

デジタル社会30年史

私たちは現在、スマートフォンを通じて、常時、インターネットに接続している。日本ネットワークインフォメーションセンター（ＪＰＮＩＣ）が提供しているウェブページ「インターネット歴史年表」（https://www.nic.ad.jp/timeline/）は１９５８年から始まっているが、自由民主党が１９５５年の結党後、初めて政権から下野した１９９３年からその記述が増え始める。実際、マイクロソフト社のWindows 95が発売された１９９５年が、インターネット普及のターニングポイントとなる「インターネット元年」だったことが多くの識者によって指摘されている（音 ２０１９ １７９頁）。

表０・１は、この30年ほどにわたってのインターネットを中心とする社会の主な動きをまとめたものだ。少し長いのだが、読者の皆さんの今までの人生とも重ね合わせながら、しばし歴史を振り返ってみてほしい。

こうして、この30年弱の間、情報通信技術（Information and Communication Technology: ICT）の高度化・安定化に伴い、２０２４年の私たちは、インターネットに常時接続しているスマートフォンやパーソナル・コンピューター（ＰＣ）を巧みに用いて、音楽・動画のコンテンツを消費し、日用品の購入やコンサートの予約もし、そして、それらに伴う決済

表 0.1　デジタル社会の変遷（1992 年以降の主な出来事。名称・役職等は当時）

1992	日本初のウェブページが誕生
1993	郵政省（現・総務省）がインターネットの商業利用を認可
1994	Yahoo! が誕生 ニフティがインターネット接続サービスを開始 首相官邸のウェブページが誕生
1995	Amazon.com（1993 年設立）が営業を開始 マイクロソフトが Windows 95、Internet Explorer 1.0 を発表 ソニーがインターネット接続サービスを開始（So-net）
1996	Yahoo! Japan がサービス開始 jp ドメインの登録数が 1 万を超える
1997	Infoseek Japan、Goo、Excite Japan がサービスを開始 google.com の誕生
1998	Google が法人化 jp ドメインの登録数が 5 万を超える
1999	NTT ドコモが「i モード」のサービスを開始 コンピューター・ウィルスのメリッサ（Melissa）が流行 2 ちゃんねる（インターネット上の匿名掲示板）が開設 jp ドメインの登録数が 10 万を超える
2000	マイクロソフトが Windows 2000 を発売 Google が日本語での検索サービスを開始 NTT 東日本・西日本が、光ファイバーを用いたインターネット接続サービス（B フレッツ）の提供を開始
2001	Wikipedia が始動 IT 基本法（高度情報通信ネットワーク社会形成基本法）が施行 小泉純一郎内閣がメールマガジンの配信を開始 jp ドメインの登録数が 30 万を超える
2002	東京電力が光ファイバーを用いたインターネット接続サービス（TEPCO ひかり）の提供を開始（2006 年まで）

	特定電子メールの送信の適正化等に関する法律（いわゆる「迷惑メール防止法」）が施行
2003	MySpace、Skype が創業 携帯電話用の OS の開発を目的として Android 社が設立 jp ドメインの登録数が 50 万を超える
2004	Facebook や mixi が誕生し、ソーシャル・ネットワーキング・サービス（SNS）が普及するようになる Firefox 1.0 が公開
2005	YouTube が創業 いわゆる「e- 文書法」が施行 jp ドメインの登録数が 70 万を超える
2006	Amazon Web Services の提供開始 Twitter（現 X）が設立される ニフティが 1987 年に始めたパソコン通信サービスを終了させる ニコニコ動画がサービス提供を開始
2007	ウィキリークス（機密情報公開ウェブサイト）の存在が広く認知される アメリカで iPhone が発売 jp ドメインの登録数が 90 万を超える
2008	Twitter の日本語版が公開 Dropbox がサービス提供を開始
2009	マイクロソフトが Windows 7 を発売 jp ドメインの登録数が 110 万を超える
2010	Evernote（ウェブ上での文書管理システム、2004 年創業）が日本語版サービスを開始
2011	LINE がサービスを開始 Zoom が創業 首相官邸が Twitter の公式アカウントを開設 jp ドメインの登録数が 120 万を超える
2012	アマゾンが、日本向けの Kindle Store を開始 マイクロソフトが Windows 8 を発売 首相官邸が LINE の公式アカウントを開設
2013	首相官邸が Facebook に公式ページを開設

	メルカリが創業
2014	NTT ドコモが「カケホーダイ」（定額制通話サービス）を開始
2015	Apple Watch が発売 jp ドメインの登録数が 140 万を超える
2016	日本銀行が FinTech センターを設立 マストドン（ミニブログ）が開設
2017	人工知能 AlphaGo が、著名囲碁棋士に勝利 Slack（グループチャット用ツール、2009 年創業）が日本語版サービスを開始
2018	EU がグーグルに 43 億 4000 万ユーロ（約 5700 億円）の制裁金の支払いを命令 jp ドメインの登録数が 150 万を超える
2019	Google＋（Google による SNS）が終了 Facebook が独自の仮想通貨発行計画を発表（2022 年に正式断念） フランスがデジタル課税法を施行 第 5 世代移動通信システム（5G）の提供が各国で開始される 日本のインターネット広告費が、テレビメディア広告費を超える（電通発表「2019 年 日本の広告費」）
2020	新型コロナウィルスの感染症が拡大 米携帯通信大手のスプリントと T モバイルが合併 ファーウェイ（華為）が、スマートフォン対応の独自 OS（HarmonyOS 2.0）を発表 厚生労働省提供の新型コロナウィルス接触確認アプリ（COCOA）が運用開始
2021	「特定デジタルプラットフォームの透明性及び公平性の向上に関する法律」（透明化法）が施行 デジタル社会形成基本法が施行（IT 基本法は廃止） デジタル庁が発足 Facebook が社名を Meta に変更、メタヴァース（仮想世界）事業の拡大を発表 日本のインターネット広告費が、マスコミ四媒体広告費（新聞・雑誌・ラジオ・テレビメディア）を超える（電通発表「2021 年 日本の広告費」）
2022	Microsoft が Internet Explorer のサポートを終了

	イーロン・マスク氏（米国・電気自動車開発大手のテスラ CEO）が Twitter を買収 OpenAI が生成系 AI（人工知能）の一種である ChatGPT を公開
2023	理化学研究所が、国産の量子コンピューターの稼働を開始 Twitter が X に名称を変更

出所：日本ネットワークインフォメーションセンター（JPNIC）「インターネット歴史年表」（https://www.nic.ad.jp/timeline/）を中心とするインターネット上の情報をもとに筆者作成

を行なっている。これに付随して、さまざまな情報をネット検索し、また、ソーシャル・ネットワーキング・サービス（ＳＮＳ）によって、国境を越えた双方向的な情報発信をしている。

経済学の視点

このような行動様式は、直接的な金銭の授受を伴うか否かにかかわらず、広い意味では「取引」と見なされ、経済学が伝統的に分析の対象としてきたものにほかならない。そして、経済学は、こうした取引の場そのもの、あるいは、取引の実現が可能であることが認識されているような状況の存在を抽象的に「市場《しじょう》」（market）と捉えてきた（武田晴人 ２００８b 57頁、大瀧 ２０１８ 39頁）。本書の第３章において、高校の新科目「公共」の教科書に言及するが、そこでは、おおむね、市場とは、「買い手（需要者・消費者）と売り手（供給者・生産者）が取引をする抽象的な場」として説明されている[1]。そして経済学においては、取引を活発にするための方策として、「競争」（competition）が有効であると考えられてきた（武田晴人

2008b 57頁）。

本書は、ここ30年ほどにおける、このようなデジタル技術を基盤とした「市場」の変容を「プラットフォームの経済学」の視点から読み解き、21世紀における市場、そして競争のあり方について考察してみようとする試みである。

ちなみに、ヘリコプターという20世紀型の工業製品にわざわざ搭乗しなくても、21世紀のデジタル技術を兼ね備えるドローンを飛ばし、地上にいながらにしてデジタル画面越しに、人びとがスマートフォンで何を見ているのかを仔細に観察する。2024年の現在にあっては、これが遠くはない将来に実現されることが予想されよう。更に遠い先の22世紀には……?　それは、人類の市場と競争の歴史をつぶさに見続けてきた不死鳥だけが知るものである。

1　例えば、清水書院の『私たちの公共』では、次のように説明されている（94頁）。

「市場」は、卸売市場のような具体的な場所や組織をさすものではありません。売り手（供給者）と買い手（需要者）が取引する状況をさす抽象的な概念です。たとえば「日本のりんご市場」といった時、それは日本国内のさまざまな地域でのりんごの生産、企業や家計によるりんごの需要といった国内のりんご取り引き全体の状況をさしています。

21世紀の市場と競争——目次

第1章

市場とは何か、競争とは何か

不死鳥ではない我々ではあるが、本章ではまず、20世紀までの「市場」の歴史を概観してみよう。そして、21世紀型の市場を特徴づける「プラットフォーム」に関して、経済学的な観点を交えながら考えてみたい。更に、「市場」と並び、本書のもう一つの核である「競争」について、次章以降で詳しく見るための手引きを与えることで、大まかな見取図を得ることとしよう。

「市場」の歴史

図1・1は、人類史において、取引の場＝市場の形態が、どのように推移してきたのかを概念的に示したものだ。洋の東西を問わず、古代や中世においては、もっぱら、広場や河原

図 1.1　人類史における市場の変遷

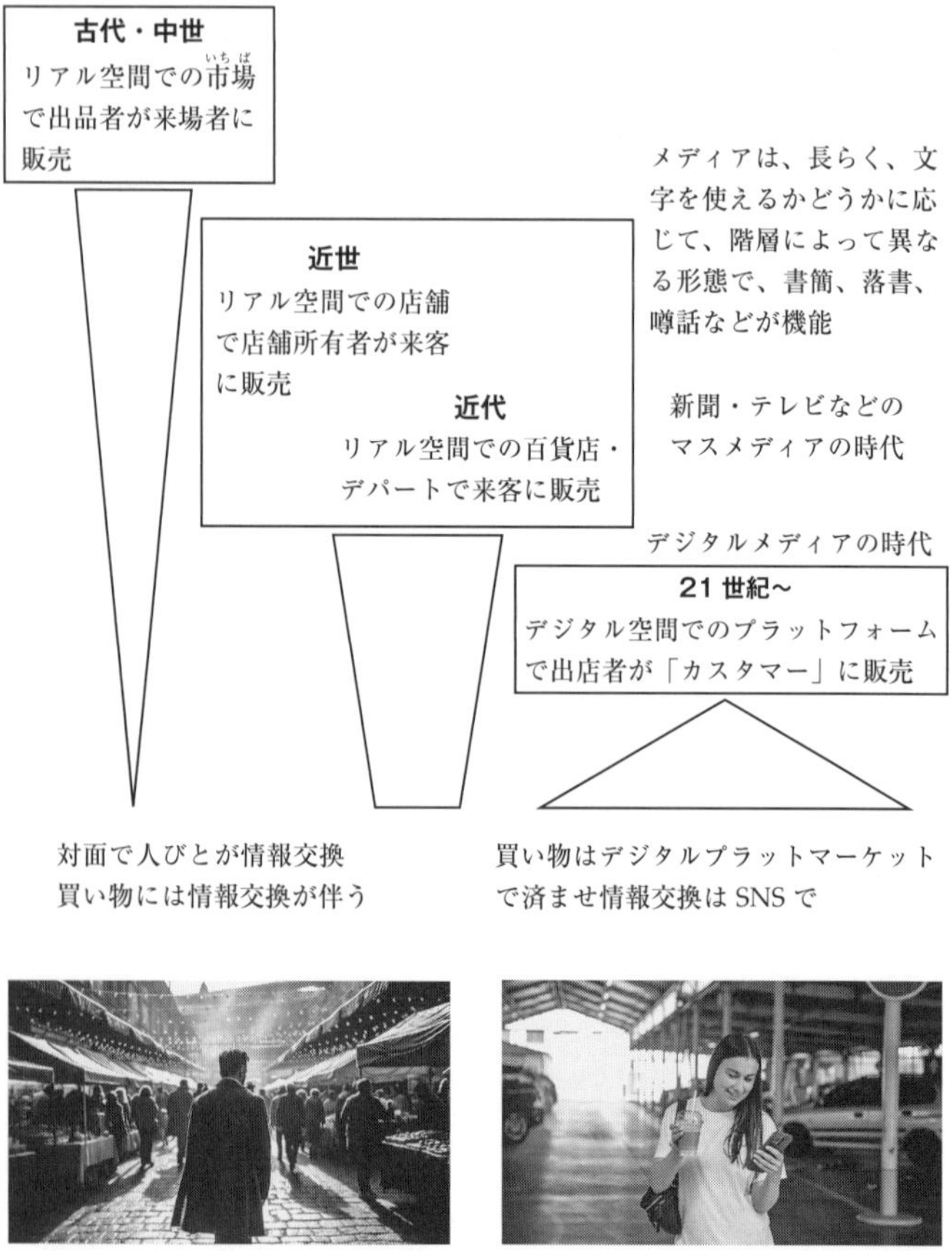

著作者：vecstock／出典：Freepik　　著作者：pvproductions／出典：Freepik

などでの市《いち》がメインであった。日本については、紀元後240年前後を記す『魏志倭人伝』において、地方ごとに市が立ち、交易が行なわれていたことが記されている。[1] ここでは、売り手が品物を出品し、買い手が物色しながら購入するかどうかを考える。リアル空間かデジタル空間かという違いはあるが、現代のデジタル・プラットフォームでの取引と構造は共通していよう。なお、ヨーロッパ中世史家の阿部謹也（1935–2006）、中世史家の勝俣鎮夫氏、そして経済史家の武田晴人氏が述べるように、マスメディアやネットニュース、SNSがなかった時代にあっては、市は、取引の場としてだけではなく、人びとの貴重な交流や情報交換の機会として機能していた（網野・阿部 1994 77頁、勝俣 1986 187頁、武田晴人 2008b 65頁）。[2] 現在でも、寺社などで開かれている市は、古くからの名残り、あるいはそのリバイバルである。[3]

---

1 『新訂 魏志倭人伝・後漢書倭伝・宋書倭国伝・隋書倭国伝—中国正史日本伝（1）—』石原道博編訳、岩波文庫、1985年、48頁。

2 ヨーロッパでの例を見てみると、例えば、イギリスの詩人ジェフリー・チョーサー（1343?–1400）によって14世紀後半に著された『カンタベリー物語』では、法学院の食料調達係がmarketで上手に買い物をしている様子が描写されている（『完訳 カンタベリー物語（上）』桝井迪夫訳、岩波文庫、1995年、45頁）。

3 なお、歴史家の網野善彦（1928–2004）によると、「いちば」の本来の表記は「市庭」であり、「市場」は中世後期以降でしか見出せないという（網野 2012 155頁）。「庭」とは、古さて、中世が進むにつれ、売り手が通りに常設店舗を構え、買い手はそこを訪れて物品を購入する形式も徐々に増えてきたものと考えられる。例えば、京都では、15世紀から16世紀にかけて、公家や武家が集住していた上京《かみぎょう》地区では、米屋、餅屋（ここで「餅」とは祭事に食する和菓子のこと）、油屋、薬屋などが居住しており（三枝　２０２２　21頁）、筆者の想像では、社会の上層に対する用聞きだけでなく、広範な層を対象に店頭販売も始まっていたものと思われる。また、地方では、そうした集住から都市が形成されていった（網野　２０１２　１６０頁）。このようにして、物理的な「場」としての「市場《いちば》」は、社会における制度や慣習に支えられながら、売り手と買い手が、場所や時間を特定化せずに取引を行なう、つまり、「市場《しじょう》」という抽象概念で把握できるような状況へと進化を遂げてきたのだ（浅子　２０２１　１１６頁）。

そうして近代に入り、現代の百貨店やデパートのような大規模な小売店舗が、日本においては明治期に登場する。当時は、勧工場《かんこうば》と呼ばれており（武田晴人　２００８ｂ　78頁）、夏目漱石（１８６７-１９１６）の小説『それから』（１９１０年）では、主人公の長井代助が、新橋の勧工場をぶらぶらするというくだりがある（第12章）[4]。なお、明治期には、新聞も登場するようになり、またその後、ラジオやテレビが普及するにつれて、取引の機会における情報交換の重要性は減っていった。

20世紀を特徴づけるのは、近世・近代からの市場形態を引き継ぎながら、そこで取引される消費財の生産プロセスが大規模化したことであろう。鉄鋼や石油などを材料とする重化学工業は、世界的には19世紀後半に勃興したが、日本においては、戦後の高度成長期に花開く。テレビ・洗濯機・冷蔵庫の「三種の神器」、そして自動車といった耐久財の普及である（武田晴人 ２００８ａ 第２章、吉川 ２０１２ 第２章）。こうした製品の生産のためには、多大なる事前投資、つまり「固定費用」が生じるものと考えられる。実は、このような科学技術の発展状況とその利用様式は、本書が対象とする市場と競争の理解に密接に関わってくる。以下の第３章では、このような「20世紀の市場と競争」を解説することにしよう。

　ここまでが20世紀末頃までの市場史の概観である。

代・中世においては、人びとが、何かの作業や生産、あるいは芸能を行なう場所を意味していた（網野 ２０１２ １５６頁）。そのような日常の世界とは異なる、世俗的な縁から切り離された「場」において（「無縁」）、「近代の商品交換、市場原理の原点」（網野 ２００５ 59頁）が垣間見られるのである。

4　なお、駅のターミナルに大規模店舗を併設するというビジネス戦略は、大阪・兵庫地区で多角的な鉄道経営を展開していた小林一三（１８７３-１９５７）に由来する（宮本 ２０１３ ４１０頁）。１９２９年、梅田駅での阪急百貨店の開業を皮切りに、戦前から戦後の高度経済成長期にかけて、関東地区や名古屋近隣などの都市圏で展開を見せた。

「プラットフォームの経済学」の着眼点

第6章以降で詳しく紹介していくが、まず出発点として、「プラットフォーム」とは、複数の異なるタイプのグループが関係しあう「場」を指すものと理解しておこう（小田切 2019 276頁、スルネック 2022 54頁）。典型的には、オンライン・ショッピングのモールが、買い手である消費者、そして出店者である企業といった二種類の異なったタイプの利用者に対面している状況である。このような性質に着目して、「両面市場」（two-sided markets）と呼ばれることもある。広告主など別の他者も介在するならば、それは「多面市場」（multi-sided markets）だ。

およそ30年前、いや、20年前であっても、「プラットフォーム」と言えば、駅の「プラットホーム」の意味でしか用いられていなかったものと筆者は記憶している[5]。メリアム＝ウェブスター（Merriam-Webster）がインターネット上で提供している辞書（https://www.merriam-webster.com/）によると、platform の原義は、「周囲よりも高くなっている平面」といった意味であるが、そこから転じて、多義的に用いられている言葉である。共通する点は、人びと、あるいはいろいろなモノが行き交う「場」であるという点だ。駅のプラットホームでは乗客や荷物が行き交うが、デジタルなプラットフォーム上ではデジタル情報が飛び交うことになる。

私たちが関心を持つ「取引」の文脈では、異なるタイプのグループとは、典型的には、「売り手」と「買い手」である。とすると、彼らが関係しあう場であるプラットフォームとは、それこそ、インターネット出現前どころか、有史以来から存在していた「市場《いちば》」そのものではないか。その通りなのであるが、「プラットフォームの経済学」は、従来の経済学が見落としていた点に着目する。それが「グループ間の外部性」(cross-group externalities)だ。

通常、経済学の基本的な考え方においては、売り手と買い手が、何らかの共通認識を持ちながら、その消費から何らかの便益をもたらすものが「財」として取引されるものと想定される。これは、取引対象の性質によっては「サービス」とも呼ばれる。買い手の方は、消費から何らかの利益を感じるが、そのような満足を得るためには、売り手に「価格」を支払わなければならない。そして、売り手は、費用をかけて、財やサービスを提供する見返りとして「価格」を受け取る。

しかし、ここで例えば、「ある賃貸アパートの一室に住む」という「サービス」に対して

5 ただし、２０００年１月の時点で、仏文学者・映画評論家の蓮實重彦氏が東京大学総長としてアメリカ合衆国・ボストン市で行なったスピーチでは、そこで話題としている大学間学術協定を「共同のプラットフォーム」(collaborating platform)と表現している例がある(蓮實　２００１　１６６頁)。

の「価格」である賃料を考えよう。ここでの買い手である借家人は、「部屋に住む」という行為を「サービス」として認識し、そこから便益を得る代わりに、売り手である貸主に価格を支払い、入居を開始したのである。ところが、ほどなくして、この借家人は、隣人の流す音楽が毎日、壁際から聞こえてくるのに気づく。漏れてくる音楽のジャンルが自分の趣味に合うかどうかということは、この借家人の毎日の幸福感に関わることであろう。自分の趣味に合っていれば、それに対する価格を支払うことなく満足を得ていることになるし、自分の趣味に合っていなければ、それに対する補償を得ることなく不快な毎日を過ごすことになる。

ここで問題になっているのは、「漏れ聞こえてくる音楽」という「サービス」に対しての市場、つまり、取引の機会が存在していないことである。つまり、この「サービス」を「提供」する隣人の行為は、借家人の快不快に影響を与えるにもかかわらず、これに対する金銭的なやり取りが生じていない。これが「外部性」(externality)が生じていると呼ばれる状況である。隣人が自分に対して、市場取引の「外部」から影響を与えているというわけだ。漏れてくる音楽が、自分にとって心地よいものであるならば、それは「正の外部性」(positive externality)と呼ばれ、逆に不快なものであれば「負の外部性」(negative externality)となる[6]。

通常の経済学であれば、外部性は、市場の欠如から生じる「市場の失敗」(market failures)と分類されるものなのであるが、これは、市場の万能性を過信している見方なので、

「失敗」と呼ぶのは不適切であり、むしろ、「日常」とでも捉えられるべきものであろう。私たちに便益を与えてくれるものは、全て財・サービスとして取り扱われ、価格を通して売り買いがなされると考える方が不自然だと考えられる。

「プラットフォームの経済学」では、売り手と買い手は、取引そのものからの価値とは別に、買い手にとっては、プラットフォームを利用する売り手の数や種類が多ければ多いほど、望ましい取引の機会は広がり、したがって、プラットフォームを利用することから得られる満足はより大きくなるものと考える。ここでは、この「売り手」サイドからの「数やバラエティー」自体は、取引の対象ではなく、それ自体の「価格」は存在していないが、買い手にとっては、「正の外部性」として、自分が取引に対して価格を支払い、消費することから得

6 この例では、借家人と隣人という二人だけの関係性から生じている外部性であるため、例えば、二人が交渉を通じて金銭的なやり取りをするような「市場」を創ることで、ここでの問題は解決することが可能となる。これが「外部性の内部化」(internalization of externalities) と呼ばれるものである。このような行為によって、ここで考えている問題が解決しうることは、イギリス出身の経済学者ロナルド・コース（1910-2013）が1960年に発表した論文（Coase 1988 に所収）において指摘されたため、その名を冠して「コースの定理」(the Coase Theorem) と呼ばれる。しかしながら、多数の買い手と売り手が存在するような状況では、このような「市場」の創設を考えることは現実的ではないため、「コースの定理」は、むしろそのような解決法の限界を示していると解釈するべきであろう。

る便益とは別物として捉えるのである。

　同様に、売り手の方も、プラットフォームを利用する買い手の数や種類が多ければ多いほど、プラットフォームに加盟することから享受する正の外部性は大きくなるものと考えられる。これは、さまざまな取引相手を見つけやすいということ自体が、価格を通じた取引とはまた別に、当事者同士にとって有益であると想定していることを意味する。こうして、プラットフォームの経済学は、プラットフォームが、単にモノのやり取りの場というだけでなく、売り手（出店者）と買い手（消費者）といった異なるグループ同士の出会いの場でもあるという側面を、「外部性」という（古くからの）経済学の概念を用いて強調するのだ。

　ところで、図１・１で示したような古くからの市場《いちば》のようなプラットフォームでは、その運営主体は、利用者自身の団体、あるいは、為政者であった。例えば、戦国時代の楽市・楽座は、商工振興を図る政治（大名）の側がどのようにして、売り手と買い手が結びつく場としての市場を秩序づけようとしたのかという観点から理解することができる（横山 ２０１８ ２３５頁）。しかし、現代のインターネット上でのプラットフォームの運営主体の多くは、民間の営利企業であり、そのため、「プラットフォーム企業」あるいは「プラットフォーム事業者」と呼ばれることも多い。そもそも、インターネットを前提とするデジタル取引は、こうした民間の主体によって担われ始めたのである。

　それらの中心には、ＧＡＦＡと称される巨大プラットフォーム企業がある。ＧＡＦＡとは、

Google（持株会社名はAlphabet）、Amazon、Facebook（現社名はMeta）、Appleを指す略称であることはよく知られている。また、タクシー配車のUber、ＳＮＳのTwitter（現X）など、他にも多くのプラットフォーム企業が存在する。これらはアメリカ発の企業であるが、他にも、日本の楽天やメルカリ、あるいは、中国のバイドゥ（Baidu; 百度）、アリババ（Alibaba; 阿里巴巴）やテンセント（Tencent; 騰訊）などの通称ＢＡＴも含まれよう（川島 ２０２３ １５９頁）。こうしたプラットフォーム企業の巨大化はどのようにしてもたらされたのか？　その要因については次章で詳しく考えることにしよう。

　経済学は、このような寡占化、つまり、取引の場であるプラットフォーム自体が少数の企業によって占められていることを懸念する。しかし、厄介なのは、自動車や飲料水、あるいは外食といったような通常の物品やサービスのような私的財、つまり、売買に応じて所有権が移転し、所有者がその財やサービスを占有できるものとは異なって、プラットフォーム自体は、取引の「場」となるような公共的な要素を合わせ持っていることだ。上述した「グループ間の外部性」の概念を当てはめれば、プラットフォーム企業が乱立する状況よりも、少数のプラットフォーム企業に、より多くの出店者や消費者が集まることによってその価値が高まることが予想される。まさに、そのようなメカニズムによって、少数のプラットフォーム企業への集約が進んだのである。こうしたことを前提としたとき、プラットフォーム企業同士の合併はどのように評価したら良いのか、あるいは、新しいプラットフォーム企業の参入を促進する指針はどのようなものになるのであろうか。これらの問題は、第8章で見ていくことになる。

「競争」をどのような視点から捉えるべきなのか

ところで、経済学では、まず出発点として、抽象的に「市場」を考えることを「はじめに」（「デジタル社会30年史」）で述べたが、同様に、「競争」も抽象的な概念として捉えられるものである。「競争」というと、サッカーの勝ち抜きトーナメントにおける勝者と敗者、あるいは、受験における合格者と不合格者のように、はっきりと優劣がつけられてしまう状況をイメージしがちである。ともすれば、そういったスポーツや受験のイメージを経済活動に当てはめて、二つの隣り合うレストラン同士が、店の存続を賭けて、絶え間なく精励を強いられているように考えてしまう。

そうすると、競争は「難儀で、しんどい」と捉えられることになろう。Competitionを「競争」と訳したのは、幕末期の福澤諭吉（１８３５－１９０１）であるが、その訳語に接した幕府の役人の反応が、「西洋の流儀はキツイものだね」というものであったことはよく知られている。[7] 福澤は、このエピソードを、幕府あるいは日本の後進性として捉えているが、果たして、後進性だけに帰着させて捉えられるべきものであろうか。
あるいは、逆に、「厳しい競争があるからこそ、供給側、つまり企業や労働者の努力が促され、それは需要側である消費者にとっても望ましいことなのだ」という「経済学的教訓」が引き出されることになるかもしれない。こうして「競争すれば個人は成長し、ひいては、経済全体が成長する」という価値観が醸成されることになる。これは、明治以降の日本における産業化が学校教育に与えた一つの特徴であるとも言えよう（斉藤　２０１１　２５０－２５５頁、松沢　２０１８　94－98頁）。

しかし経済学は、断じてこのような「競争観」を主張するべきではないと筆者は考える。実際の経済社会における競争は、ライバル同士が、そこそこに共存しあっている状況が常態であり、生きるか死ぬかのような白黒がはっきりするような競争形態はごく一部でしかないと考えられるからだ。もちろん、ライバルに先んじようと「努力」する企業や労働者もいるであろう。しかし、それが市場における競争の常態なのではない。よそ様はよそ様として、「自分は自分の島で頑張る」と考えて経済活動を営むことの何が問題なのか？

市場における「競争」とは、「（潜在的な参入者も含めて）単に競合者が並立しているという状況」と捉えれば十分なのであって、そこに、選ばれる側の「克己」や「切磋琢磨」まで

7 『福翁自伝』（１８９９年）、岩波文庫版（１９７８年）、25頁。

読み込む必要はないのである。私たちが経済における競争のメリットを考える際には、何よりもまず、「選ぶ側にとっての選択肢ができるだけ望ましい状態で確保されているかどうか」を出発点とするべきなのだ。

身近な例で言えば、筆者の住まいの近くには、通りを挟んで、和風の小料理店が二軒、そして、そのうちの一軒の隣には洋風のダイニングバーが並び立っている。ただし、和風の二軒の方は、やや高級か否かの違いがあるし、バーの方は、当然ながら、和風のメニューとはラインナップが異なる。このような状態を経済学では「製品差別化」（product differentiation）、あるいは、製品に限らず、ブランドとしての店舗・企業全体を含める意味で、単に「差別化」と呼ぶ。この「差別化」によって、筆者にとっての選択肢の多様性が確保されていることになる。このような状態が、これら料理店の人たちによる努力の結果なのか、あるいは得意不得意のような資質によるものなのか、それは、選ぶ側にとっての望ましさが確保されているかどうかを考える際には本質的なことではない。

しかし、もし、この三軒のうち二軒、あるいは三軒全部が、値段やメニューについての協定、すなわち、カルテル（cartel）を行なっているような「悪い努力」をしているようなら話は別である。商品のラインナップや質について、自分で考えて決めるというプロセスを迂回し、談合しようとすることは、当事者たちが易きに流れることであり、筆者のような顧客層にとって望ましい結果をもたらすものではない。右で述べたような「差別化」の要因とは別に、通常の経済活動とは異なる人為的なやり方で質を落としたり、価格を高くしたりしているからだ。したがって、このような行為は、政府という公的主体によって取り締まられてしかるべきと考えて良いであろう。

これが、大まかに言って、19世紀後半から米国で芽生え、今では世界各国で浸透している「競争政策」（competition policy）の思想であり、この担い手となるのが、日本であれば公正取引委員会のような政府当局ということになる。そして、多くの国々では、競争政策を法律的に規定する「競争法」（competition law）が定められている。所有権設定のための最低限な法が整備されてさえいれば、市場における人びとの主体的な取引に任せておくことで事足りるとするのでは不十分であり、市場秩序のためには、行政的な手当てや司法的な介入が担保されていなければならないという考え方がその背景にある。本書においては、以上で述べたような「選ぶ側からの視点」という競争観から、21世紀のデジタル経済の時代における市場と競争が捉えられることになる。

ちなみに、日本で「競争法」に該当するのは１９４７年制定の「私的独占の禁止及び公正取引の確保に関する法律」であり、これは、「独占禁止法」あるいは「独禁法」の通称で知られている。この略称から、この法律が「独占を禁止している」ように思われがちであるが、状態としての独占、つまり、何がしかの市場を想定した際（専門的には、「関連市場の画定」と言われる）、そこに企業・事業者が一者だけいるという状態を禁止しているわけではない

（白石 2023a 6頁）。言い換えれば、

独占禁止法は、独占を禁止している法律ではない

のだ。そうではなく、上述のカルテルの例のように、通常の経営戦略の範囲外で人為的に独占に近づこうとするような行為（これらは、「独禁法」の正式名称に含まれている「私的独占」のほか、「不当な取引制限」「不公正な取引方法」と呼ばれるものが当てはまる）を禁止しようとするのである。「独占禁止法」という略称が定着してしまったことは不幸なことであるが、本書の読者には、「独占禁止法は独占そのものを禁止しているのではない」という点は覚えておいていただきたい。

　繰り返しになるが、日常用語で「競争」というと、相手を打ち負かせて勝たなければならないというイメージが強い。しかし、私たちの社会における「競争」の意味合いを考える上で大切なことは、それが選ぶ側にとっての選択肢の確保に結びついているかどうかという視点である。例えば、あるSNSを使いたくなくなったら、別のSNSに移行できるのかどうかといったことだ。そのような選ぶ側の選択肢の多様性を確保するための政策が「競争政策」と呼ばれるものなのである。有力なSNSが、自社のサービスの良さという以外で、あの手この手で、利用者を囲いこもうとしたり（ロックイン）、あるいはもっと露骨に、新し

いＳＮＳの新規参入を阻止したりすることにならないよう、政府／競争政策当局が市場を監視する必要がある。

経済学者を含め、競争の意義というと、企業を競わせることでイノベーションが、あるいは費用削減が生じるといったような効果の方が強調されがちのように思われる。しかし、繰り返すが、競争のメリットを供給者、すなわち、選ばれる側の努力発揚まで結びつけようとするのは拡大解釈で、それよりも、選ぶ側の選択肢の多様性を強調すべきなのだと筆者は考える。

なお筆者は、ここで述べた「競争政策」の内実が、「競争」という用語が用いられることによって、日常用語の「競争」に引きずられ、「お互いが勝つか負けるかという土俵に乗せられている状況でのルールに関する政策」と捉えられているのではないかという危惧を持っている。しかし本来、経済学における「競争」は、右で述べたように、そういった狭い意味の競争から「逃走」することも含んでいるような、実に懐の深い概念なのである。そういった「逃走」も含め、売り買いや契約が円滑に規律立って行なわれていることが、空気のように当たり前で、誰もありがたがらない状況を逆説ながら理想とし、それを下支えするのが「競争政策」の本懐とするところなのだ。

> 幸福は健康と同じだ。人は幸福には気づかない。気づくのは苦痛だけだ

というわけである。[8]

本書は、そういった競争概念の普及を願うものであるが、そのためには、問題提起的に「競争政策」という用語とは異なる別の「＊＊政策」といった造語を考え出してみても良いかもしれない。筆者個人としては「多様性確保政策」といったネーミングが真っ先に思いつくのであるが、ややまとまりが悪い。その作業は、本書を読了した皆さん一人ひとりへの課題としておこう。

本書の狙い

現代のデジタル型プラットフォーム・ビジネスを代表するアマゾンが誕生（１９９３年）し、営業を開始（１９９５年）してからおよそ30年（表0・1参照）。デジタル商取引の定着を受け、ここ数年の間で、競争政策的な視点、あるいは、プライバシー対策などの消費者保護の観点からプラットフォーム企業に関する議論が盛んになってきている（スタック／グランズ ２０２２）。法律系の雑誌でも近年、デジタル・プラットフォームが記事で取り上げられ、特集が組まれることもある。[9] しかし、その多くは政策や実務に関する専門的な課題を巡るものだ。

「プラットフォーム」が題名に含まれる書物も既に多く存在している。ビジネス書の翻訳に限っただけでも、筆者が知る限り、『最新プラットフォーム戦略　マッチメイカー』（エヴァンス／シュマレンジー　2018）、『プラットフォームの経済学　機械は人と企業の未来をどう変える？』（マカフィー／ブリニョルフソン　2018）、『プラットフォームビジネス　デジタル時代を支配する力と陥穽』（クスマノ他　2020）などがある。

本書では、それらとは異なり、もう少し大局的な視点に立って、「21世紀の市場と競争」のあり方を探る糸口として、「プラットフォームの経済学」に立脚した議論を展開する。筆者は、前著『データとモデルの実践ミクロ経済学　ジェンダー・プラットフォーム・自民党』（安達　2022a）で既に解説した内容も含め、共同研究者の方々のお陰で、近年、「プラットフォームの経済学」に関して何点かの研究論文を発表しているが、そうした研究の最前線の息吹も含めて伝えることを目指したい。政策に直結するような明確な提言をするわけ

---

8 二十歳で夭折したフランスの小説家レーモン・ラディゲ（1903–1923）の作品『ドルジェル伯の舞踏会』（1924年）からの一節（ここでの引用は、渋谷豊訳（光文社古典新訳文庫、2019　155頁）による）。

9 例えば、『ジュリスト』（有斐閣）2020年5月号の特集「プラットフォーム規制の現在地」や、日本経済法学会年報第42号『デジタルプラットフォームと独禁法』（2021年8月）などである。

ではないものの、広く、21世紀における市場と競争について、読者一人ひとりが考えるための素材に資するところがあればありがたい。

なお、私事にわたって恐縮ではあるが、世紀の変わり目から今日に至るまで、プラットフォーム企業の生誕から発展に至るこの時期は、一学徒としての筆者の研究歴ともオーバーラップしており、第5章で紹介するように、初期に手掛けた研究は、偶然ではあるが、プラットフォームとも関係する「消費外部性」に関するものであった。そこで、本書では、筆者の研究者としての歩みも所々織り込むことによって、ライブ感の演出も試みたい。

本書の概要

まず次章では、この本章に引き続いて、デジタル・プラットフォームが存在感を強めている現代における市場について概観する。プラットフォームを巡る議論は、ここ数年で、悲観論・敵対論が支配的になってきたと考えられるが、その点についても触れ、また、今後、「プラットフォーム」と並んで重要となってくるであろう「ブロックチェーン」にも言及したい。そうすることで、デジタル経済社会を全体的に概観するのである。

続く第3章では、「市場と競争」について考えるための最初のステップとして、高校社会で２０２２年度から新しく導入された科目である「公共」の教科書を取り上げ、そこで市場や競争がどのように扱われているかを一瞥することによって、「20世紀までの市場と競争」の様相を確認しておきたい。残念ながら筆者は、現在の高校の教科書における説明は、「20世紀までの市場と競争」を理解する上では不十分なものと考えており、それを補完するために、この章においては、「固定費用」を伴う20世紀型の大量生産プロセスを念頭に置きながら、「不完全競争の経済学」（Economics of Imperfect Competition）のエッセンスを解説する。

以上の概念的な理解を踏まえた上で、第４章においては、不完全競争を実態的に理解するための公開データ活用の有用性について論じたい。具体的には、かつて公正取引委員会が毎年実施していた調査に基づいて作成され、販売数量や販売金額などで測った場合の上位企業の集中度に関する産業ごとの情報が収められているデータを紹介する。このデータを用いることで、一見似通ってはいるが、集中度が大きく異なるような二つの産業の比較を比較することによって、その違いの背景的要因を探ることができるのである。しかし、残念ながら、このデータのもとになっている調査は既に中止されているために、２０１４年までの状況しか理解することができない。これは極めて由々しき状況である。そのために、この章では、今後のデジタル経済化を見据えたデータ利用のための環境整備の必要性を訴えている。この点は、最終の第９章でも再度、強調する点だ。

以上が主に「20世紀までの市場と競争」の解説となるが、「21世紀の市場と競争」を考えていくために、まず第5章では、「消費外部性」について説明する。これは、既に述べた「グループ間の外部性」と密接に関わる概念であり、20年ほど前、筆者の研究キャリアの初期において注目したものである。当時はまだ、「プラットフォームの経済学」は形を成しておらず、筆者の研究はそれとは全く独立に行なわれたものであるが、これは、前世紀末の「ネットワークの経済学」（economics of networks）に関係するものであった。これは、21世紀の「プラットフォームの経済学」の前身とでも言うべきものである。そこで、このような経済学の展開も意識しながら、筆者がそこで分析対象とした「価格差別」について解説しよう。

価格差別、とりわけ、ここで対象とする第3種価格差別とは、企業が同じ財やサービスを、異なるグループに対して、異なった価格（差別価格と言う）で販売することを指す。実はこの内容は、「プラットフォームの経済学」とも関係している。なぜならば、異なるグループの間で、右で述べたような「グループ間の外部性」を想定すれば、ここで考えている企業は、プラットフォーム企業と同形と見なせるからである。したがって、ここでの論点は、第6章以降、プラットフォーム企業の価格戦略を考える上でも関係してくるものとなる。

こうして、次第に「プラットフォームの経済学」がその姿を見せてくる。まず第6章では、筆者がそれに導かれた経緯を紹介しながら、解説を与えよう。筆者は、第5章で紹介したテーマについて幾ばくかの研究を行なった後は、そこからしばらく離れていたのであるが、「プラットフォームの経済学」の興隆を横目で見ながら、「これは、自分が昔取り組んでいた「消費外部性」と共通するものがあるのではないか」という点に気づき、「昔取った杵柄」というわけではないが、「プラットフォームの経済学」への貢献を試みることにしたのである。

まず初めに基本的な事項として、第6章においては、プラットフォーム企業の価格づけ問題について考える。プラットフォーム企業は、「グループ間の外部性」を考慮し、一つのグループ、あるいはサイドとも言うが、それぞれを独立のものとして考えるのではなく、うまくサイド間のバランスを取りながら、全体で利益を求めるようにしなければならない。その場合、ある一方のサイドにおいては赤字の低価格であっても、それによって多くの利用者が引きつけられ、それは、もう一方のサイドで大幅な利益を生むということが生じうる。このような事柄を明らかにしたことが、「プラットフォームの経済学」の第1世代の成果である。

さて、「プラットフォームの経済学」への後続参入者である筆者は、デジタル・プラットフォーム産業の安定化に伴って顕在化してきた問題、そして、先端の研究においてもまだ不十分な論点に焦点を当ててみることにした。

より具体的には、デジタル・プラットフォーム企業と出店者との間において顕在化しがちな「力関係」に関して、交渉理論（bargaining theory）に依拠しながら考えてみること（第7章）、そして、複数のプラットフォーム企業が並立しているために、利用者や出店者は、その中から一つのプラットフォームだけを利用するというのではなく、複数のプラットフォームを同時に利用することもできるという「マルチ・ホーミング」の状況について考察を加えること（第8章）、これら二点である。いずれの章とも、筆者自身が関わった学術研究に基づく発表論文（Adachi and Tremblay 2020; Adachi, Sato, and Tremblay 2023; Tremblay, Adachi, and Sato 2023）に依拠する内容である。

そして最終の第9章においては、自己優遇、ギグ・エコノミー／シェアリング・エコノミー、生成系ＡＩなど、ここ最近になって関心を集めている諸問題を取り上げつつ、通時的・大局的な観点から、「21世紀の市場と競争」を俯瞰してみたい。とりわけ、「データの利用権」を今後どのように考えていくのかについて言及し、本書が強調する、選択肢の多様性という観点からの競争の利点がどのように担保されなければならないのかについて考えてみたい。

なお、以下においては（あるいは、ここまでの記述も含め）、競争法の理解はおろか、肝心の経済学についても覚束ない箇所が多々あるかもしれず、また、諸々の事実に関しての誤認を犯している可能性もあろう。それらに対するご批判は率直に受け止めたいと考えている。

10　ここでの交渉理論とは、ゲーム理論（第2章参照）の中の一分野のことであるが、本書では詳しく解説しないので、興味のある読者は、拙著『データとモデルの実践ミクロ経済学』（安達 2022a）の第4章「交渉理論入門」を参照していただければ幸いである。

第2章 プラットフォームという怪物が徘徊する世界

前章で述べたように、現代のプラットフォーム企業は、デジタル化をその前提として活動している。本章では、まず、「デジタル化」とは何かについて、基本的なところから把握していき、デジタル・プラットフォームの存在感が増している今世紀になってからの市場の現状を概観する。デジタル・プラットフォームを巡る言説は、期待論や楽観論が支配的であった時期から、ここ最近は一転して、悲観論、あるいは警戒論にシフトした。この点についても触れ、近年、デジタル化が経済活動にもたらす新たな様相として着目されている「ブロックチェーン」についても述べてみたい。

デジタル経済の到来

そもそも「デジタル」とは何か？　それは、文字、音声、画像、動画といった「情報」をどのように伝達するのかということに関わっている。本書での文脈では、「アナログ」との対比で考えれば良いであろう。固定電話やかつてのテレビの送信方式のように、「波」として伝えようとするのがアナログ方式、それに対して、情報を0と1の「組合せ」を用いることによって伝達するのがデジタル方式だ（佐和 1995 170頁）。こうして、アナログ方式に比べれば、「情報」が取り扱いやすくなる。

情報技術（Information Technology）とは、このような多岐にわたる情報を数値化、すなわち、デジタル化することによって、加工や保存を促すものであり、そうした情報は、通信技術（Communication Technology）によって、送信・受信される。これら二つは一体となって意味を持つものなので、「はじめに」でも述べたように、両者は合わせて、情報通信技術（ＩＣＴ）と呼ばれる（齊藤 2021 163-167頁）。

情報伝達のあり方が、アナログ方式から、このようなデジタル方式に転換していった一連の動きが「デジタル革命」と呼ばれるものだ。こうしたデジタル社会の進展と定着の背景には絶え間のない情報通信技術の向上が前提としてあったが、やはり、世紀の変わり目に生じたインターネットの普及が大きかった。組織単位で分散しているネットワークが、（プロトコールと呼ばれる）共通のルールによって結びつけられることで、情報の送信・受信の範囲が飛躍的に拡大したのである。

「はじめに」で、１９９５年が一般に「インターネット元年」として認識されていることを述べたが、日本においては、しばらくしてＮＴＴドコモがｉモードを開始し（１９９９年）、今では当たり前となった、携帯電話のインターネット端末としての利用が普及する切っ掛けとなった（音 ２０１９ １７９頁）。それから20年近くが経過した２０１５年は、さしずめ「動画配信元年」と言えるであろう（音 ２０１９ １８１頁）。データ配信の高速化を受け、アマゾンやネットフリックスが、月額／年額を払えばリストされているコンテンツを自由に視聴できるという形式であるサブスクリプション型の動画配信サービスを開始したのである。この間、情報技術における高速処理の進展に加え、通信技術においては、インターネットのための回線は銅線ケーブルから光ファイバーへと主流が移り、更に近年では、無線による接続が一般化している（大橋 ２０１７ 25頁）。

こうしてやり取りされる「情報」は、食べ物、飲み物、……といった、消費による満足の対象という観点からその価格が設定されるような「財」として捉えることが可能である。このような「情報財」は、いったんその内容が作られれば、非常に低いコストでほぼ完全な形式で複製できるのが、従来の工業品とは異なる点だ（マカフィー／ブリニョルフソン ２０１８

２０５頁）。１ギガバイトあたりのハードディスクの情報保存コストは、２０００年時点では11米ドル、２００５年時点では１・２米ドルだったのが、２０１０年には０・０９米ドル（９セント）そして、２０１５年には０・０２米ドル（２セント）になったとも言われている。[1]

更に最近では、インターネット経由でファイルの保存機能を提供するクラウドストレージが普及しているが、そうしたサービスを提供する企業の１ギガバイト当たりの月単位コストは、２００９年において０・１米ドル（10セント）だったのが、２０２２年では０・０２米ドル（２セント）以下にまで下がっている。[2] こうして、文字、音声、画像、動画といった情報が、インターネットを通じて瞬時に伝わるようになり、それを前提とした広範な社会活動、経済活動が展開されるようになってきたのだ。

このようにして、21世紀における情報通信技術は、19世紀までの蒸気機関や鉄道網、20世紀における石油化学工業や自動車産業を産み出してきた工業技術と肩を並べるようになってきている（スルネック　２０２２　１１２頁）。

プラットフォームとは

こうして、デジタル化の浸透を受けて興隆してきたのが、プラットフォーム型ビジネスである。第1章で簡単に紹介したが、以下ではもう少し詳しく見ていこう。図2・1は、図式的に示しているものである。

前章で述べたように、買い手にとっては、プラットフォーム上で結びつくことができる売り手の数や種類自体から（価格を通じた取引から得られる便益とは別に）満足を得ており、売り手にとっても同様に、プラットフォームを通じての買い手の数や種類から（財・サービスの販売自体からの利益とは別に）直接的に満足を得ている。このような（価格を通じない）影響を「外部性」と呼ぶのであった。

ここでは便宜的に、買い手の側を「消費者サイド」、売り手の側を「出店者サイド」という名称で代表させよう。そうして、一方のサイドが他方のサイドに与える「正の外部性」を一括して「間接的ネットワーク外部性」（indirect network externalities）と呼ぶ。ここで「間接的」とは、消費者たちあるいは出店者たちは、自分たちのサイド内（ネットワークと

---

1 https://acceleratingbiz.com/proof-point/average-cost-magnetic-storage-per-gigabyte/ に基づく。

2 "HDD storage costs could continue to plummet" (by Craig Hale, December 15, 2022), https://www.techradar.com/news/hdd-storage-costs-could-continue-to-plummet による。更に細かく、エヴァンス／シュマレンジー（２０１８）は、「6つのターボ」という表現で、1．CPUパワー（コンピューターの処理能力）、2．インターネット、3．ワールドワイドウェブ（WWW）、4．ブロードバンド接続、5．プログラミング言語とOS（出入力管理システム）、6．クラウド、に分けてデジタル化の進展を解説している（69–75頁）。

図 2.1　プラットフォーム企業と間接的ネットワーク外部性

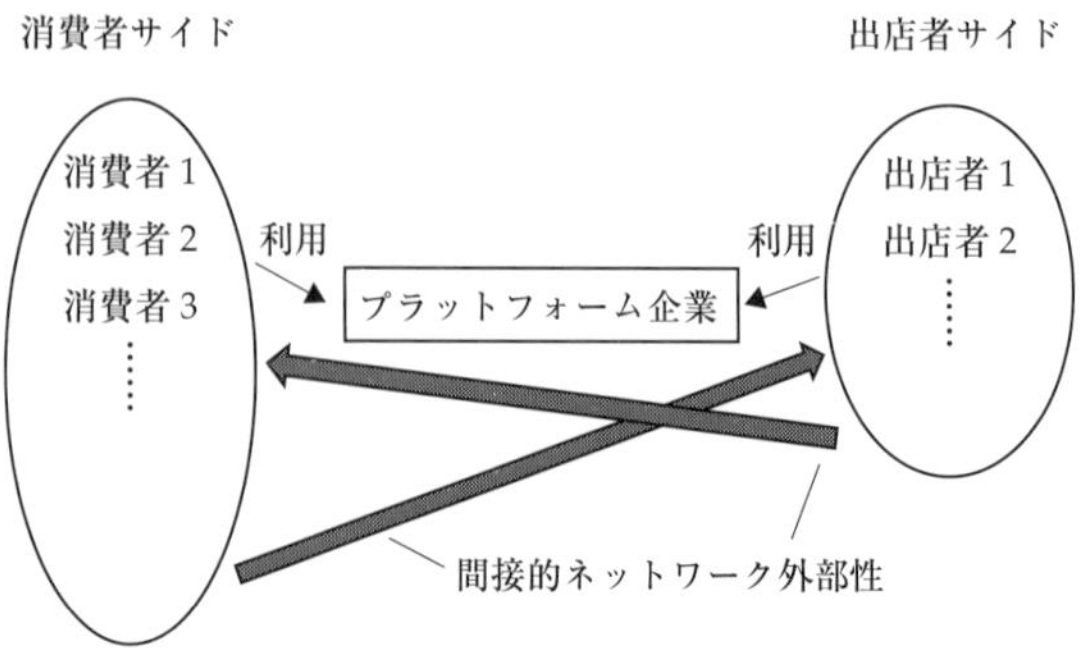

注：消費者サイドの方の楕円が大きいのは、消費者の数が出店者の数よりも多いことを念頭に置いてイメージ化している理由による。
出所：安達（2022a, p.118）の図 5.1 を改変して作成

も言える）で直接的に外部性を与え合っているのではなく、サイド間を通じて間接的に与え合っている状況を示すものだ。

「プラットフォームの経済学」においては、この「間接的ネットワーク外部性」が無視できない程の意味を持つものとして想定される。そう考えると、プラットフォーム型のビジネスは、デジタル社会とともに生じたのではなく、表2・1が示すように、21世紀以前から存在していたものと考えられよう。ここでは、新聞、雑誌、テレビ、ラジオといったような「伝統的なメディア」（レガシーメディア）がプラットフォーム企業の一例として挙げられているが、それはなぜか？　その理由は、こういったメディアは、「消費者」としての読者／視聴者と「出店者」としての広告主が出会う

「場」であると考えられるからである（安達 2022a 116頁）。つまり、読者／視聴者が広告を気にし、また、広告主の方は、読者／視聴者の数や内訳を意識することから、「間接的ネットワーク効果」が生じているものと想定される。

しかし、デジタル社会の定着とともに、プラットフォームの「結びつきの場」としての特徴が明確に認識されるようになったことが重要である（クスマノ他 2020 305頁）。この背景には、前節で見たように、情報通信技術の高度化・安定化によって、これらプラットフォーム企業が、異なるグループ間での結びつきに関係するデータを有効に利用できるようになったことが大きいだろう（大橋 2021 273頁）。このようにして、出店者や消費者のニーズにきめ細かく対応することが可能になる。まさに、デジタル・プラットフォームは「理想的なモデル」（スルネック 2022 55頁）というわけだ。

また、物流を扱うプラットフォーム企業は、実店舗を運営する小売業とは異なり、在庫のための土地・建物以外の固定費用が低い（伊藤 2001 179頁、齊藤 2021 172‐173頁）。こうして、デジタル・プラットフォームは、典型的とも言えるマーケットプレイスや表2・1で挙げたもののほかにも、ホテル予約サイト、食事・食品の宅配サービス、配車予約アプリのほか、情報財に限らず、数多くの財やサービスの流通にも活用されるようになってきている。

なお、買い手と売り手が明確に分かれるだけでなく、表2・1の一番下で示しているよう

表 2.1　プラットフォーム・ビジネスの例

	ビジネス類型	両サイドの構成要素
21 世紀以前からあるプラットフォーム	新聞、雑誌、テレビ、ラジオ	消費者：読者・視聴者 出店者：広告主
	クレジット・カード	消費者：カード保有者 出店者：加盟店
	ショッピング・モール	消費者：来場者 出店者：小売店舗
	パソコンの OS、テレビ・ゲーム	消費者：ユーザー 出店者：ディベロッパー
21 世紀に誕生したプラットフォーム	スマートフォン	消費者：利用者 出店者：アプリ開発者
	Facebook、Instagram、Twitter（現 X）、LINE などの SNS	消費者：利用者 出店者：広告主
	iTunes や Netflix などの配信サービス	消費者：利用者 消費者：コンテンツ・プロバイダー
	Airbnb やメルカリなどの仲介型ビジネス	消費者：借り手・買い手 出店者：貸し手・売り手

出所：安達（2022a, 117 頁）の表 5.1 を改変して作成

に、ある場合には借り手や買い手となり、別の場合には貸し手や売り手になるといった個人同士の仲介としてもプラットフォームが活用されてきており、これは、必要に応じて融通しあうという「シェアリング・エコノミー」（sharing economy）の進展とも言える動きである。これについては、最終の第9章で再び立ち返ることとしたい。

ちなみに、このような「外部性」の大きさを何らかのデータから推し量ることはそれほど易しいことではない。最近では、１９９２年から２０１０年におけるドイツのテレビ番組紹介雑誌の市場を対象として、間接的ネットワーク効果の働きを検証した研究例（Song 2021）があるが、この点についても、最終の第9章で取り上げることとして、以降では、「間接的ネットワーク外部性」の存在を前提として議論を展開していく。

図で見るデジタル経済の現況

以下、公表されている統計データを用いて、日本におけるデジタル経済の様相を押さえておくことにしよう。

まず、図2・2は、広告費という観点から、インターネットの普及を示すものである。広告費とは、ここでは、インターネット上以外では、テレビ、ラジオ、新聞、雑誌の他、屋外

図 2.2　広告費全体におけるインターネット広告費の比率

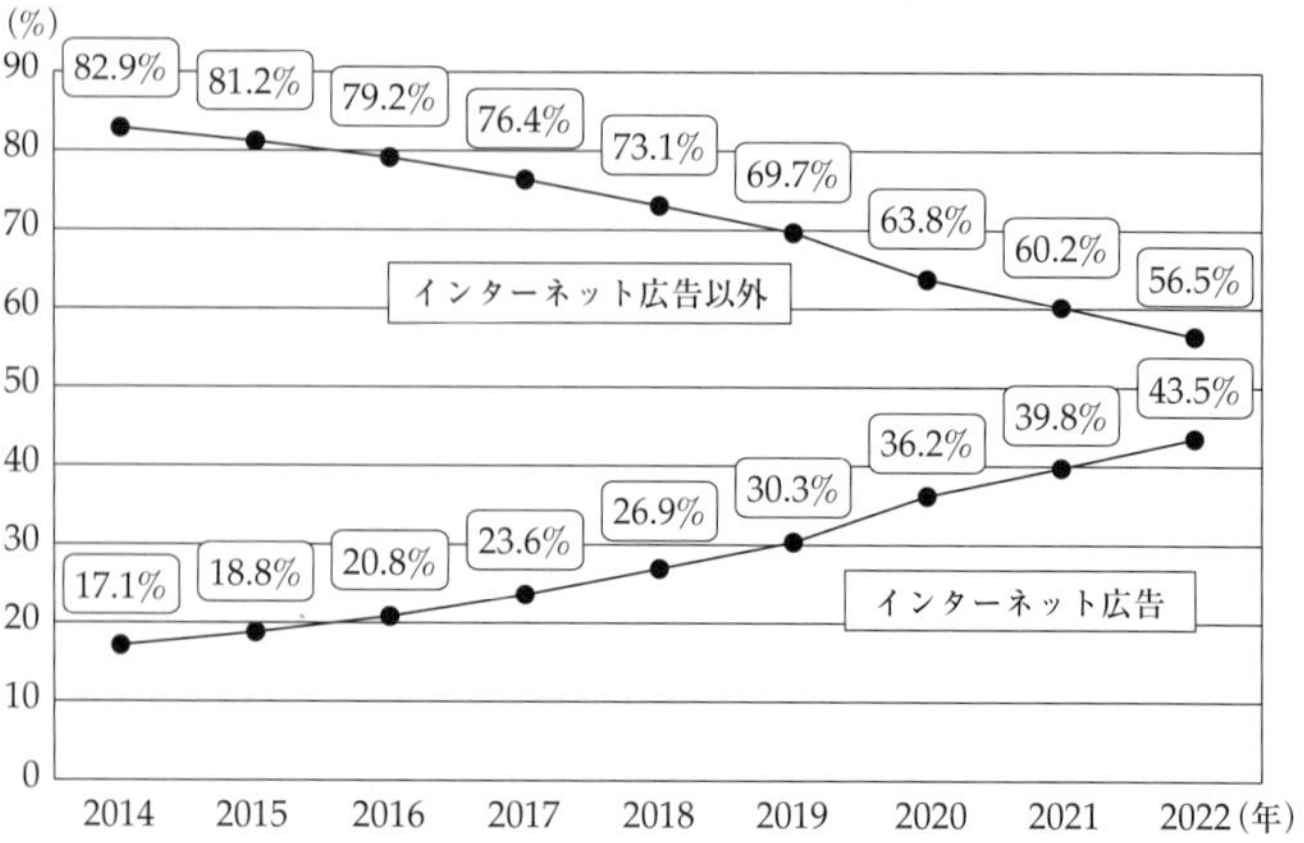

出所：令和４年度電子商取引に関する市場調査報告書（経済産業省商務情報政策局情報経済課）https://www.meti.go.jp/press/2023/08/20230831002/20230831002-1.pdf の図表 3–10 をもとに筆者作成

展示やダイレクトメールなども含むものである。ここ8年ほどで、インターネット広告の占める比率は２０１４年の17％から２０２２年の44％にまで上昇している。この背後では、「はじめに」の表０・１でも記されているように、インターネット広告費が２０１９年にはテレビ広告費を超え、２０２１年にはテレビ・ラジオ・新聞・雑誌の四媒体の広告費を上回ったことが挙げられる。遠くない将来、図２・２を右に引き伸ばした図において、二つの線は交差することが予想されよう。

　また、ＳＮＳ（ソーシャル・ネットワーキング・サービス）を利

図 2.3　インターネット上で SNS（Facebook、Twitter（現 X）、LINE、Mixi、Instagram、Skype など）を利用する人の比率（年齢階層別）

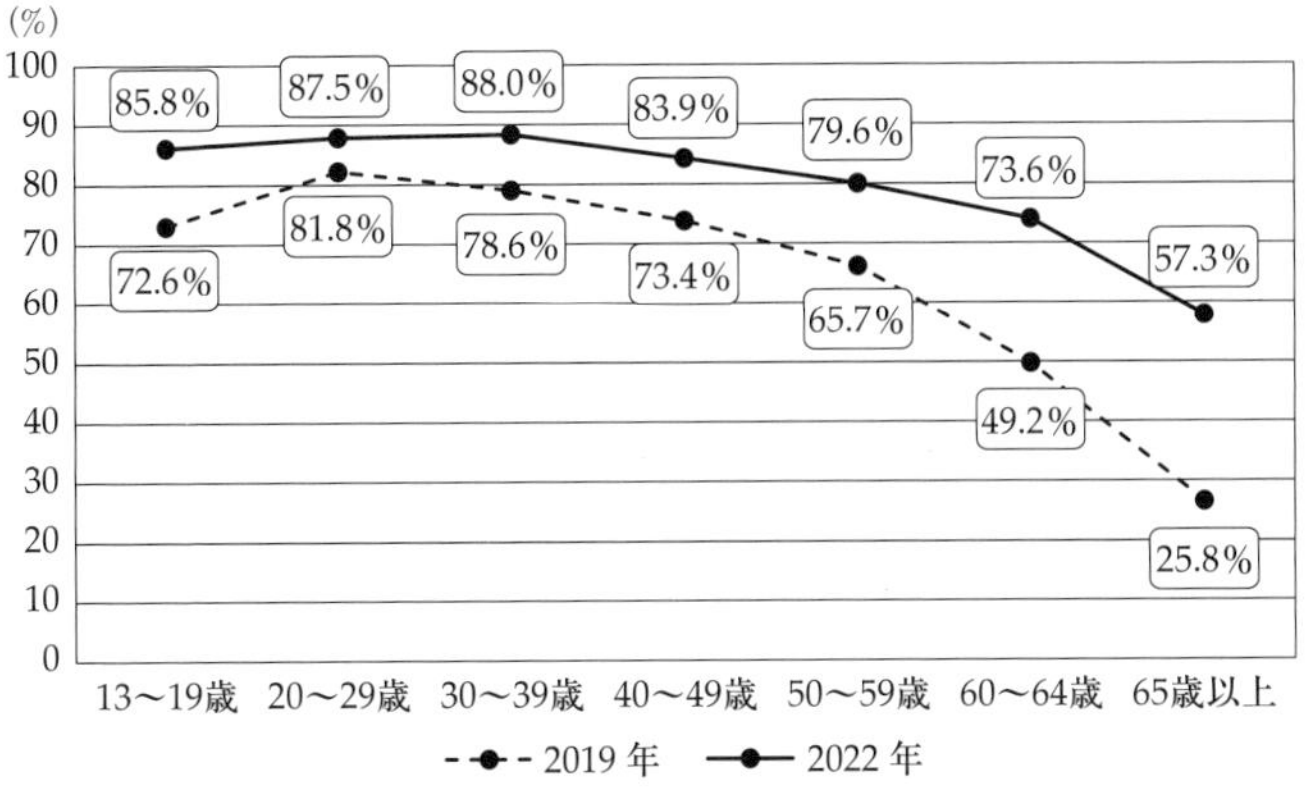

出所：令和 3 年通信利用動向調査報告書（世帯編）（総務省情報流通行政局）https://www.soumu.go.jp/johotsusintokei/statistics/pdf/HR202100_001.pdf の図表 6–9 と、令和 4 年同報告書 https://www.soumu.go.jp/johotsusintokei/statistics/pdf/HR202200_001.pdf の図表 6–11 をもとに筆者作成

用する人びとの比率も増加している。図２・３は、２０１９年と２０２２年において、各年齢層における利用率を示したものである。例えば、13～19歳までの若年層において10%ポイント以上の増加が見られるが、特に興味深いのは、65歳以上の階層で、26%から57%へと倍増している点である。ここには、恐らく、２０２０年に生じた新型コロナウィルスの感染拡大に伴って対人接触が限られる状況が生じたことによって、この年齢層にＳＮＳの使用を、言わば「強いる」ことになった影響もあるものと思われる。

さて、「はじめに」冒頭でも言

表 2.2　世帯あたりの主な情報通信機器の保有比率

年	スマートフォン	タブレット	パソコン
2010	9.7%	7.2%	83.4%
2011	29.3%	8.5%	77.4%
2012	49.5%	15.3%	75.8%
2013	62.6%	21.9%	81.7%
2014	64.2%	26.3%	78.0%
2015	72.0%	33.3%	76.8%
2016	71.8%	34.4%	73.0%
2017	75.1%	36.4%	72.5%
2018	79.2%	40.1%	74.0%
2019	83.4%	37.4%	69.1%
2020	86.8%	38.7%	70.1%
2021	88.6%	39.4%	69.8%
2022	90.1%	40.0%	69.0%

出所：令和 4 年通信利用動向調査報告書（世帯編）（総務省情報流通行政局）の図表 1–1 をもとに筆者作成

及したように、２０２４年の私たちにとっては、スマホが欠かせないものになりつつある。その状況を示しているのが、表２・２、そして、それを図示している図２・４である。世帯あたりのパソコン保有率は、２０１０年の83%から２０２２年の69%へと減少している（14%ポイントの減少）。その一方で、スマートフォンの保有率の伸びは著しい。ここで利用している統計調査でスマートフォンが登場するのは２０１０年からであるが、その時点では10%ほどであった。それが２０２２年の時点では90%にもなっているのである。なお、タブレットも２０１０年の7%から２０２２年の40%へと増加

図 2.4　世帯あたりの主な情報通信機器の保有比率（図示）

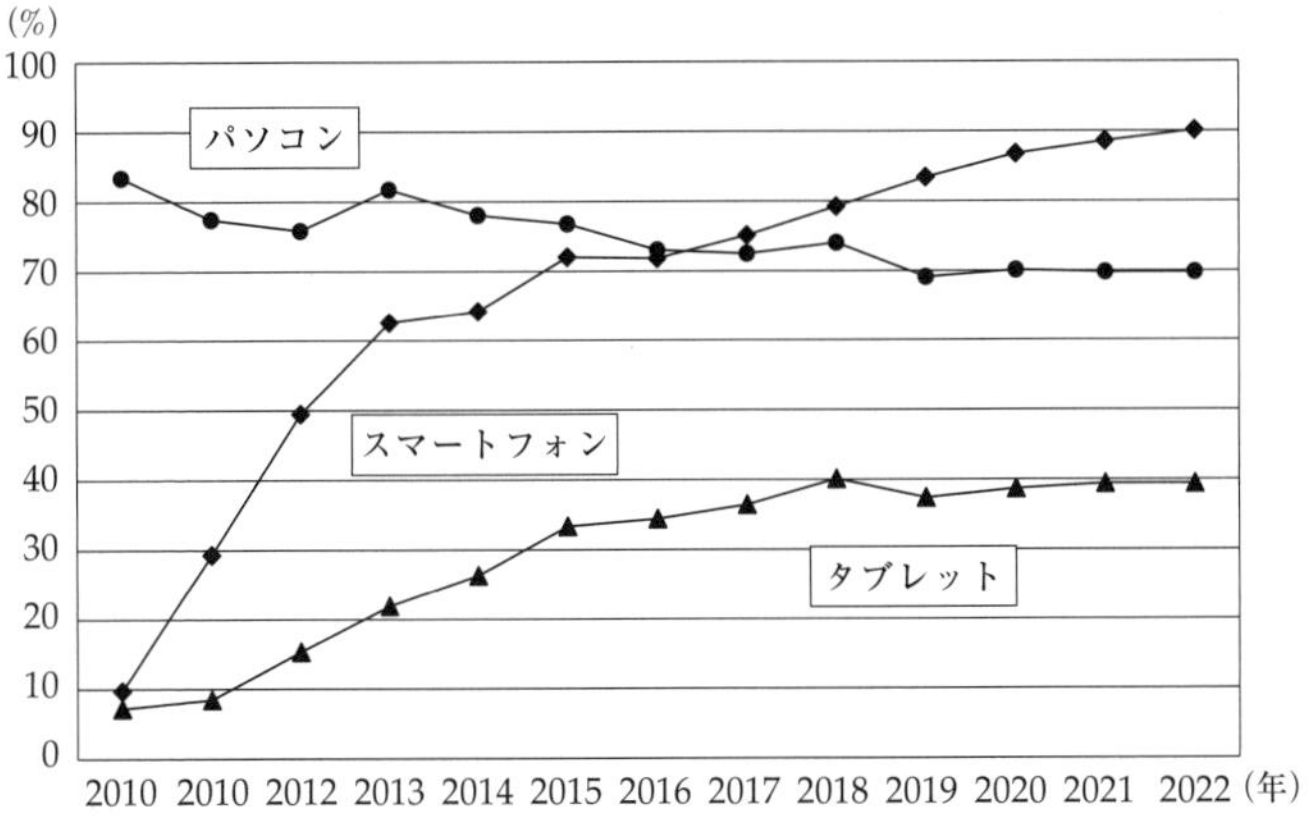

出所：表 2.2 と同じ

が見られる。パソコン、タブレット、スマホの3種を使い分けている世帯のほか、少なくない比率の世帯がパソコンを買い替えていないことを示唆する結果となっている。

　では、スマートフォンの普及は、電子商取引にどのように関係しているのであろうか。図２・５は、消費者向けの電子商取引におけるスマートフォンの利用率を示すものである。２０１５年の27％から２０２２年の56％へと倍増の伸びとなっていることが分かる。ここでも、２０２０年の対前年比での伸びは20％となっており、新型コロナウィルス感染拡大によって、対面販売が限られる中で、「スマホで宅配」という需要の増加に対応した動きではな

図 2.5　消費者向け（B2C）電子商取引の物販分野におけるスマートフォン経由比率

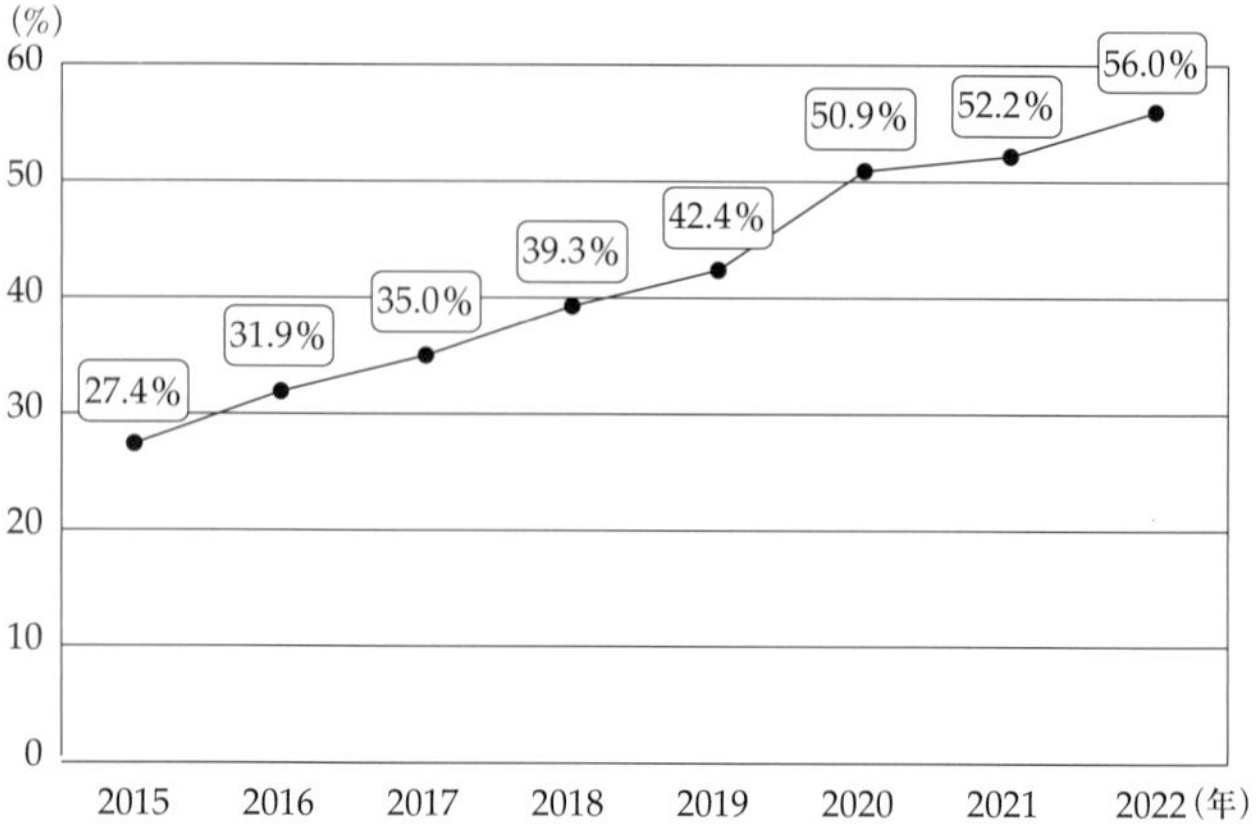

出所：令和 4 年度電子商取引に関する市場調査報告書（経済産業省商務情報政策局情報経済課）の図表 4–16 をもとに筆者作成

いかと考えられる（２０２０年における宅配便取り扱いの上昇に関しては第４章の図４・４でも確認できる）。

column

コラム

「プラットフォーム」なのか、「プラットホーム」なのか？

第1章（6頁）でも述べたが、現代の日本語においては、通常、駅のplatformの意味で用いる場合には、「プラットホーム」表記が定着している。この表記はいつ頃定着したのであろうか。「翻訳の時代」である明治期、「坊っちゃん」が松山に向かう際、あるいは、「三四郎」が東京に出てくる際、駅での場面があったはずだ。そこで、「青空文庫」（https://www.aozora.gr.jp/）で調べてみると、夏目漱石は、代表的12作品中[*]、じつに9作品において「プラットフォーム」表記を登場させて

＊1．『吾輩は猫である』（1905–1907）、2．『坊っちゃん』（1907）、3．『草枕』（1907）、4．『虞美人草』（1908）、5．『三四郎』（1909）、6．『それから』（1910）、7．『門』（1911）、8．『彼岸過迄』（1912）、9．『行人』（1914）、10．『こゝろ』（1914）、11．『道草』（1915）、12．『明暗』（1917）。

いることが分かったのである（『吾輩は猫である』、『彼岸過迄』、『こゝろ』には登場しない）。そこで筆者は、「昭和初期、あるいは戦前までは「プラットフォーム」表記が使われていたが、次第に「プラットホーム」表記に代わっていった」という仮説を抱いた。しかし、更に調べてみると、実際のところは、「プラットホーム」表記は早くから使われていたのである。

漱石つながりということで、『朝日新聞』の記事に着目してみよう。まず、「プラットフォーム」という表記の初出は、１８９９年（明治32年）６月16日の東京朝刊での「弥生山人」というペンネームの執筆者による随筆であり、そこでは、人びとが旅行に出かける際、最近では「猫も杓子もプラットフオームまで出《で》掛《かけ》ること大流行となり」と書かれている。ちなみに、漱石の小説で「プラットフォーム」表記が初めて登場する『坊つちやん』の雑誌掲載の初出は、それより少し後の１９０６年（明治39年）である。

ところが、『朝日新聞』における「プラットホーム」表記の最初の登場は、ずっと早くて、１８８６年（明治19年）１月９日の大阪朝刊での一面記事で、住吉大社への初詣客の盛況のため、「従来のプレトホーム

図 2.6 『朝日新聞』記事（1886–1945 年）における「プラットフォーム」／「プラットホーム」表記の登場回数

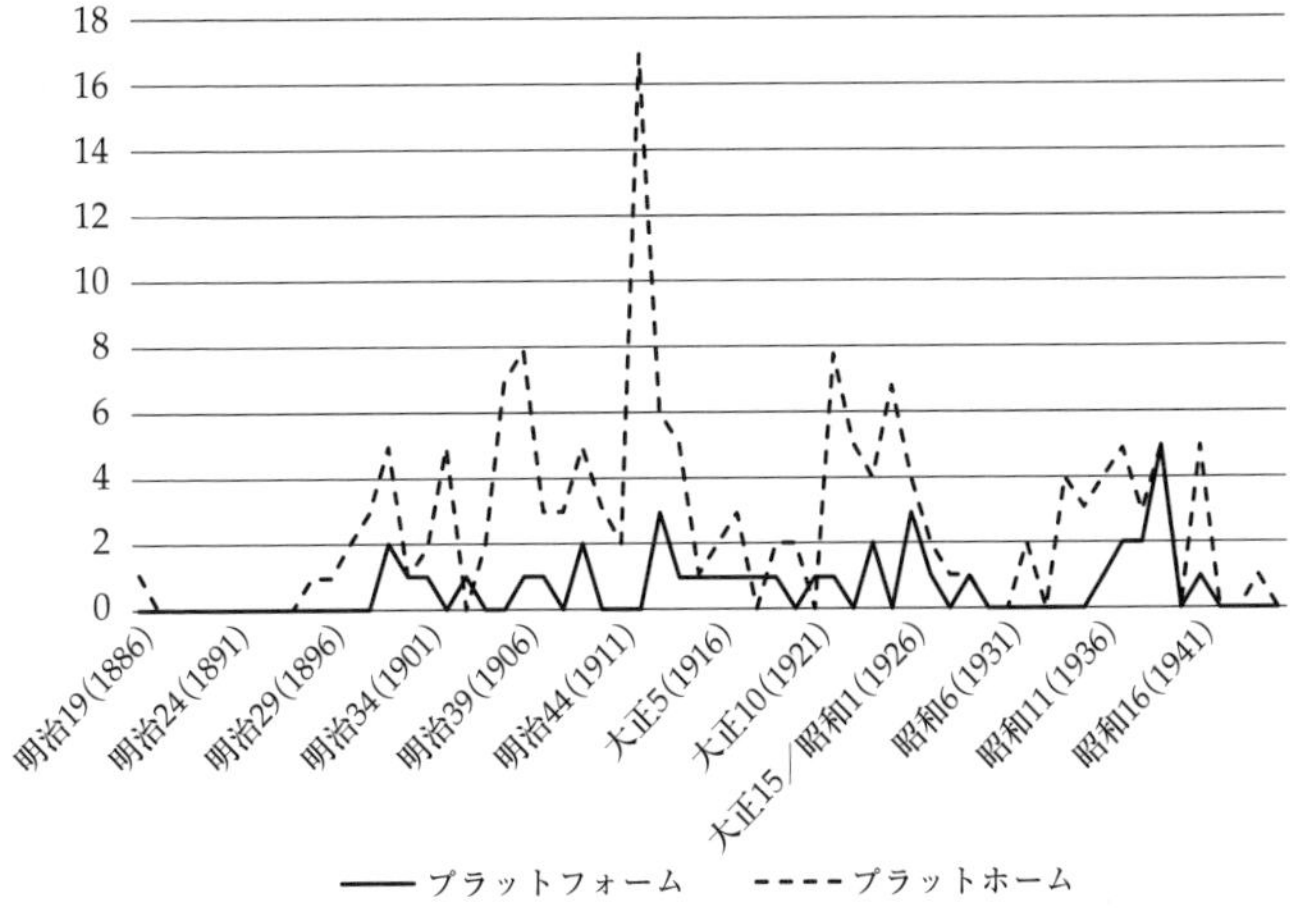

出所：「朝日新聞クロスサーチ」の検索結果から筆者作成

（乗車場）にては狭少」となったことが、「（乗車場）」という注釈とともに用いられている。ここでは、「プラット」ではなく「プレト」となっているが、「ホーム」となっていることは間違いない。

次の「プラットホーム」の登場は、その９年後の１８９５年（明治28年）11月6日の東京朝刊一面記事で、前月の10月28日、台湾で病死した北白川宮能久親王（１８４７–１８９５）の帰還を新橋駅で関係者「数百名がプラットホームに整列」して迎えたことが報じられているが、そこでは、注釈は与えられていない。したがって、明治20年代に「プラットホーム」という用語は広く定着し、しかし、「弥生山人」のように、「プラットフォーム」表記を記事中に用いる執筆者も存在していたと考えられる。

実際、太平洋戦争終結期までの期間においては、図2・6が示すように、「プラットホーム」の表記が大半を占めていた。しかし同時に、「プラットフォーム」表記もまま見られていることも同図から分かる。ところが、「朝日新聞クロスサーチ」の検索結果からは、戦後は皆無となっていることが判明した。これは、戦前までは、執筆者による表記には自由度があったものの、戦後においては、校閲体制が同一用語の複数表記

column

を行なわないような方針を持つものになったことを示唆するものである。このようにして、駅のplatformの意味では、「プラットホーム」表記が定着したと考えて良いだろう。そうして、今世紀に入り、本書が扱うplatformの意味では、「プラットフォーム」表記が用いられるようになりながら、従来の駅のplatformの意味では、引き続き「プラットホーム」表記が使われ続けているのである。

楽観論から慎重論への展開

今世紀初頭、ジャーナリストのトーマス・フリードマン氏は、著書『フラット化する社会』(２００５年初版)において、国境を超えて人びとが平等の土台に立って革新を生み、協働するような社会の進展にインターネットが果たす役割を強調する「楽観論」を唱えていた。実際フリードマン氏は、「仕事、知識、エンターテイメントを共用するさまざまな形のグローバルなプラットフォームをうみだすことが、世界のフラット化なのである」(フリードマン　２０１０　下63頁)と述べている。恐らく、当時の多くの人びとが持っていた、デジタル社会へのイメージを代表するものだったであろう。

確かに、グローバルなプラットフォーム企業が、ここ20年ほどの間に生まれた。しかし、既に見た「間接的ネットワーク外部性」の性質によって（図2・1参照）、プラットフォームの利用者や出店者の数が増えていくと、「多くの人たちが利用している」という事実そのもののために、更に利用者や出店者の数が自己増殖的に増えだし、特定のプラットフォーム企業だけに集中化が進むようになってきた。そのため、有力プラットフォームに対する規制が敷かれるようになってきている。それは、あたかも、19世紀後半から20世紀初頭、当時のアメリカで、スタンダード・オイルなどが巨大化に伴って行なっていたトラスト＝カルテル形成などの行為に対して、法律的対応が敷かれるようになったことと呼応している（クスマノ他 2020 330-331頁）。

加えて、利用者や出店者は特定のプラットフォームを使い続けると、他に乗り換えようとする実質的な費用（主に、「慣れ」などの心理的要因による）が増えてしまい、利用条件の改悪などが生じても、実質的な選択肢が制約されがちとなる（齊藤 2021 172-173頁）。これが「スイッチング・コスト」（switching cost）と呼ばれるものだ。広く経済の現実を見る際には無視できない要素であるが、特に、データに関わる部分が大きいプラットフォーム企業に関しては重要となってくる。

蓄積されるデータの利活用自体は、プラットフォーム企業による検索機能やサジェスト機能の速度や精度の向上にもつながることになり、それ自体は、利用者・出店者の便益にもなりうるものである。例えば、楽天は、２０２２年９月に、「楽天データソリューションズ株式会社」を成立させ、営業を開始したと発表した。会員の消費行動データを分析し、広告主に対しての提案を行なうという。[3]

しかし、右で述べたようなスイッチング・コストが高まり、このために、新規プラットフォームによる参入も妨げられ（参入しても十分な顧客獲得が見込まれないため）、消費者・利用者の実質的な選択肢が狭められる結果にもなりうる。こうして、実際のところ、「諸刃の剣」となり、少数のプラットフォーム企業の支配が加速するだけではないかという懸念が生まれることになる。

実際、スマートフォンのＯＳ（Operating System; 基本動作システム）は、アップル系のｉＯＳとグーグル系の Android という、ほぼこの2社が市場シェアを占める複占状態であることが知られる。そして、２００７年発売のスマートフォンであるアップルの初代ｉＰｈｏｎｅに内蔵されていた自社アプリは13個だったのが、現在ではおよそ40個にまで拡大していると言われ、少なくない部分が、かつては他者のアプリで提供されていた機能が含まれて

---

3 楽天のプレスリリース「楽天と博報堂ＤＹホールディングス、新会社「楽天データソリューションズ株式会社」を設立」（２０２２年９月１日）https://corp.rakuten.co.jp/news/press/2022/0901_01.html?year=2022&month=9&category=corp を参照。

いると考えられる。[4]

更に近年では、プラットフォーム企業のエコシステム化が指摘されるようになってきている。ここで「エコシステム」（ecosystem）とは、本来、「生態系」を意味する生物学上の用語であるが、変化する経営環境を生態系に見立てて用いたのは、１９９３年、実業家のジェームズ・モーア氏が初めてであると言われている（松島・植田・中田 ２０２２）。プラットフォーム企業の文脈では、図２・１で示したような「間接的ネットワーク外部性」を本業の中に留まらせておくのではなく、さまざまな関連事業分野の中で展開しようとするビジネス戦略の様態を示すものである。

例えば、米アマゾンは近年、医療・医薬（ヘルスケア分野）での活動を活発化させている。２０１８年、オンラインでの薬品販売大手のピルパック（アメリカ）を買収後、２０２０年11月から、オンライン薬局「Amazon Pharmacy」を開始、更に２０２２年7月には、日常医療のサービスを提供するワン・メディカル（アメリカ）の買収を発表した。また、日本でも、処方薬のオンライン販売を計画している。[5] また、Yahoo! JapanやＬＩＮＥを傘下に置くＺホールディングスは、２０２２年1月から、食料品を短時間で宅配する「Yahoo! マート」のサービスを東京都の一部で開始した。[6]

こうして、特定の少数のプラットフォーム企業が、経済の多分野において支配的な地位を占めつつあることが懸念されているのである。まさに、「怪物化したプラットフォーム」がグローバルに徘徊しているという状況だ。
特に、市場の競争についての判断の際に困難が生まれる恐れがある。第１章で述べたような「競争政策」の観点からの当局の判断の際には、具体的に関連すると考えられる市場の特定（「関連市場の画定」）が出発点となる。しかし、このようなエコシステム化においては、多くの事業分野がお互いに関連する度合が大きく、かつ、その関連の度合が明確でない場合が多いので、見極めが難しい（松島・植田・中田 ２０２２）。
こうして、従来の競争法（日本で言えば、独占禁止法）による対応のみでは不十分ではないかという問題意識が生まれ、日本においては、一定の売上高を超えるような特定のプラットフォーム企業に対して、一定の行為に予め予防的に制約を課す「事前規制」が検討され、また施行されるようになってきている。それが、２０２１年２月施行の「特定デジタルプラットフォームの透明性及び公正性の向上に関する法律」（通称「デジタルプラットフォーム取引透明化法」）だ。同年４月には、「特定デジタルプラットフォーム提供者」として
Amazon.co.jp（アマゾンジャパン合同会社）

4 読売新聞２０２２年４月27日朝刊９面の記事による。
5 日本経済新聞２０２２年９月７日朝刊15面の記事による。
6 朝日新聞２０２２年１月27日朝刊６面の記事による。

楽天市場（楽天グループ株式会社）
Yahoo!ショッピング（ヤフー株式会社）
（以上、物販総合オンラインモールの運営事業者）

App Store（Apple Inc. 及び iTunes 株式会社）
Google Play ストア（Google LLC）
（以上、アプリストアの運営事業者）

が指定され、これら事業者は、プラットフォーム企業が出店者と取引を停止する場合の判断基準や、出品に対する付加的サービスに関してなどの取引条件、そして、検索順位の決定方法などの情報開示を行ない、かつ、毎年度ごとに、経済産業大臣に対して、苦情対応等の取り組みなどに関する自己評価報告書の提出が義務づけられることになったのだ。[7] ２０２２年には、新たな対象として、デジタル広告分野も加わっている。[8]

　海外に目を向けると、２０２２年11月に発効（２０２３年5月施行）したＥＵ（ヨーロッパ連合）の「デジタル市場法」（Digital Market Act; DMA）においては、ＳＮＳや検索エンジンなど、インターネットにおける中心的機能（「コア・プラットフォーム・サービス」）を提供するプラットフォーム企業が「ゲートキーパー」として指定され、規制の対象とされることになった。そこでは、プラットフォーム企業が利用者の囲い込みを行なったり、あるいは、自己の商品やサービスを他の出店者のものと比べて優遇したりする「自己優遇」（詳細は最終章で触れる）を禁止することなどが規定されている。

また、現在アメリカ合衆国議会で審議中の「米国イノベーション・選択オンライン法案」（American Innovation and Choice Online Act; AICO）では、例えば、自社のアプリ使用をデフォルト化するなどの誘導に対して制限を加えることが盛り込まれている。つまり、ｉＯＳの正規のアプリストアであるApp Store（アップストア）、AndroidであればGoogle Play（グーグルプレイ）であるが、この両者がアプリ販売において支配的であり、AppleやGoogleがアプリ開発業者から徴収する料金が高止まりしていることが懸念されているのである。そこで、こうした正規のアプリストア以外でも、アプリの入手・購入を可能にする（これは「サイドローディング」と呼ばれる）ことによって、アップルやグーグルが自社のアプリ利

---

7 経済産業省ニュースリリース「「特定デジタルプラットフォームの透明性及び公正性の向上に関する法律」の規制対象となる事業者を指定しました」（２０２１年４月１日）https://www.meti.go.jp/press/2021/04/20210401003/20210401003.html に基づく。

8 経済産業省ニュースリリース「「特定デジタルプラットフォームの透明性及び公正性の向上に関する法律第四条第一項の事業の区分及び規模を定める政令の一部を改正する政令」が閣議決定されました」（２０２２年７月５日）https://www.meti.go.jp/press/2022/07/20220705002/20220705002.html に基づく。

用を促そうとすることを防ごうとするものであるが、海賊版によるセキュリティーの問題も指摘されるところである。[9]

こういったデジタル・プラットフォーム企業が引き起こす諸問題の根幹には、取引の場という公共的な「空間」が、利潤を追求する私的な民間企業によって提供されている点があると言えよう。[10]

ブロックチェーンの仕組みとプラットフォーム

さて、情報通信技術の進展は、プラットフォーム企業の誕生と発展をもたらしたのに留まらず、市場経済の他の側面にも影響を与えている。モノや貨幣の流通管理だ。それを支える技術が、近年、よく耳にするようになった「ブロックチェーン」(blockchain)と呼ばれる仕組みである（矢野 2020 6-7頁、齊藤 2021 173-175頁）。本書の主題は、プラットフォームから考える市場と競争のあり方についてであるが、デジタル社会における経済のあり方という大局的な視点に立つためには、ブロックチェーンについても意識しておくことが望ましいであろう。なぜなら、社会におけるデータ利用のあり方と関わっていると考えられるからである。

それでは、ブロックチェーンとは何か。その理解のために、モノや貨幣の保管・所有という問題を考えよう。それらを保管・所有している主体自身が、それぞれの時点で記録しなければならないものであるならば、モノや貨幣の移動に伴って記録主体は変わっていかざるを得ない。しかし、それとは逆に、モノや貨幣自体に記録機能が備わっていれば、保管者・所有者の変更ごとに、あるいは、もっと細かく自動的に、ある一定の時間ごとに、保管者・所有者の記録がモノや貨幣単位で記録されていくことが可能になる。

このように、時間単位でモノや貨幣の保管者・所有者が記録された台帳は「ブロック」と呼ばれ、これらが鎖のように連結的に積み重なっていく様相から、このような台帳記録シス

---

9 日経産業新聞２０２２年9月14日12面の記事に基づく。

10 本書では対象とはしないが、デジタル・プラットフォーム企業のグローバルな展開はまた、従来、物理的なモノの移動を想定していた課税業務に関しても議論を引き起こしている。「複数の国にまたがって存在するデジタルという無形物に、どのように課税するか」（フリスビー ２０２１ ２２８頁）という問題だ。租税法研究者の中里実氏は、「税制改革における今後の主要なテーマの一つは、何よりも、電子化への租税制度の対応、租税制度におけるＩＣＴ（＝Information and Communication Technology＝情報通信技術：引用者注）やＡＩ（＝Artificial Intelligence＝人工知能：引用者注）の利用形態の確立、といった分野であると断言していいのではないかと思われる」（中里 ２０２０ 7頁）と述べている。デジタル技術の浸透は、課税実務の複雑さが増すという側面と、課税業務が効率化されるという側面の両方があるだろう。

テムは「ブロックチェーン」と呼ばれる。そして、実際の運用に際しては、デジタル技術が活用されている。特に、ブロックチェーン上で流通する貨幣としては、「ビットコイン」が代表的であり、付与されているデジタル情報は、高度な技術を駆使して暗号化されていることから「暗号資産」(cryptographic assets)と総称される。

この暗号の解読には長い時間が必要であり、採掘(マイニング)に喩えられる。「採掘者」たちは、報酬を得るために、取引の確認を行なうように動機づけられる(ジョーク　２０２２　１０９-１１０頁)。このようにして、一極集中的ではなく、分散的・局所的に管理が行なわれることが特徴的だ。あるモノや資産の所有権の変更などに伴うブロック上での改変は、不特定の主体が参照できる公共的な情報になっているのである。こうして、ブロックチェーンのユーザー同士は、ピアとして、つまり、お互いに対等な立場として結びつく。このようなＰ２Ｐ(ピア・トゥー・ピア)の仕組みによって、改ざんなどの不正を防止するための監視のネットワークが世界的に構築されることによって、台帳のつながりは全体として価値を持つようになるのだ(入山　２０１９　５１４頁)。

２０２４年時点では、保管者・所有者視点からの集中型の台帳管理方式と、モノ・貨幣視点からの分散型の台帳管理方式とが併存している。しかし今後は、資産取引という観点から、後者が、従来型の金融システム・金融政策にも大きな影響を与えるものと予想される。また、国境を越える物流、すなわち、国際貿易にもその影響が浸透していくかもしれない。

ここでも、プラットフォーム上での電子商取引同様、取引の「場」を担っているのは、ブロックチェーンの開発・提供者であり、利潤を追求する私企業である。プラットフォーム企業と同様、ブロックチェーン企業も中央集権に寄らない分権性のメリットが活かされながらも、それらが利潤追求主体であることによる弊害、すなわち、利用者に対して、サービスの質の低下が転嫁される可能性を意識しなければならないだろう。21世紀の市場と競争を考えるためには、プラットフォーム、そして、ブロックチェーンの仕組みを念頭に置くべき所以である。

ブロックチェーンに関連して、近年では、デジタル社会の進展の特徴づけを示す「ウェブ3」という概念が注目をされている。これは、代表的なブロックチェーンであるイーサリアムの誕生に関わったガヴィン・ウッド氏が提唱したものだ（市橋 2022）。情報が一方向で発信されるというデジタル社会の初期段階が「ウェブ1」、その後、プラットフォーム企業が登場して、インターネット上での商取引が定着するようになった段階が「ウェブ2」とされる。この二つは、いずれもが情報処理の担い手が特定の主体に集中している状況だ。対して、ブロックチェーンでは、個々の利用者が情報を分散的に保有・処理している点が特徴的である。このようなデジタル社会の新しい可能性を示しているのが、「ウェブ3」という概念となる（高木 2022）。

ウェブ3は、現在のプラットフォーム企業が支配的となっている市場社会に対しての警鐘という側面もあるが、ウェブ2が定着する前における、上述のフリードマン氏のバラ色論に対してと同様、過度な期待は禁物であろう。ウェブ3の世界では、中央銀行、あるいはプラットフォーム企業に代わって個々人が分散的に情報を処理する。もちろん、少なくない部分がデジタル技術によって自動化・マニュアル化される部分もあるだろう。しかし現在、比較的少数の個々人によって担われているブロックチェーンの運営が、全人類によって普く担われるものになるのか？　つまるところは、特定の私企業によって担われるようなウェブ2の繰り返しになるのではないか、そういった可能性を排除できないかもしれない。このようなウェブ3の世界に対して、政府はどれほどの規制を課すべきなのか、その議論は緒に就いたばかりである（野田　2022　131頁）、この点に関しては、最終章において、また立ち返ることにしよう。

市場や通貨は、単一的で共通なものになってこそ、円滑な取引に寄与するものになると考えられる。裏を返せば、市場や通貨は、唯我独尊的な「独占」であることが望ましいということだ。しかし、公共的な「場」や「手段」である市場や通貨が、公共という全体的な観点ではなく、自企業の利潤を優先的に考えることが避けられない私企業によって担われていることから、21世紀に生きる我々が直面しなければならない課題が生じていると言えるのではないだろうか。

本書の対象との関連で言えば、ブロックチェーンの円滑な運営を担うための仲介者が、

「ネットワーク外部性」や（次章で説明される）「規模の経済性」によって、支配的な立場に立つ可能性である。そうした場合には、取引に伴う手数料の上昇や、ユーザーの囲い込み行動、利用者の選択肢を狭めるような行為が無視できなくなるかもしれない（Catalini and Gans 2020, p.88）。この点は、本書が対象とする「プラットフォームの経済学」からも指摘されることであり、「21世紀からの貨幣論」が考慮しなければならない論点であろう。

デジタル経済の時代における日本の立ち遅れ

さて、ここ30年ほどはデジタル技術を駆使した市場と競争の変容の時代であるが、日本経済にとっては長い停滞の時代とも重なっている。デジタル化における日本の乗り遅れを指摘するものの中で、最もよく知られている一つは、スイスのローザンヌに拠点を置くビジネススクールである国際経営開発研究所（International Institute for Management Development; IMD）が１９９４年から毎年発表している「世界デジタル競争力ランキング」であろう。[11]

表２・３は、２０１４年から２０２３年まで10年間におけるトップ10のランキングを示したものである。米国、シンガポール、スウェーデンが上位を占め、その他、北欧諸国なども安定的に上位にいることが分かる。

表2.3　デジタル競争力ランキング、ベスト10（2014〜2023年）

	2014	2015	2016	2017	2018
1	シンガポール	シンガポール	シンガポール	シンガポール	米国
2	米国	米国	米国	スウェーデン	シンガポール
3	スウェーデン	フィンランド	スウェーデン	米国	スウェーデン
4	フィンランド	カナダ	オランダ	フィンランド	デンマーク
5	スイス	スウェーデン	カナダ	デンマーク	スイス
6	オランダ	オランダ	フィンランド	オランダ	ノルウェー
7	デンマーク	スイス	スイス	香港	フィンランド
8	カナダ	デンマーク	デンマーク	スイス	カナダ
9	ノルウェー	オーストラリア	ノルウェー	カナダ	オランダ
10	オーストラリア	イスラエル	ニュージーランド	ノルウェー	英国

	2019	2020	2021	2022	2023
1	米国	米国	米国	デンマーク	米国
2	シンガポール	シンガポール	香港	米国	オランダ
3	スウェーデン	デンマーク	スウェーデン	スウェーデン	シンガポール
4	デンマーク	スウェーデン	デンマーク	シンガポール	デンマーク
5	スイス	香港	シンガポール	スイス	スイス
6	オランダ	スイス	スイス	オランダ	韓国
7	フィンランド	オランダ	オランダ	フィンランド	スウェーデン
8	香港	韓国	台湾	韓国	フィンランド
9	ノルウェー	ノルウェー	ノルウェー	香港	台湾
10	韓国	フィンランド	アラブ首長国連邦	カナダ	香港

出所：IMDのウェブページ（https://worldcompetitiveness.imd.org/customsearch）から得られる情報から筆者作成

対する日本のランキングの推移を示しているのが表2・4だ。残念ながら下降気味であることが見てとれる。このＩＭＤのランキングを根拠にして、日本のデジタル化への対応が懸念されることが多い。またこの表からは、それに対して、韓国や中国は、ここ10年でランクを上げていることが示されている。筆者が世界各国の状況を見て、他に興味深いと感じたことは、アラブ首長国連邦がランクを上げている一方、ルクセンブルグとマレーシアの動きが同じように下降している点だ。

本章の冒頭（「デジタル経済の到来」）でも説明したように、「0と1」というデジタル情報は、モノとしての製品というよりは、サービスとしての製品との結びつきが強い。日本語の「サービス」という言葉が、多くの場合、無料という意味を付随していることから、日本においてはデジタル情報に付加価値を見出すという意識が高くなかったことも、デジタル経済における日本の生産性の伸び悩みにつながっていると言えるのかもしれない。ただし、自由と無料という二重のフリーを求める動機は、人間の根源的な観念から生じているものとも考えられなくもなく、自分で切り出しておきながらも、これを日本の特徴と言うのには、筆

11 このランキングは、知識（Knowledge）、技術（Technology）、そして将来性（Future Readiness）という3つの観点から、それぞれにおけるいくつかの基準・指標を総合して作成されている（令和3年『情報通信白書』第1部序章3「国際指標でみる我が国のデジタル化」https://www.soumu.go.jp/johotsusintokei/whitepaper/ja/r03/html/nd103100.html などを参照）。

表 2.4　デジタル競争力ランキングにおける年次推移（2014～2023年）

	2014	2015	2016	2017	2018	2019	2020	2021	2022	2023
日本	**20**	**23**	**23**	**27**	**22**	**23**	**27**	**28**	**29**	**32**
韓国	21	18	17	19	14	10	8	12	8	6
中国	38	33	35	31	30	22	16	15	17	19
アラブ首長国連邦	26	22	25	18	17	12	14	10	13	12
ルクセンブルグ	19	16	21	20	24	21	28	22	30	26
マレーシア	15	21	24	24	27	26	26	27	31	33

出所：IMDのウェブページ（https://worldcompetitiveness.imd.org/customsearch）から得られる情報から筆者作成

者は抵抗を感じる。

そのような筆者のナイーヴな（？）発想とは異なり、経済学者の宮川努氏は、経済の構造的な要因について指摘している。ＩＣＴ革命が生じたのは１９９０年代後半であるが、日本はその時期に金融危機に見舞われていたために、企業セクターは、人的資本を中心とする無形資産への投資を削減せざるを得なかった（宮川　２０１８　１２９-１３０頁）。この意味で、日本は不運だったと言える。更に近年において、日本企業は、内部留保を増加させながらも、それを、Ｍ＆Ａ（合併・買収）に用いることで、ビジネス環境変化に対する応急措置策としている傾向を強めていると考えられるため、企業内の人的資源のために活かされている状況とは言えない（宮川　２０１８　１９４頁）。

関連して、経済学者の岡田羊祐氏は、日本企業による情報通信技術の活用に関して重要な指摘をしている。つまり、高度成長期以前の早い時期から、「全社的品質管理」（Total Quality Control; TQC）」と呼ばれる方式によって生産管理の分野では積極的に導入がなされたものの、全社的な業務管理に関しては立ち遅れていた可能性だ（岡田　２０１４　２-５）。上述のように１９９０年代になってから世界的にＩＣＴ革命の兆しが現われ、新しい情報通信システムへの対応やグローバルな生産体制の構築が求められていたにもかかわらず、ＴＱＣを中心とする生産管理の情報システムに引きずられていたのだと言えよう。

この状況を理解するためには、経済学者の小池和男（１９３２-２０１９）が提示した視点が役に立つかもしれない。端的に言えば、経済発展の第１段階に成功すると、それに適合した社会制度が確立・発達するために、次の第２段階になっても前段階の制度があまりに根を下ろしているために、移行コストが高くなり過ぎ、第２段階に適合した変革がかえって遅れてしまうというのだ（小池　２００５　３１２-３１５頁）。

小池が焦点を当てた20世紀の工業化の文脈では、第１段階に適合したのがイギリスで、逆に、第１段階での足枷がなく発展できたのが、日本ということになる。しかし21世紀に視点を移せば、高度成長期という第１段階でのレガシーが、日本の経済社会のあり方に持続的な作用を与え、第２段階であるデジタル社会への適合を遅らせているということになるかもしれない。しかしながら、日本よりもやや早く、第２次世界大戦後という第１段階に発展したアメリカが、表２・３が示すように、第２段階においても世界の先端にいることを考えると、

表 2.5　時価総額トップ 10 企業のランキング（名称は当時のもの）

	1989	2019	2023
1	NTT	マイクロソフト（米）	アップル（米）
2	住友銀行	アップル（米）	マイクロソフト（米）
3	日本興業銀行	アマゾン（米）	サウジ・アラビアン・オイル（サウジアラビア）
4	第一勧業銀行	アルファベット（米、旧グーグル）	アルファベット（米）
5	富士銀行	バークシャー・ハサウェイ（米）	アマゾン（米）
6	IBM（米）	フェイスブック（米）	エヌビディア（米）
7	三菱銀行	アリババ集団（中）	バークシャー・ハサウェイ（米）
8	エクソン（米）	テンセント（中）	テスラ（米）
9	東京電力	ジョンソン・エンド・ジョンソン（米）	メタ（米、旧フェイスブック）
10	三和銀行	エクソンモービル（米）	VISA（米）
11	トヨタ自動車	⋮	⋮
		42　トヨタ自動車	39　トヨタ自動車

出所：読売新聞 2019 年 4 月 27 日朝刊や東京新聞 Web2023 年 5 月 26 日（https://www.tokyo-np.co.jp/article/252608）をもとに、筆者作成

話はそれほど単純ではない。やはり、右記のように、「バブル後遺症」の影響が大きいのかもしれない。

さて、ここ30年ほどのデジタル時代における日本の低迷ぶりを象徴するものとして、表2・5のような世界の企業の時価総額ランキングが挙げられることも多い。1989年と30年後の2019年ではランキングが様変わりし、2019年時点では、アメリカの企業、特に、デジタル技術を基盤とするプラットフォーム企業が目立つ点が特徴的である。GAFA、つまり、G＝Google、A＝Apple、F＝Facebook、A＝Amazonの4社、あるいは、M＝Microsoftも加えたGAFAMだ。そして、中国の二企業もそのようなプラットフォーム企業である。なお、2023年には、サウジアラビアの一社を除いては残りの9社全てをアメリカの企業が占めているようになっている。

以上、本章では、20世紀末から今日に至るまで、デジタル化の進展に伴って生じてきた経済社会の変容について概観した。次章以降、市場と競争についての考察を深めていくことにしよう。まず続く第3章では、前世紀における経済社会の特徴を捉えるための概念について考えたい。市場における供給側の「規模の経済性」がそれであり、19世紀後半からの重工業主体の経済と関わるものである。

第3章　20世紀までの市場と競争——不完全競争を概念的に理解する

「21世紀の」市場と競争を考えていくために、まず、本章では「20世紀までの」市場と競争を復習することにしよう。ここで念頭に置くのは、高校の教科書で「市場と競争」がどう記述されているかである。高校の教科書と聞くと拍子抜けする読者が多いかもしれない。しかし驚くなかれ、高校の教科書の記述は侮れないのだ。「教科書」だから、記述にはあまりドラマティックなものは感じられないが、内容に関しては、むしろ、(あまり大きな声で言ってはいけないかもしれないが)「大人」向けのビジネス書や新書よりも、本質的なものが扱われているというのが筆者の全体的な印象である。

2022年度から、文部科学省の学習指導要領の改訂に伴い、高校の公民科では、それまでの「現代社会」に代わって、「公共」が登場した。これは高校1・2年次の必修科目ということになっているため、今後しばらく、日本の高校生は、「公共」で扱われている市場経済に関しての基礎的な考え方について触れることになる。やや大げさに言えば、これからの日本と世界を担う人たちの「市場と競争」に対する見方や態度に、少なからぬ影響を与えるものだと言えるのだ。

しかしながら、正直なところ、デジタル経済を見据えた21世紀型の「市場と競争」のあり方を学ぶ上では、手薄感の否めない内容であることも確かで、今後に向けた改善の余地は小さくない。そこで本章では、新科目「公共」における「市場と競争」の取扱いに沿いながら、筆者による補足を交えて概観することにしよう。[1] なお、本章の内容は、経済学を学んだ読者にとっては既知な事柄が多いと思うが、「不完全競争の経済学」が市場理論の中心的な位置を占めるべきとの筆者の持論に基づいた試論的なまとめとなっている。そういった読者には、是非、批判的な視点からお読みいただくことを期待している。

新科目「公共」の教科書が説明する市場機能

よく知られているように、小・中・高の教科書は、文部科学省の「学習指導要領」に規定されているために、同一科目において、各社・各種の教科書間で大幅なばらつきは見られない。しかしながら、細かく見ると、各出版社や該当箇所執筆者（多くは現役の大学教員や高校教員）の個性が透けて見えるところがある。

まず、最新（平成30年告示）の「学習指導要領」「公民編」で新科目「公共」が扱われている箇所において、「市場と競争」に関してどのような記述がなされているのかを見てみよう。[2]

「公共」では、法、政治や倫理、国際関係など、私たちの社会生活全般について多角的に取り扱われるように求められており、経済に関する事項としてはいくつかあるが、その中でも、

> 公正で自由な経済活動を通して**市場が効率的な資源配分**を実現できるのはなぜか（66頁、太字は引用者）

を理解できるようにすることが求められている。そして、続く記述において、

1 なお、市場と競争に関わる社会科（公民）科目としては、もう一つ、従来からの「政治・経済」が選択科目として配置されているが、「市場と競争」に関しては、「公共」の内容を発展させつつも、重なる部分が多いために、本書では省略する。関心ある読者は、安達（２０２０）を参照されたい（本章の記述にもその拙稿の内容が一部反映されている）。

2 URLは https://www.mext.go.jp/content/20211102-mxt_kyoiku02-100002620_04.pdf である。

市場経済においては、公正で自由な競争を促進し、企業が創意工夫を発揮し事業活動を活発化することで、消費者の利益が確保され**社会的余剰が最大化**すること、このため、市場における競争を維持・促進するための政府による適切な政策が必要になることを理解できるようにすること（67頁、太字は引用者）

として、具体的な内容を述べている。

同時に、「学習指導要領」は、「市場経済の機能と限界」にも配慮することを求めている。具体的には、

公正で自由な経済活動を通して希少な資源の効率的配分をもたらす市場機構について理解できるようにするとともに、**寡占や独占、外部不経済、情報の非対称性など市場機能の限界など**（70頁、太字は引用者）

についても理解がされるように指示されている。

これは、現代の標準的なミクロ経済学における二分法に基づくものと考えられる。そこではまず始めに「完全競争」(perfect competition) 形態の市場が取り上げられ、その「望ま

しさ」が解説される。より具体的には、完全競争下では、経済学者のヴィルフレド・パレート（1848-1923）が提示した「パレート最適」(Pareto efficient) な状態が達成されることが示される。[3] この「パレート最適」な状態とは、「ある個人の満足度を上げるために、その状態からの改変を行なおうとした際には、必ず誰か別の個人の満足度が下がってしまうことになる状態」という意味であり、全ての個人が同時により良い状態に移ることがもうできないという意味で「望ましい」と考えられるのである。

　そのような「市場の望ましさ」に関する議論がなされた後、今度は一転して、各種の「市場の失敗」――不完全競争（寡占や独占）、外部性（外部不経済）、情報の非対称性など――が導入され、今度は、「市場の望ましさ」がなぜ実現しないのかが論じられる。以上が、筆者が「ミクロ経済学の二分法」(microeconomic dichotomy) と呼ぶ思考体系であり、標準的なミクロ経済学の教科書では、レベルを問わず、それに依拠した説明がなされている。

　しかしながら筆者は、「不完全競争」を完全競争からの逸脱としての「市場の失敗」の一要因と見るのではなく、むしろ、完全競争の方こそが「不完全競争の一特殊形態」であり、不完全競争をベンチマークとするようなミクロ経済学の方法論を確立すべきと考えている。

　なお、今まで、「完全競争」とは何かについて述べてこなかった。これは、標準的なミク

3 これは、「厚生経済学の第1基本定理」と呼ばれるものであり、「経済学が打ち立てた金字塔」（松井 2018 87頁）と目されている。

ロ経済学の教科書で必ず解説されているものなので、興味ある読者は、そういった教科書を参照してほしい。本書では、そうした標準的な解説とは一線を画するものなので、「完全競争とは何か」については、以下で説明するように、最小限度の理解で済ますことができる点が特徴的なのである。[4]

さて、右で言及した「学習指導要領」の中で「社会的余剰を最大化」との表現があるが、筆者の見たところ、いずれの教科書においても、この点に言及しているものはない。恐らく、「余剰」という概念を適切に説明することが難しいからであろう。そして、それは、需要曲線（demand curve）や限界費用曲線（marginal cost curve）といった重要概念を基礎から丁寧に説明することが省略されているからではないだろうか。少数の基本的な事柄を、初歩から丁寧に説明していくことが何よりも求められるのであり、本章の議論は、将来における「学習指導要領」改訂と、それに伴う教科書改訂の参考に資するための試論を提供することを狙っている。

---

4 【読書案内】本書は、経済学の基礎をなすミクロ経済学の知識を前提とはしていないが、未習の読者は、本書の読了後に

坂井豊貴『ミクロ経済学　入門の入門』（岩波新書、２０１７年）

といった入門書を読まれると、更に理解を深めることができるであろう。なお、以下における何か所かの注で、このような【読書案内】を紹介する。

column

コラム パレート改善？

パレート（写真3・1）は、イタリアの貴族層の出身であるが、パレートの生誕当時、その父は政治的な理由でパリに逃亡していたために、彼の地で生を受けた。トリノの大学では数学や工学などの自然科学を中心に学び、鉄道技師を経て実業家として成功した後に、経済学に関心を持つ（根岸 2001 105頁、西村 2011 139頁、武隈 2016 150頁）。実業界から経済学に転身した点は、「比較優位」の考え方を提唱したディヴィッド・リカード（1772–1823）と共通している（根岸 2001 第4・5章）。

パレートは、ミクロ経済学の諸概念や用語を明確化することによって、その世界的な普及・定着への礎を築いただけでなく（井堀 2019 18頁）、社会学的な論点も取り入れた総合的な社会科学を志向したことでも知られる（森嶋 1994 162頁）。実際、彼は40代半ばでスイスの

写真 3.1　パレート

出所：Wikimedia Commons

ローザンヌ大学教授に就任した1893年からほどなくして、社会学の講義を始めている。

彼は1898年に親類からの莫大な遺産を相続したものの、同時に、妻のアレッサンドリーナはスーツケース30個を抱えて、パレート家の料理人とロシアに駆け落ちしたという（丸山徹 2008 244頁）。本文中で「パレート最適」の考え方に触れたが、同じように、「ある状態から別の状態への移行によって、誰一人も満足度は下がることはなく、少なくとも一人は、満足度が高くなること」を「パレート改善」と呼ぶ。さて、この3人にとって、新しい状態はパレート改善だったのであろうか？　妻と料理人の二人の満足度は高くなったであろう。ここで、パレートその人が不幸を感じたというのであれば、パレート改善とはならないのだが、筆者は、このエピソードを初めて知った時から、これは「パレート改善」の典型例としか読むことができない。読者の皆さんはどう考えるであろうか。

なお、このエピソードには後日譚があり、パレートは1907年以降、ジーヌ・ルジズというフランス人と、猫20匹とともに暮らし始め、死去する2か月前にはアレッサンドリーナと正式に離縁し、ジーヌと入籍し

column

たという（丸山徹 ２００８ ２４４頁）。もちろん、パレートは、愛を貫こうとしただけではなく、遺産争いを念頭に置いていたと考えるべきであるし、彼ら３人（料理人がまだいたのであれば４人？）を考えると、この状態への移行は「パレート改善」と呼べないことは明白であろう。

需要曲線（消費者サイド）

いま、「お茶」という商品を考えてみよう。そして、それなりに多くの人（消費者）が存在しているような、ある期間・ある地域を想定する。これが「市場」である。ここでのポイントは、「お茶」は、現実には、お茶の製造・販売業者（企業）ごとに異なるものとして消費者には認知されていることも多いが、ここでは、ざっくりと「お茶」として一括されている点である。消費者が、業者ごとの「ブランド」をさほど気にしていないときには、このような想定は的外れのものとは言えないであろう。また、以下で考える「お茶」とは、何らかの計測単位で測られて、一つ、二つ……と数量化されているものと考える。例えば、「郊外にある自然公園の一ヵ月間」という「市場」を考え、ここでの消費者（公園の利用者）は、ペットボトルを一つ買うか買わないかという選択を行なうものと考える。

ここで、この市場における一人ひとりの消費者は、この「お茶」に対する価値づけvを持っていると考える。例えば、v＝５００円という具合にである。「お茶」の価格pがこれよりも高くなければ、この消費者は「お茶」を購入するし、それよりも高ければ購入しないと考えられよう。例えば、p＝３００円であれば購入するが、p＝５５０円であれば購入はしない（なお、vは英語のvaluation（価値づけ）、pはprice（価格）から来ている）。

　この「お茶」に対する価値づけは、消費者によって異なっている。vが高ければ、「お茶」に対する価値づけは高いし、その逆もしかりだ。この「市場」には、こうした多様な消費者が数多くいる。そこで、売り手の側として気になるのは、価格を変えるという行動に応じて、販売個数はどのように変わるのかということになろう。「お茶」を売ることの収入とは、価格×販売個数なので、両方が関係しているのである。

　ここでこの売り手は、「市場」には、図３・１のように消費者が並んでいるものと認知していると考える。

　この図３・１では、価値づけv＝５００円の人が、ちょうど１００人目に来ている。よって、価格p＝５００円とすれば、１００人の消費者に「お茶」が売れることになる。しかし、８００円にすると、ペットボトル２個しか売れない。このようにして、売り手の側は、価格をどれだけにすると、どれくらいの販売個数を見込めるのかについての認識を形成していると考えるのだ。

図3.1　価値づけの高い消費者から順番に並べる

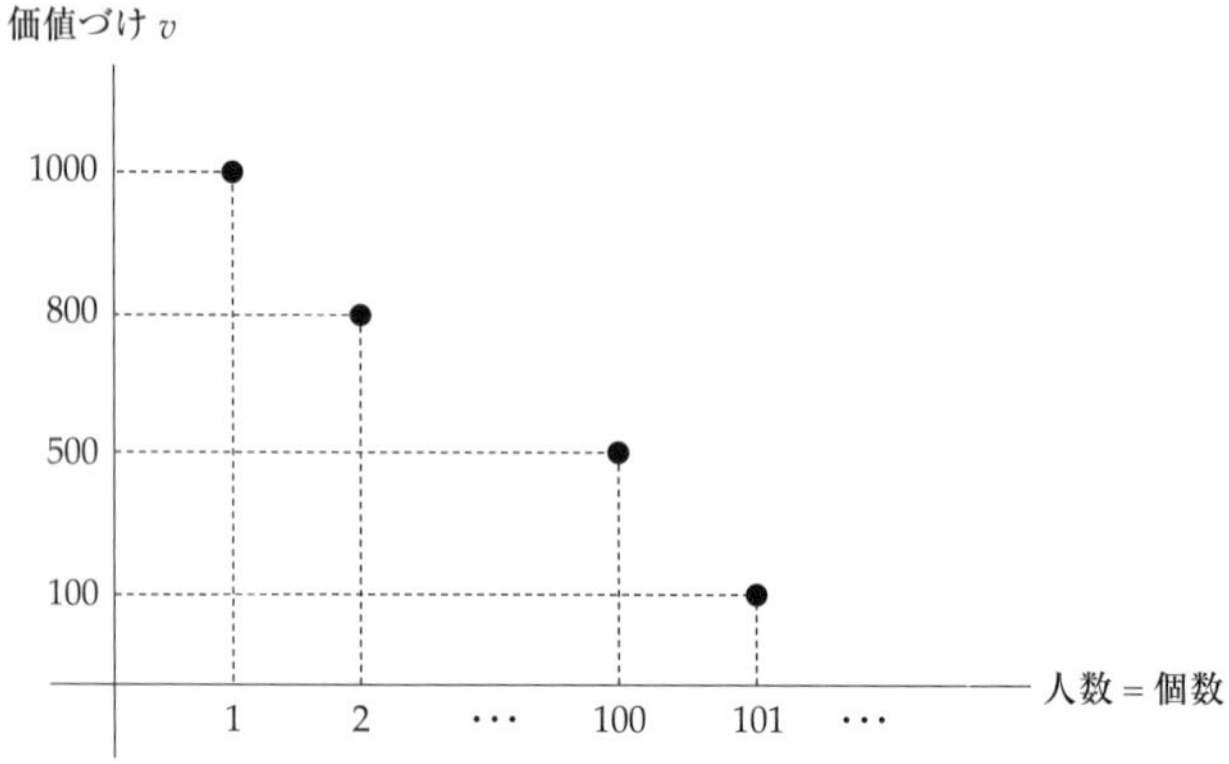

出所：筆者作成

消費者側の視点から見ると、$p=$５００円のとき、$v=$１０００円である一人目の消費者の「お得感」は、

$$v-p=1000-500=500\text{円}$$

である。同様に、$v=$８００円である二人目の消費者の「お得感」は、８００−５００＝３００円である。このような「お得感」は、１００番目の消費者まで得られるものである。ただし、この１００番目の消費者の「お得感」は、ゼロ円となっている。

この図３・１が、次の図３・２のような「需要曲線」の背後にある考え方だ。

ここでは、一個、二個、…、あるいは、１０００円、９９９円、…という離散的な数量を考えるのではなく、連続的な数

図 3.2　需要曲線と消費者余剰

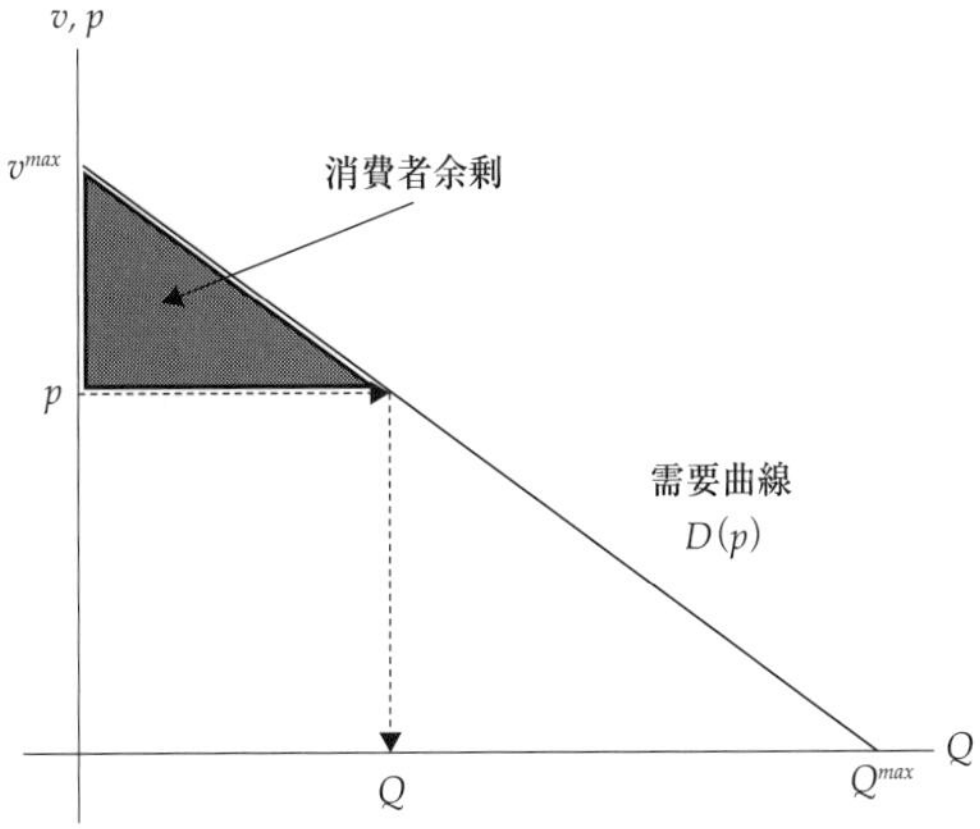

出所：筆者作成

量（実数）によって、価値づけ、価格、販売個数を捉えている点が重要である。このことによって、「生身の現実」からやや乖離してしまうという代償は伴うものの、図としては見やすくなるし、また、本書を超えた内容の経済分析を展開する際には、数学的に扱いやすくなるのだ。

この図3・2では、少し抽象的に、記号を用いて、縦軸に対応している概念がvとp、すなわち、価値づけと価格で、横軸に対応している販売個数をQで示している（Qは英語の quantity（数量）に対応。小文字ではなく大文字を用いているのは、市場全体について総計したといったほどの意味合いである）。ここで、やや紛らわしいので

あるが、ある具体的な価格に対しても同じpを使い、その価格のもとでの販売数量がQであるという関係を、

$$Q = D(p)$$

というように関数として表すことができる。これが、「需要関数」と呼ばれている概念だ（Dという文字が使われているのは、英語で需要をdemandと呼ぶことによる）。

ここでの「関数」（function）とは、pの値を具体的に与えると、それに対応するQが一つ決まるという関係を表すものである。このような場合、pは独立変数（これだけを独立に取り上げて、その値をさまざまに選ぶことができると想定）、Qは従属変数（独立に動かしたpに対して、その変化に従属して動きが決まる）と呼ばれ、高校数学の流儀では通常、pを横軸に、Qを縦軸に対応させる。しかし、ここでは逆になっていることに注意されたい。これは経済学の慣習に基づく。

なお、図3・2の需要曲線は、直線にして描いているが、右下がりの自然な形での「曲線」であることも排除されてはいないので、一般に「需要曲線」と呼ぶことが定着している。なお、Q^{max}は、価格pをゼロにしてもそれ以上は販売できない最大限の量、そして、v^{max}は、最も高い価値づけを持つ消費者のその価値づけの値を示している（右肩のmaxは最大（マックス）であることを意味する意図で使われている）。

さて、この価格のもとで「お茶」を購買している消費者の「お得感」は、その消費者の価値づけから価格を引いたものとして考えられることは、図3・1の説明の際に述べた。図3・2で影がついている部分は、購買している消費者全員について足し合わせたもので（これは、高校数学の積分と対応している）、「消費者余剰」（consumer surplus）と呼ばれる。これが大きければ大きいほど、全体として、消費者側の「お得感」は増えるというわけである。

このように、需要曲線という概念を用いることによって、売り手の側が、ある価格に対して、どれだけの販売を見込めるかという認識だけでなく、消費者の側においては、ある価格に対して、どれだけの「お得感」が見込まれるのかという価値判断にも関わることが分かるのだ。

さて、売り手の方は、価格×販売個数という収入だけではなく、その個数を製造・販売するときの費用はどれだけのものになるのかも気にすると考えるべきであろう。収入が多かったとしても、費用も同時に大きければ、収入も費用もそこそこの金額である方がかえって望ましいかもしれない。つまり、企業は、収入－費用という利潤（profits）を気にするのである。このことを考えるための次のステップは、売り手側の費用について考えることであるが、その前に、需要曲線の考え方における最重要概念を紹介しておこう。

それは「需要の価格弾力性」と呼ばれるものであるが、この理解のために、図3・3のよ

図 3.3　需要曲線の傾き≠需要の価格弾力性

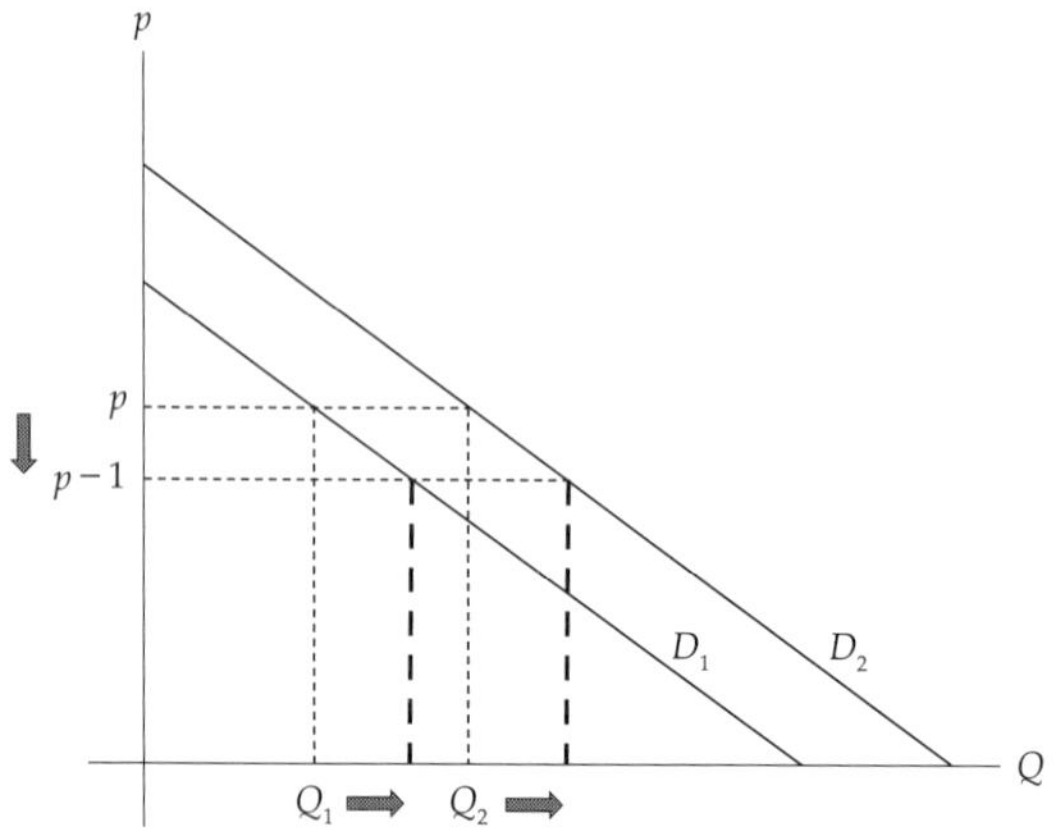

出所：筆者作成

うな二つの需要曲線を考える（縦軸への対応は「価格」に統一して v を省略している）。

この図では、ある価格 p に対して、需要曲線が D_1 であれば販売数量は Q_1 であり、D_2 の場合は Q_2 となっている。ここでの二つの需要曲線の傾きは等しいものとすると、もし価格を１円下げて $p-1$ とした場合、Q_1 と Q_2 の双方での増加は同じ量となる。では、この二つの需要曲線の価格への反応度は等しいと考えて良いものであろうか。例えば、Q_1 は１００、Q_2 は２００で、それからの増加分は１であったとしよう。しかし、比率で考えてみると、Q_1 からは、１／１００＝１％の伸びであるのに対して、Q_2 からは、１／２００＝０・５％

の伸びなので、異なる値となっている。この例が示すように、元々が大きな量と、あまり大きくはない量のそれぞれの変化を比較する際には、変化の絶対的な値（右の例では１）ではなく、比率（パーセンテージ）を用いることに意味があるのだ。

この図３・３では、二つの需要曲線における同じ価格pを基準にして考えたが、同様にして、二つの需要曲線で、同じ販売数量Qに対応している価格p_1とp_2を考えて、それぞれにおける価格の変化に対応する販売数量の変化を考えることもできる。その場合は、元々高い価格からの１円の値下げと、それほどは高くない価格からの同じ１円の値下げとでは、下げ率としては異なるものとなる。

以上の点に関してシステマティックに対応するために、価格の変化に対応する販売数量の変化を見る際には、価格と販売数量の双方において変化率を考えることにする。これが「需要の価格弾力性」（price elasticity of demand）で、

$$\text{需要の価格弾力性} = \frac{\text{販売数量の減少率}}{\text{価格の上昇率}}$$

のように定義される。価格の上昇率が分母にきていて、これを基準にしているので、「価格の１％の変化に対して、販売数量は何％変化するのか」を表す値である。なお、この式は、分母と分子の正負の符号が異なるので、全体としてはマイナスになるが、変化の絶対値が本質なので、定義としては、マイナスを掛け、全体としてはプラスになるようにするのが経済

図 3.4　限界費用曲線と総変動費用

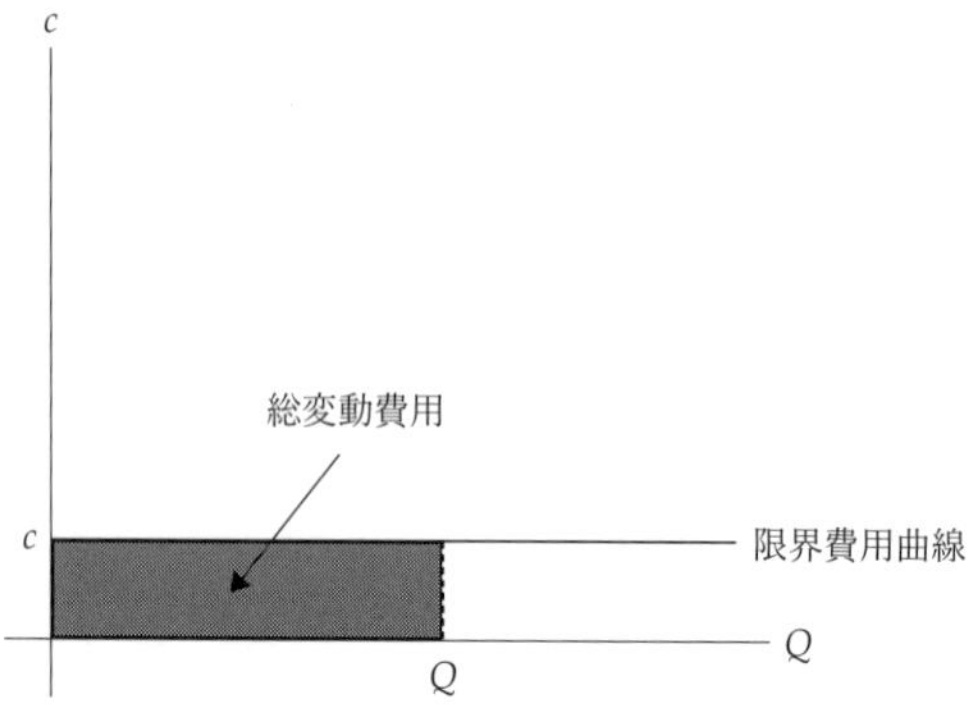

出所：筆者作成

学における慣習となっている。

なぜ、「需要の価格弾力性」が重要になるかというと、これが、価格の高低に関わると考えられるからである。これについては、以下でも言及するが、その前に、取引に関わるもう一方のサイド、すなわち売り手側を考えなければならない。

限界費用曲線（企業サイド）

ということで、次に、売り手側の費用要因について考えてみよう。売り手が0個から1個に、つまり、生産ゼロの状況から、1個だけ「お茶」を生産した場合の費用、1個から2個に生産を増加した場合の費用、……といったように、ある生産量から追加的に1単位分の生産を増加させた場合に伴って生じる費用の増分を、「限界費用」と呼ぶ。「限界」とは、「追加的」を意味する英語の marginal の訳語として定着しているものだ。図3・4で描かれているのは、どの値の生産量であっても、限界費用が一定の c である状況である（c は費用の英語 cost から来ている）。

ここでも、需要の場合と同様、1個、2個、…ではなく、連続的に描かれており、「限界費用曲線」と呼ぶ。ここでも直線となっているが、前述の理由により、「曲線」と呼んでおく。なお、限界費用曲線が水平ではなく、右上がりや右下がりの場合を考えることもできるが、本書での議論には必要ではないので、興味ある読者は、ミクロ経済学の教科書を参照してもらいたい。なお、この図では、あたかも、供給可能数量に上限がないかのように描いているが、上限のある可能性を考えることもできる。これもまた、本書では省略する。

ここで、消費者余剰を考えたときと同様、限界費用を0から Q まで足し合わせれば、図3・4で影がついている部分に対応し、これを「総変動費用」(total variable cost) と呼ぶ。「総」と「費用」の間に「変動」を入れているのは、生産量に応じて変動するという意味を

---

5 一見、直線の需要曲線の方が数学的な扱いは易しそうに見え、そのような場合も少なくはないのであるが、より包括的には、むしろ、傾きが常に一定である直線の需要曲線よりも、直線ではないが、需要の価格弾力性が一定であるような需要曲線を考える方が、分析的には有益であることも多い。第8章で紹介する論文 Adachi, Sato, and Tremblay (2023) は、その一例である。

図3.5　需要要因と供給要因を重ね合わせると……

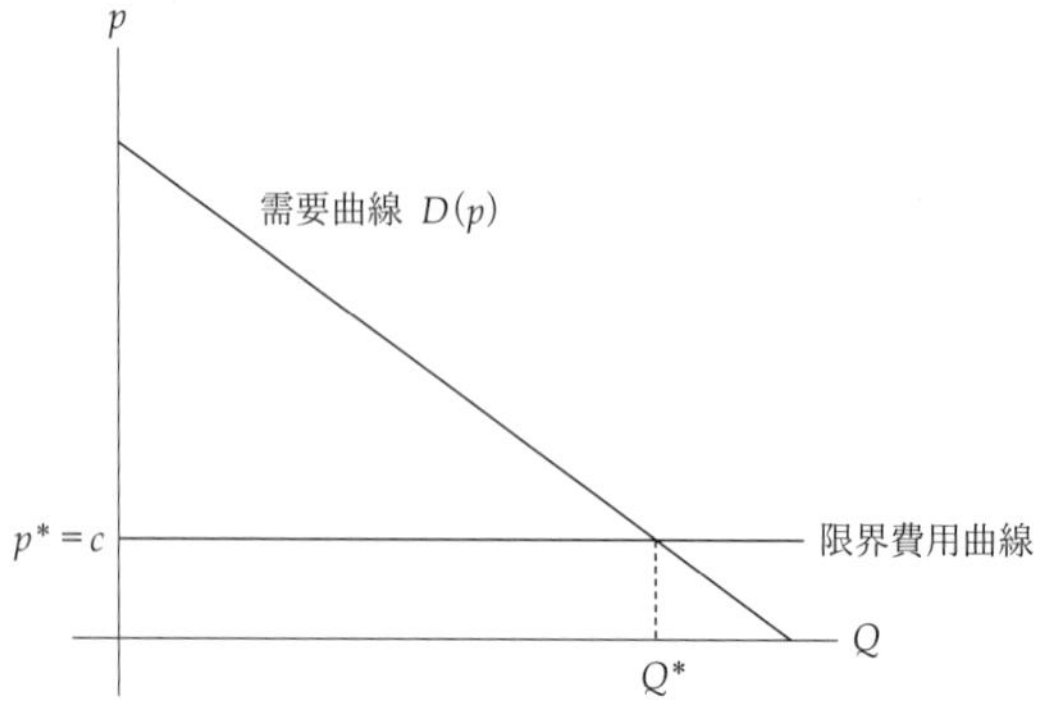

出所：筆者作成

込めてのものだ。

完全競争価格とは

さて、完全競争価格（perfectly competitive price）とは、この限界費用cと一致する価格を指すものである。図3・5では、右肩に＊がつけられて示されており、その価格に対応する販売数量はQ^*である。

通常のミクロ経済学の教科書では、「完全競争」とはどのようなものかを考え、その下で実現すると考えられる価格を「完全競争価格」と呼ぶが、本書ではそのような議論は省略し、完全競争価格が持つ性質について議論したい。それが、「学習指導要領」で述べられていた「社会的余剰を最大

図 3.6　価格が限界費用よりも高い場合

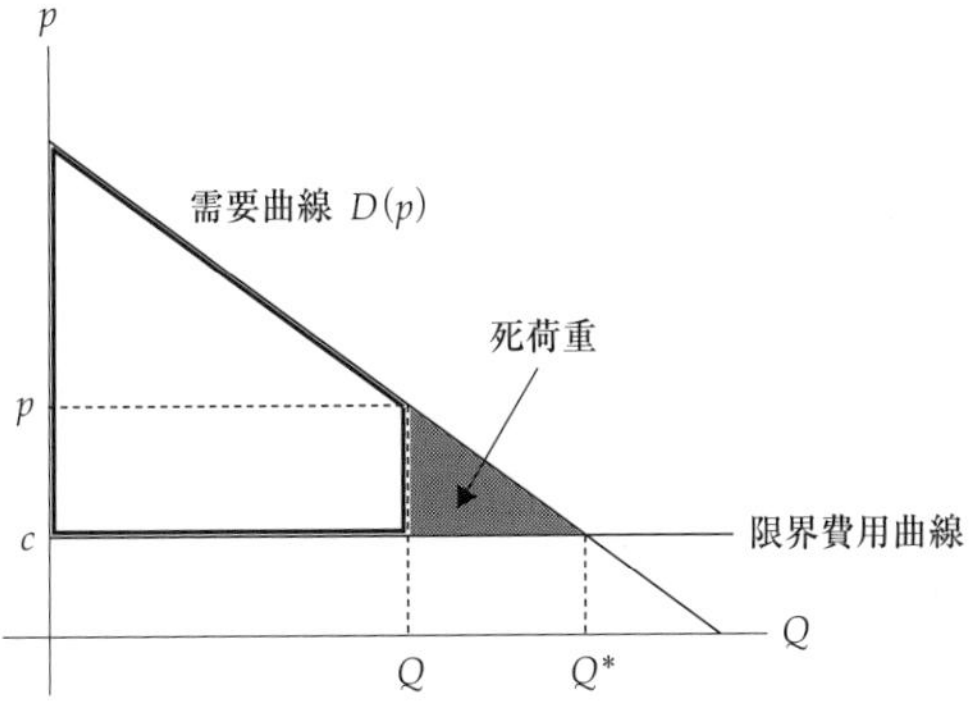

出所：筆者作成

化する」という内容のものである。

まず、社会的余剰（social surplus）とは、消費者余剰と売り手側の利潤（生産者余剰：producer surplus と呼ばれることもある）とを足し合わせたものを指す。ここで、利潤とは売上−総費用のことであるが、売上は $p^* \times Q^*$、総費用は $c \times Q^*$ であり、$p^* = c$ なので、実は利潤がゼロになっている。よって、社会的余剰は消費者余剰そのもので、図3・5では、$p^* = c$ に対応する水平線を底辺とする三角形に対応するものである。

なお、利潤ゼロとは、会計上利潤がゼロとなっているという意味ではなく、費用にはもろもろの費用が込められていて、利潤ゼロとはそれらを全て込みで考えて余剰が生じないという意味であることに注意して

図 3.7　価格が限界費用よりも低い場合

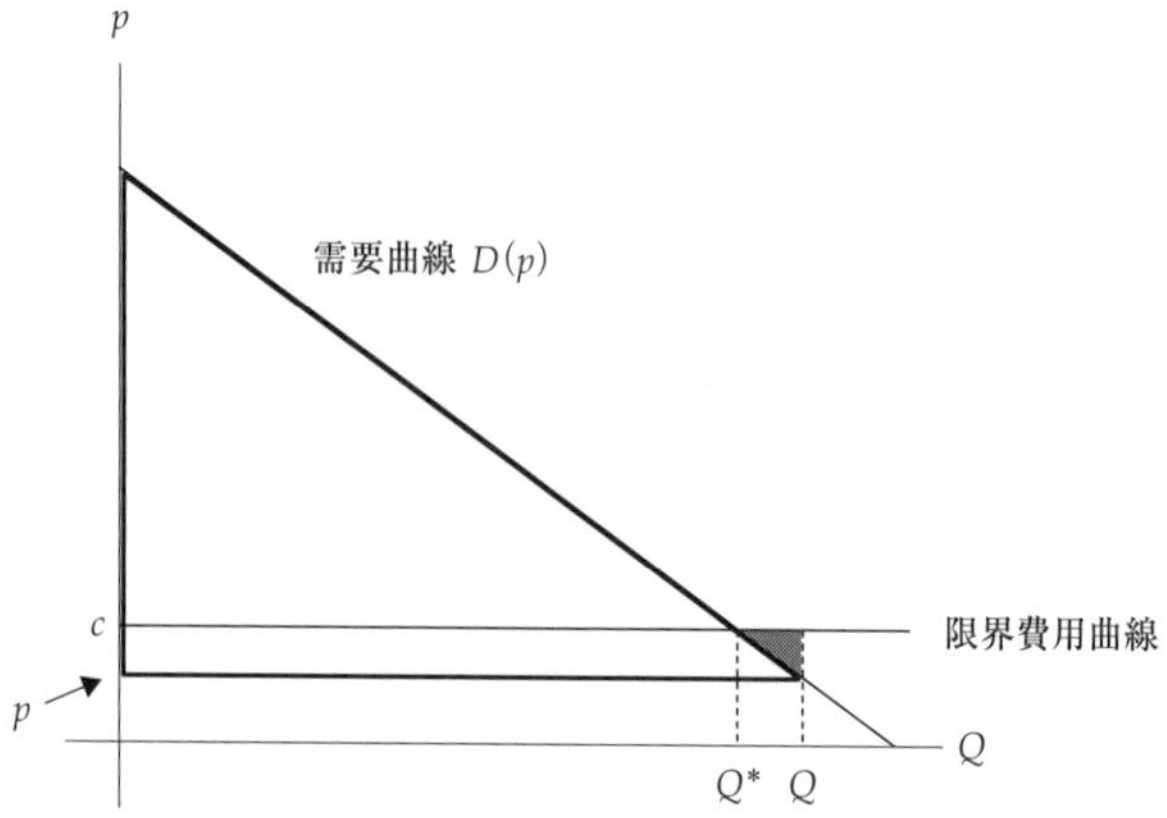

出所：筆者作成

ほしい。逆に、こういったもろもろの費用が込みでもなお、利潤が生じる場合は、生産に本当に必要とされる費用分よりも、何かしらの超過の利益が生じていることを意味しているのだ。

ここで、$p^*=c$が確かに社会的余剰を最大化していることを見るためには、価格pがc以外である場合に、社会的余剰が下がってしまうことを確認すれば良い。まずpがcよりも高い場合（$p>c$）、図3・6のように、社会的余剰は太線で囲まれた台形の部分であり、確かに、図3・5で示された三角形に囲まれているので、小さくなっている。

ただし、売り手の利潤はゼロから、台形の下部である四角形部分（$(p-c)\times Q$に対応）に増加している。それでもなお、社会的余剰が減少しているのは、その利潤増加以上に、消費者余剰が減少しているからである。そのため、図3・6で影がついている三角形に対応する「死荷重」(dead-weight loss) が生じている。

二つ目のケースとして、pがcよりも低い場合($p<c$)を考えよう。図3・7はこの状況を示している。

ここで、消費者余剰は図3・7において太線で囲まれた三角形に対応しており、これは、最大化された社会的余剰よりも大きくなっている。しかし、売り手は、$(c-p)\times Q$の分だけ赤字(利潤の損失)を被っており、これは、消費者余剰の増分よりも、図3・7で影がついている三角形の分より大きい。したがって、この場合の社会的余剰は、最大化された社会的余剰よりも、この三角形の分だけ小さくなっている。

以上の議論より、$p^*=c$であるような価格が社会的余剰を最大化していることが分かった。

企業サイドの「規模の経済性」とは

さて、以上の議論で考慮されていなかったが、現実的に重要と考える要素を導入してみよう。それは、生産に必要な「固定費用」(fixed costs) である。「お茶」の生産には、一つひとつのペットボトルの生産に必要な変動部分のほかに、製造個数にかかわらず必要とされる機械設備などの固定部分も存在するだろう。そこで、このような固定費用を考えることにする。

　実際、このような固定費用は、石油、アルミ、セメントなどの化学製品、家電や自動車などの工業製品、更には、清涼飲料水やスナック菓子などの食料品など、19世紀後半から20世紀に定着した大量生産型の経済を念頭に置く場合には欠かせない概念である（伊藤 2021 438頁、楡井 2023 5頁）。そう言えば、「お茶」も20世紀末から、ペットボトルに入れられた「製品」となった。

　言うまでもなく、本書が対象とする21世紀におけるデジタル・プラットフォーム企業にとっても、固定費用は無視し得ないものである。これには、システムへの初期投資に加えて、メンテナンスやアップグレードなどが含まれる。ただし、個々のサービス供給に対する変動的な負担は小さなものであろう（依田 2011 24頁）。

　このような固定費用を考えると、売り手の総費用は

固定費用＋総変動費用

となり、今までの記号も用いれば、固定費用をFと書くと（Fは英語で固定を意味するfixedから来ている）、総生産量がQのときの総費用は

図 3.8　平均費用曲線

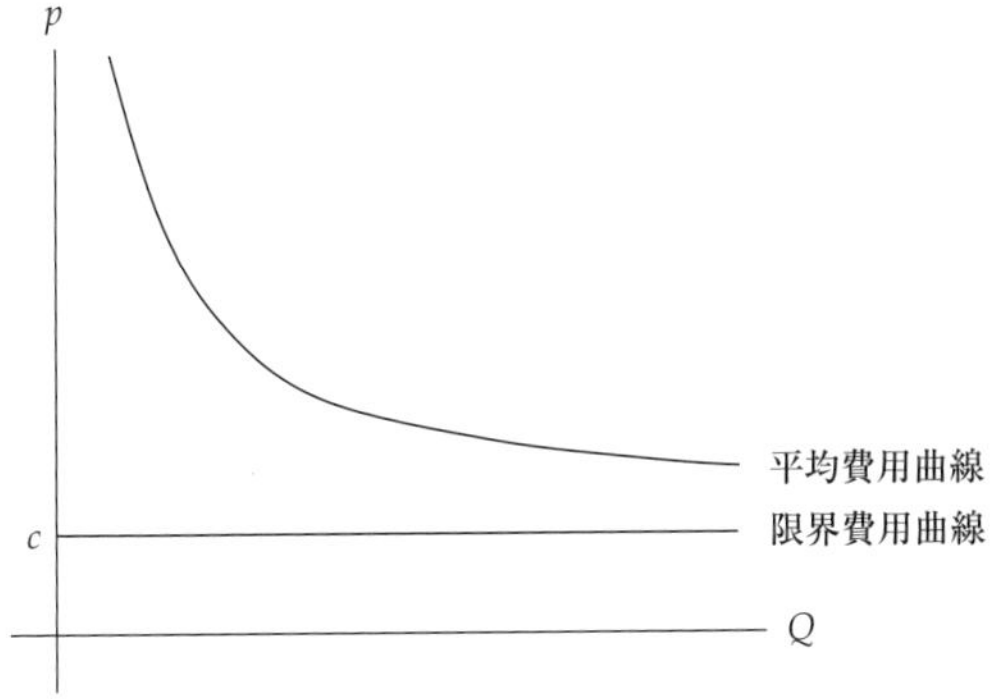

出所：筆者作成

$$F+c\times Q$$

となる。ここで、この総費用をQで割れば、平均費用（average cost）が

$$\frac{F}{Q}+c$$

として求められて、図３・８のように描ける。このようにして、平均費用は、生産量の増加に伴って低下することが分かる。これが、「規模の経済性」（economies of scale）と呼ばれる現象だ（岩井 ２００９ ２５６頁）。

「自然な」マークアップ・「作為的な」マークアップ

さて、この固定費用が存在する状況で、右で社会的余剰を最大化しているものとされた $p^*=c$ の価格がついているとするならば、何が生じるであろうか。固定費用がない場合では、売り手の利潤はゼロであったが、固定費用があるこの場合においては、利潤はマイナスになってしまう。なぜならば、価格が c である場合には、企業の利潤は

$$\underbrace{c\times Q}_{\text{総収入}}-\underbrace{\left(\frac{F}{Q}+c\right)\times Q}_{\text{総費用}}=-\underbrace{\left(\frac{F}{Q}\right)}_{<0}\times Q<0$$

と表現されるからである。つまり、売り手は生産・販売を今すぐにでも止めたい状況になっているのだ。

しかし、価格が図3・9の $\underline{p}$ であるときには、そこでの生産水準での平均費用 $F/Q+c$ と一致しているので、企業の利潤は、

$$\underbrace{\underline{p}\times Q}_{\text{総収入}}-\underbrace{\left(\frac{F}{Q}+c\right)\times Q}_{\text{総費用}}=\underbrace{\left[\underline{p}-\left(\frac{F}{Q}+c\right)\right]}_{=0}\times Q=0$$

図 3.9　「価格＝限界費用」によるマイナスの利潤

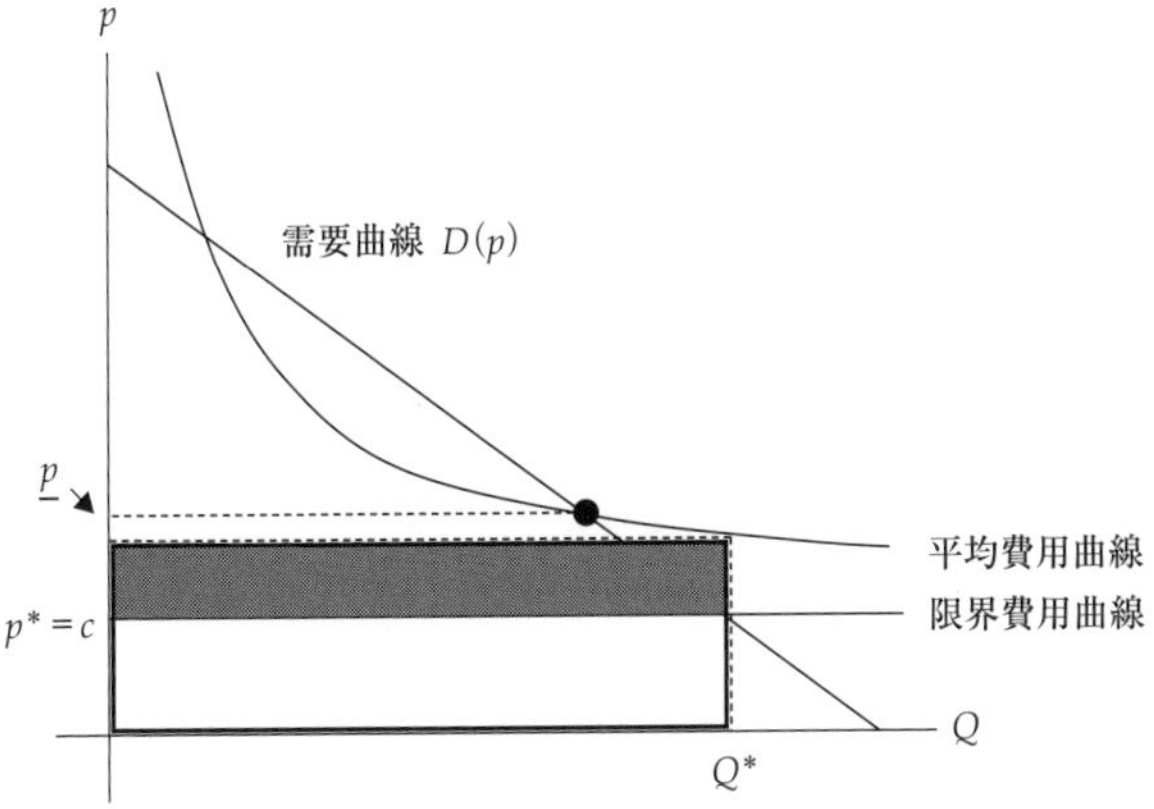

出所：筆者作成

で示されるようにゼロとなっている。このようにして、価格が$\underline{p}$以上の水準にならないと利潤はゼロ以上とはならないことが分かるので、このような市場においては、価格pは$\underline{p}$以上の水準になるものと考えられる。右で見た通り、価格は限界費用よりも高い場合には、低くなる（限界費用に近づく）ことによって、社会的余剰が高くなるので、$p=\underline{p}$の場合は、売り手に対してゼロの利潤を保証できる範囲で社会的余剰を最大化できるという意味で理想的である。

だからといって、正常の生産・販売活動の結果として$\underline{p}$よりも高いpになっていても、それは常に不当な高価格だと見なされるべきではないであろう。本書では詳しく述べないが、需要の価格弾力性の大きさと価格の高さは反比例的である。つまり、需要の価格弾力性が低い（すなわち、価格を上げても需要の落ち込みがそれほどでもない）場合は、価格引き上げに対して、需要量がそれほど減るわけではないので、価格が高めに保たれる傾向がある。これは製品の質や消費者の嗜好性に基づくものであり、通常の生産・販売活動の範囲外にある企業サイドによる不当な作為性によって価格pが$\underline{p}$よりも高く設定されているとは限らないからだ。

そのようにして生じる価格の水準を、「有効競争価格」p^Wと呼ぶことにしよう。これは、アメリカの経済学者、ジョン・M・クラーク（1884–1963）が「有効競争」（workable competition）と呼んだ概念（Clark 1940）と対応しており、完全競争ではなく、より現実的な競争、すなわち、不完全競争（imperfect competition）を念頭に置く場合に有効であると考えられる（宮崎 1972 174頁、根井 2021 91頁）。

この有効競争価格p^Wと限界費用cの差は、費用に対する上乗せ分であり、正常な経済活動から生じる「自然水準のマークアップ」（natural level of mark-up）、短く言えば「自然なマークアップ」と呼ぶことができる。より明確に表現するならば、有効競争価格p^Wの内訳は、

$$p^W = c + MU \qquad \cdots (3.1)$$

という式で表されていることになる。このMUが「自然なマークアップ」（MUはマークア

ップの英語 mark-up から来ている）に対応しているのだ。

しかしながら、実際に消費者が直面する販売価格 p は必ずしも、この有効競争価格 p^W とは限らない。すなわち、正常な生産・販売活動とは見なされない企業側の不当な作為によって、p^W に上乗せされた価格がつけられているかもしれないということだ。これは

$$p = p^W + MU' \quad \cdots \ (3.2)$$

として表される。この更なる上乗せ分 MU' が「不当水準のマークアップ」（unfair level of mark-up）あるいは「作為的なマークアップ」と呼ばれるものとなる。

したがって、式（3・1）と式（3・2）を組み合わせれば、「実際の販売価格－限界費用」として定義される「マークアップ」（mark-up）は

$$p - c = MU + MU' \quad \cdots \ (3.3)$$

と表現される。すなわち、マークアップは「自然なマークアップ」と「作為的なマークアップ」の和として考えられるということである。[6]

---

6 なお、このような「自然なマークアップ」と「作為的なマークアップ」の二分法という発想は、経済学者の大橋弘氏による提示（大橋 2021 51-60頁）から着想を得たものであるが、ここでは、経済学の基礎的枠組みとしての不完全競争という視点からの解説を与えている。より専門的な観点

図 3.10　作為的なマークアップ、不当な死荷重

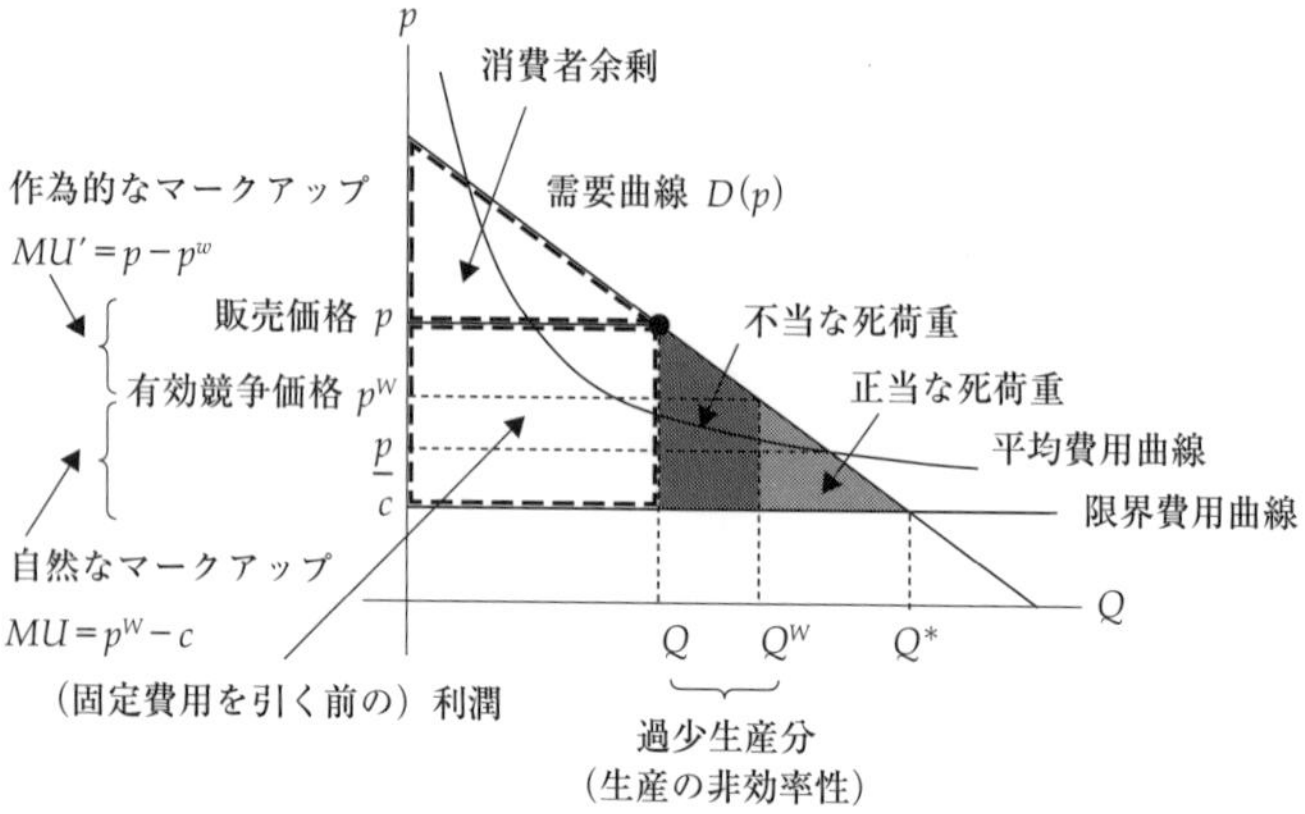

出所：大橋（2021, p.58）の図表 1–6 と安達（2020, p.32）の図 1 を参考にして筆者作成

たとえ、作為的なマークアップMU'がゼロであっても、自然水準のマークアップMUが正である限りは、この市場には死荷重が発生していることになるが、これらは、自然なマークアップに対応した「正当な死荷重」と見なせる。逆に、この水準を超えた「作為的なマークアップ」によって生じている分は「不当な死荷重」と呼ぶべきものとなる。これを示しているのが、図3・10である。このような「作為的なマークアップ」と「不当な死荷重」の形成・維持・強化の試みを阻止しようとすること。これが、「不完全競争の経済学」の枠組みにおいて、競争政策の発想を図式的に表現したものとなっている。最終の第9章において、

再度、この図式に即した説明が与えられることになる。

筆者が確認したところ、「公共」の検定済み教科書全12冊の中で「競争政策」という用語を用いているのは、清水書院の『私たちの公共』のみであり、そこでは

> 企業の数が多いほど、その競争を通じて効率的な経済状態が達成されるという見方があります。ここから、市場に参加する企業の数を増加させる政策や、価格の変化を妨げる（規制の撤廃）などが考えられることがあり、これらは競争政策とよばれます。

との説明がなされている（95頁）。しかし第9章で見るように、ここでの図解を用いれば、「競争政策」についても、より本質的な理解を得ることができるようになるのだ。

右で見たように、固定費用の存在によって、生産・販売量を増やすに伴い、平均費用が減少していくことを「規模の経済性」あるいは「収穫逓増」（increasing returns）と呼ぶ。現行の「公共」の前に存在していた科目である旧「現代社会」の教科書においては、その多く[7]において「規模の経済性」について言及されており、20世紀の大量生産型の経済を念頭に置

からは、同氏による上記解説を参照されたい。

7 全12冊中、東京書籍『現代社会』（現社３１３）、清水書院『高等学校 現代社会 新訂版』（現社３１６）、数研出版『改訂版 現代社会』（現社３１９）を除く計９冊。

いた記述となっていた。ただし、このような「規模の経済性」が主要因となって、大量生産が有利となり、したがって、市場の寡占化が進行することを想起するような説明も見受けられるようである。しかし、大量生産の前提としては、それに見合う需要も伴っていなくてはならないと考えるのであれば、右で見たように、需要側の要因も組み合わさって、市場における価格や生産・販売量は決まると考える方が、よりバランスの取れた説明であろう。

なお、現行の「公共」においては、そもそも、「規模の経済性」に言及する教科書が少なくなっているのは気になる点だ。[8] ただし、「公共」から接続されるものとして位置づけられている従来からの科目「政治・経済」においては、多くの教科書[9]によって、「規模の経済性」が扱われているので、重複が省かれるようになったという見方ができるかもしれない。

二、三の注意点

今までの説明においては、供給側の方は、一貫して「売り手」という「一つの有機体」として捉えられ、その内部における個々の売り手間の関係性についてはあまり明確にしてこなかった。これは筆者の考えでは、ファースト・ステップとしては、そのような言及は不要と考えているからだ。

その上で、「不完全競争を市場経済のベンチマークとして、完全競争はその一特殊ケースに位置づける」という立場を取っているのである。このようにして、市場経済の機能に関しての統一的な見方が確立され、とりわけ、入門レベルでは有益なアプローチであると考えられる。その次のステップとして、そのような関係性を特定化しながら分析するための主要なツールが、現代において「ゲーム理論」(game theory)と呼ばれるフレームワークである[10]。

なお、ここでは特定の一つの市場に焦点を当て、他の市場との関係については等閑視するという考えに立ってきた。こういった方法は「部分均衡分析」(partial equilibrium analy-

---

8　全12冊中、実教出版『詳述　公共』(公共７０３)、実教出版『公共』(公共７０４)、帝国書院『高等学校　公共』(公共７０７)、数研出版『公共』(公共７０８)の計4冊。

9　全9冊中、第一学習社『高等学校　新政治・経済』(政経３１０)と清水書院『高等学校　現代政治・経済』(政経３１４)を除く計7冊。

10　【読書案内】ゲーム理論の入門書・解説書・教科書は枚挙に暇がない。ここでは、新書形式の
渡辺隆裕『ビジュアルゲーム理論』(日経文庫、２０１９年)
鎌田雄一郎『ゲーム理論入門の入門』(岩波新書、２０１９年)
栗野盛光『ゲーム理論とマッチング』(日経文庫、２０１９年)、
そして、近年に出版されたものとして、
岡田章『ゲーム理論の見方・考え方』(勁草書房、２０２２年)
浅古泰史・図斎大・森谷文利『活かすゲーム理論』(有斐閣、２０２３年)
を挙げておこう。

sis）と呼ばれ、本書はこれに立脚している。他方、ある市場で生じる変化が他の市場にどのような影響を与えるのかということを経済全体の視点から捉える手法は、「一般均衡分析」(general equilibrium analysis）と呼ばれる。実のところ、今まで説明してきたような不完全競争の考え方を一般均衡分析によって扱うことはあまり発展していない。この点については、最終の第9章において、手短にではあるが、再度言及することにしたい。

第4章

「生産・出荷集中度調査」の活用——不完全競争を実態から理解する

さて、ここまでは不完全競争に関する概念的な議論を展開してきたが、その実態的側面を理解するためには、ある産業において、（販売数量や販売金額で測られた）企業の比率、すなわち、「市場シェア」が、特定の数社によってどのように占められているかという「市場集中度」（degree of market concentration）が有用な情報となる。

前章で登場した価格や限界費用は概念的なものであって、現実との対応で、何を「価格」と見なすのかはそれほど自明ではなく、また、費用に関する情報も外部者がそれほど簡単に得られるものではない。それに比べれば、販売数量や販売金額といった情報に関しては、そういった困難は和らげられるのである。具体的には、以下で説明するように、「上位k社集中度」（upper k-firm concentration ratio）や「ハーフィンダール＝ハーシュマン指数」（Herfindahl-Hirschman index）といった指標が用いられる。

図4.1　市場集中度を示す円グラフ（仮想例）

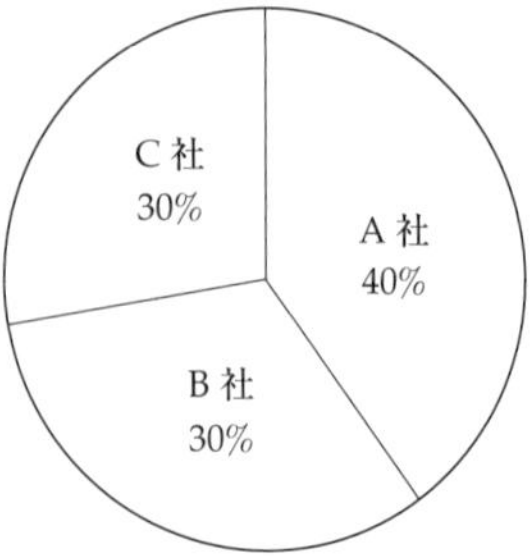

出所：筆者作成

高校の教科書における市場集中度

まず、旧「現代社会」の各教科書と、現在の「公共」における後継教科書において、どのような産業・品目の市場集中度が掲載されているかを見てみよう（表4・1）。

典型的には、図4・1のような円グラフで、あるいは棒グラフで示されている（企業の実名が載るか匿名になっているかは出版社によって異なる）。

ここで、旧「現代社会」と「公共」の双方の科目で教科書を出版している出版社（実教出版、清水書院、数研出版、第一学習社、帝国書院）について見てみると、二社（清水書院と帝国書院）は、旧「現代社会」では日本における「市場占有率」に関するデータを示していたものの、「公共」においては

表4.1　現代社会、公共の教科書における市場集中度の説明で取り上げられている品目

	現代社会	公共
教育出版	304：板ガラス 携帯電話 パソコン 乗用車（自動車販売） ビール系飲料 コンビニエンスストア 携帯音楽プレーヤー	—（発行なし）
教育図書	—（発行なし）	702：掲載なし
実教出版	314：即席めん シャンプー・リンス 携帯電話端末	703：携帯電話契約数 液晶テレビ販売台数 自動車新車販売台数
	315：即席めん シャンプー・リンス 携帯電話端末	704：自動車新車販売台数 携帯電話契約数
清水書院	316：乗用車 ビール・発泡酒 粗鋼 板ガラス 即席めん パソコン	706：乗用車 炭酸飲料 粗鋼 偏光板 即席めん パソコン *世界シェア
	317：自動車 ビール系飲料 板ガラス 粗鋼 即席めん パソコン	705：自動車 ハードディスク 偏光板 粗鋼 即席めん パソコン *世界シェア

数研出版	319：携帯電話 牛丼チェーン 家庭用ゲーム機 320：携帯電話 牛丼チェーン 家庭用ゲーム機	708：掲載なし 709：携帯電話 牛丼チェーン
第一学習社	321：ビール系飲料 家庭用ゲーム機 携帯電話 宅配便 乗用車	710：ビール 家庭用ゲーム機 携帯電話 宅配便 乗用車
	322：ビール系飲料 携帯電話 乗用車 歯みがき粉 宅配便 家庭用ゲーム機 パソコン	711：携帯電話 乗用車 宅配便 歯みがき粉 ビール カップ麺
帝国書院	318：自動車総販売 BD録再機 ビール系飲料	707：自動車販売台数 炭酸飲料販売額 デジタルカメラ販売台数 *世界シェア
東京書籍	313：自動車 ビール系飲料 携帯電話 家庭用ゲーム機 宅配便	701：掲載なし
東京法令出版	—（発行なし）	712：タブレット端末 電子辞書 乗用車（販売台数）
山川出版社	323：自動車 パソコン 清涼飲料水 携帯電話端末	—（発行なし）

	家電量販店	

注：出版社の順番は、社名の五十音順。項目内の数字は、各教科書に割り振られた番号。二冊ある出版社に関しては、冊子サイズや執筆陣等から判断して、現代社会の後継と考えられる公共の教科書を同じ行に配置している

出所：文部科学省「高等学校用教科書目録（平成32年度使用）」「高等学校用教科書目録（令和5年度使用）」を参考に筆者作成

「世界シェア」としてのデータを示していることが分かる。

これは、毎年7月に日経産業新聞（残念ながら、本書校正中の２０２４年3月29日で休刊）が紙面で発表していた「シェア調査」が、２０１６年度までは国内シェアを発表していたものの、２０１８年7月発表の２０１７年度のものから、それに代えて「世界シェア調査」を発表するようになり、その情報を用いていた教科書において同様の変化が反映したものが主な理由と考えられる。

しかし、消費者としての日本国民にとっては、国内市場における選択肢こそが意味のある市場を構成しているわけであり、今後も国民国家の枠組みが保持されてゆくのであれば、「企業のグローバル化」はそこに影響することはない。また、教育的観点から言えば、高校生にとってイメージしやすいのは身近な日本企業であるので、「世界シェア」はその意味でも有益とは言えないのではないだろうか。

また、東京書籍、そして数研出版の一冊については、市場占有率への言及そのものがなくなっている。「公共」に新規参入した教育図書の教科書も同様である。

ここで、前章での概念的説明と、本章で考える市場集中度との関係につ

いて触れておこう。前章では、「販売価格－限界費用」をマークアップと呼んだ。それを価格で割った比率は、「ラーナー指数」（Lerner index）と呼ばれている（Lerner 1934）。つまり、

$$\text{ラーナー指数} = \frac{\text{マークアップ}}{\text{価格}} = \frac{\text{価格} - \text{限界費用}}{\text{価格}}$$

である。この指数が高いことが、不完全競争の程度が大きいと考えられよう。そのことから、ラーナー指数は、「市場支配力」（market power）を捉えていると言われる（Landes and Posner 1981 938頁）。

しかし、以下で述べられる「上位k社集中度」や「ハーフィンダール＝ハーシュマン指数」によって具体的に表現される市場集中度は、あくまで市場支配力の「代理変数」（依田・林 2006 80頁）でしかない。なぜなら、ラーナー指数が高いからと言って、市場集中度も高くなるとは必ずしも言えないことが知られているからである（白石 2023b 93－94頁）。市場集中度の大小関係は、不完全競争を特徴づけるマークアップそのものの大小関係を常に表すものではないということだ。

しかし、上述のように、現実に観察されるデータの利用可能性を考慮すれば、概念的に構築されているラーナー指数よりも、現実的指標に根差した市場集中度の方が便利であるし、不完全競争の実態を理解するためには、市場集中度の情報は教育的に有益と考えられるのである。

「生産・出荷集中度調査」とは[1]

日本の産業における市場集中度を考える上では、公正取引委員会による実施の「生産・出荷集中度調査」（以下、「集中度調査」と略記[2]）が基本的な情報を提供していた。ここで、「していた」と過去形にしているのは、同調査は平成25年・26年（2013・2014年）調査を最後に実施されていないからだ。その理由は、公正取引委員会が2018年11月13日に公表した「『独占的状態の定義規定のうち事業分野に関する考え方について』の一部改正について[3]」で述べられている。

具体的には、「今般、公正取引委員会は、統計調査に係る報告者負担の軽減と業務の見直し・効率化を図るとの政府方針（統計改革推進会議最終取りまとめ〔平成29年5月19日統計改革推進会議決定〕）も踏まえ、従来からの前記独自調査を実施せず、別表の作成・公表を

---

1 本節と次節の記述は、安達（2019）を簡略化したものとなっている。「生産・出荷集中度調査」の位置づけや廃止に至った背景的事情など、より詳細に関しては当該拙稿を参照されたい。

2 https://www.jftc.go.jp/soshiki/kyotsukoukai/ruiseki/index.html を見よ。

3 https://www.jftc.go.jp/houdou/pressrelease/h30/nov/181113.html を見よ。

行わないこととし」との事情を以って、「独占的状態ガイドライン」[4]の一部改正に伴い、「集中度調査」の実施は打ち切られたという状況になっている。

公正取引委員会は、「集中度調査」から得られた情報をもとに事業分野を選定し、そこでの「上位3社、4社、5社、8社、10社集中度」と「ハーフィンダール＝ハーシュマン指数」を公表していた。この二つが、市場集中度を具体的に表現するための指標である。

「上位k社集中度」とは、全部でn社の企業がある産業において各企業$j=1,2,\ldots,n$の市場シェアs_j（1未満の正の値）を

$$s_1 \geqq s_2 \geqq \cdots \geqq s_n$$

のように上位から並べた際に、

$$\sum_{j=1}^{k} s_j$$

と定義される指標、つまり、上位k社までの市場シェアの和、である。そして、「ハーフィンダール＝ハーシュマン指数」とは、

$$\sum_{j=1}^{n} s_j^2$$

で定義され、こちらの方が市場集中度の計測の際にしばしば利用される指標であるが、いず

れもが、その大きさによって、特定の企業群への集中の度合を計ろうとするものである。

「集中度調査」の必要性がなくなったということになれば、データ収集とその公表の打ち切りは止むを得ないと考えられるかもしれない。しかし、「公共財としてのデータ提供」という発想の転換で、同調査の再開に向けての糸口は見出せないものであろうか。やはり、独禁法運営のための調査という直接的政策実行の観点以外にも、いくつかの産業における不完全競争の程度（市場集中度）の現状や推移が国民各層に普く公表され、興味をもった国民がいつでも独自の観点で追跡できるようなデータ利用の環境を形成・維持・強化してゆくことは、独禁法第１条が述べる「国民経済の民主的で健全な発達を促進する」という、その目的達成のために重要であると考えられるからである。また、「エビデンスに基づいた議論の一

4　正式名称は、「独占的状態の定義規定のうち事業分野に関する考え方について」（昭和52年公正取引委員会事務局）。

5　後者では、市場シェアの2乗を取ることによって、市場シェアの企業間格差を捉えようとする。アメリカの経済学者オリス・ハーフィンダール（１９１８–１９７２）が１９５０年にコロンビア大学に提出した博士論文で提唱し、かつては「ハーフィンダール指数」として知られていたが、実は既にそれ以前、ドイツ出身の経済学者アルバート・ハーシュマン（１９１５–２０１２）が１９４５年の著書（Hirschman 1945）において用いていたことが認知されるようになり、現在では「ハーフィンダール＝ハーシュマン指数」と呼ばれることが多い。Herfindahl-Herschman Index の頭文字から、ＨＨＩと略称されることもある。

層の促進」という、昨今、政府内でも重要視されてきている視点からも必要不可欠なものであろう（川口 ２０１９）[6]。

「集中度調査」データの有用性

以下では、「集中度調査」に基づいて公表されているデータが、不完全競争的な市場の実態を把握する上で有用であることを具体例を用いながら論じてみよう。図４・２は「集中度調査」ウェブページ（上記注２参照）上からダウンロードしたデータを用いて筆者が作成したグラフであり、「宅配便運送」産業と「引越」産業の累積生産集中度の年次推移を示している。

両者は似たような産業かと思いきや、集中度に着目すると、「宅配便運送」は21世紀になってから集中度が上昇傾向にあるものの、「引越」についてはそういった傾向は見られないという、両者の違いが浮き彫りにされることが見てとれる。この点は、図４・３で示されている両者のハーフィンダール＝ハーシュマン指数の推移からも確認される。

この違いの背後に関しては次のような簡単な予想が考えられよう。まず宅配便運送業では、集荷窓口や物流センター等、全国的規模の販路ネットワークの形成によって消費者の利便性が高まるという「固定費用」（前章参照）要因は無視できない。他方、引越業では、十分な作業員人数の確保など「変動費用」は少なくないと考えられるものの、固定費用に関する要因は、宅配便運送業ほどには求められず、したがって、比較的地方に特化した業者も比較的小規模の事業を行なうことができるといった理由である。[7]

この背景には、図4・4が示すように、「はじめに」や第1～2章で見た21世紀に入ってからのデジタル化に伴い、まさにデジタル・プラットフォームが牽引してきた電子商取引が増加したことで、宅配便取扱個数も伸張してきたことがあるものと考えられる。経済産業省「令和4年度 電子商取引に関する市場調査 報告書」（2023年8月発行）[8]においては、「大手宅配事業者、大手ECプラットフォーム事業者、家電量販店、大手アパレル企業等が、

---

6 なお、東洋経済データサービス（https://biz.toyokeizai.net/data/service/）や日経テレコン（http://telecom.nikkei.co.jp/public/guide/manual/b/b27.html）が産業別のマーケット・シェアのデータを提供しているが、もちろん有料であり、国民各層に普く開かれたものではない。『経済月報』（東洋経済新報社）を用いた集中度の例もあるが（例えば、春名 2004 表1-5）、『統計月報』は、2012年10月号を最後に休刊している。

7 宅配便運送業に関しては、東京高裁平成19年11月28日判決のいわゆる「ヤマト運輸・郵政公社事件」の不当廉売に関する係争（例えば、滝川 2017を参照）で、固定費用・変動費用に焦点が当てられたことがある。

8 第2章の図2・2や図2・5の作成で用いたものと同じ報告書である。

図 4.2　品目「宅配便運送」と品目「引越」の「累積生産集中度」の年次推移（平成 9（1997）年から平成 26（2014）年までの 18 年分）

(a) 宅配便運送業

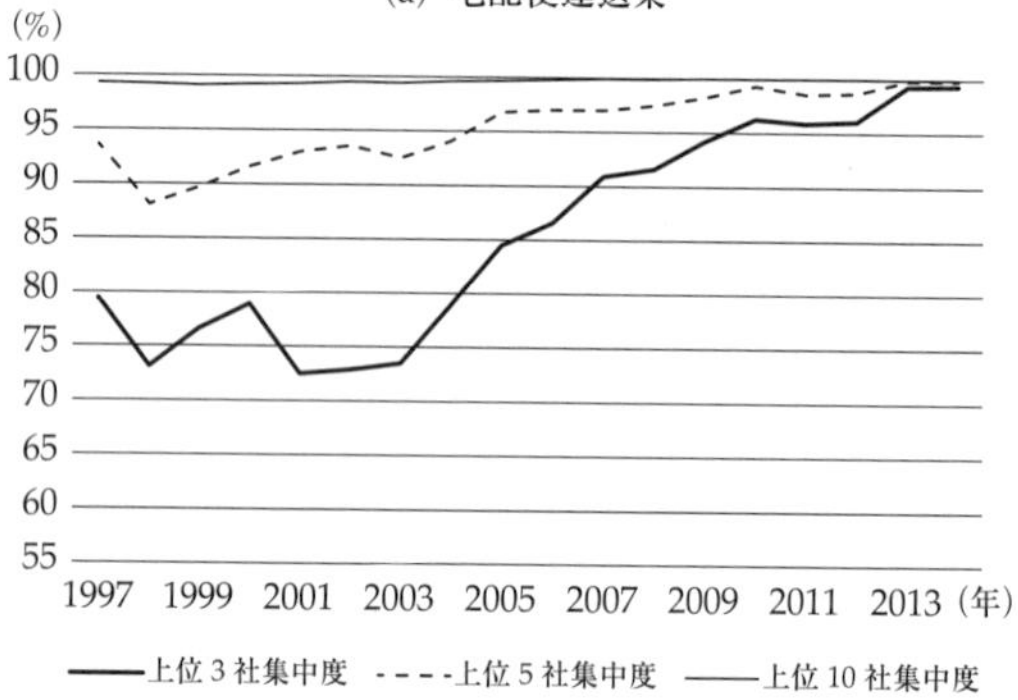

(b) 引越業

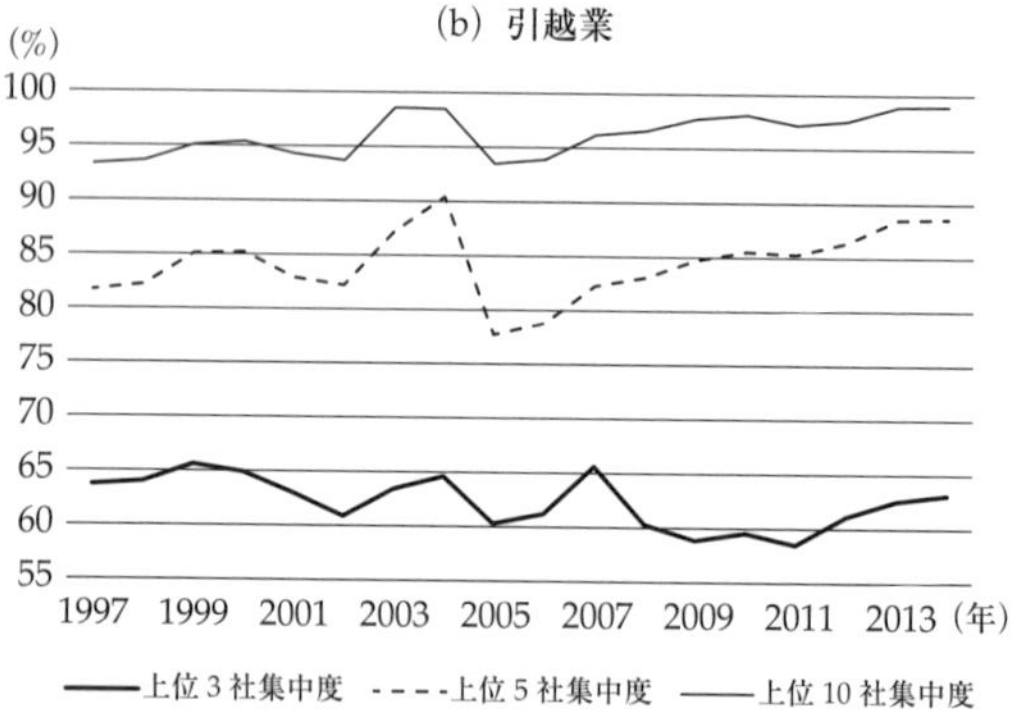

出所：「生産・出荷集中度調査」(https://www.jftc.go.jp/soshiki/kyotsukoukai/ruiseki/index.html) で公表されている「累積生産集中度」の数値データを筆者がグラフ化

図 4.3　宅配便運送業と引越業のハーフィンダール＝ハーシュマン指数

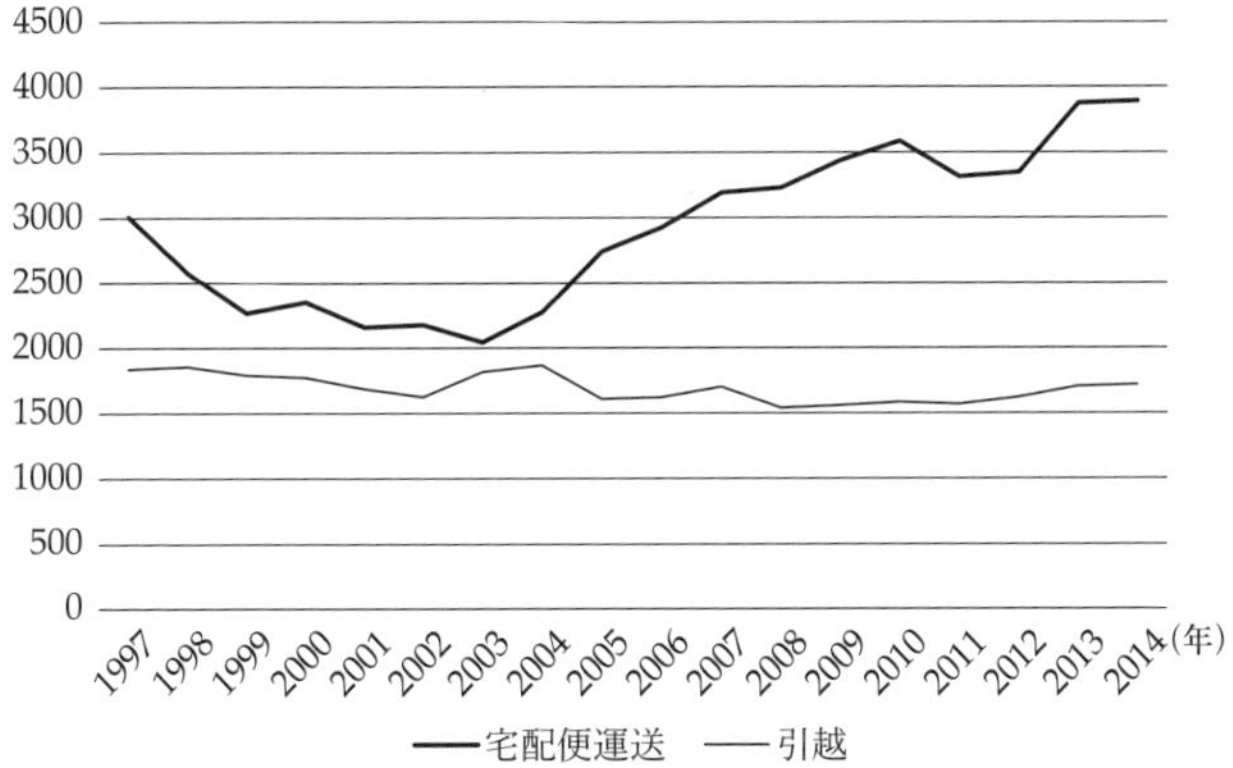

出所：「生産・出荷集中度調査」（https://www.jftc.go.jp/soshiki/kyotsukoukai/ruiseki/index.html）で公表されている「ハーフィンダール＝ハーシュマン指数」の数値データを筆者がグラフ化

大型の物流センターに積極的に事業投資し」「物流ロボットの導入も進んでいる」（同報告書 41頁）現状が指摘されている。

　このようにして、固定費用の差異が、宅配便運送業と引越業における不完全競争の特徴に関し、（図4・3が示しているような）データで観察される差異を生み出していることが示唆され、これは、「不完全競争の経済学」における「参入・退出」の理論とも整合的である。つまり、固定費用が大きければ、それを負担しながら産業に存続できるような企業の数は限られてくることになるということだ。[9]

　まさに推理小説を読み解くが如く、

図 4.4　宅配便取扱個数の年次推移

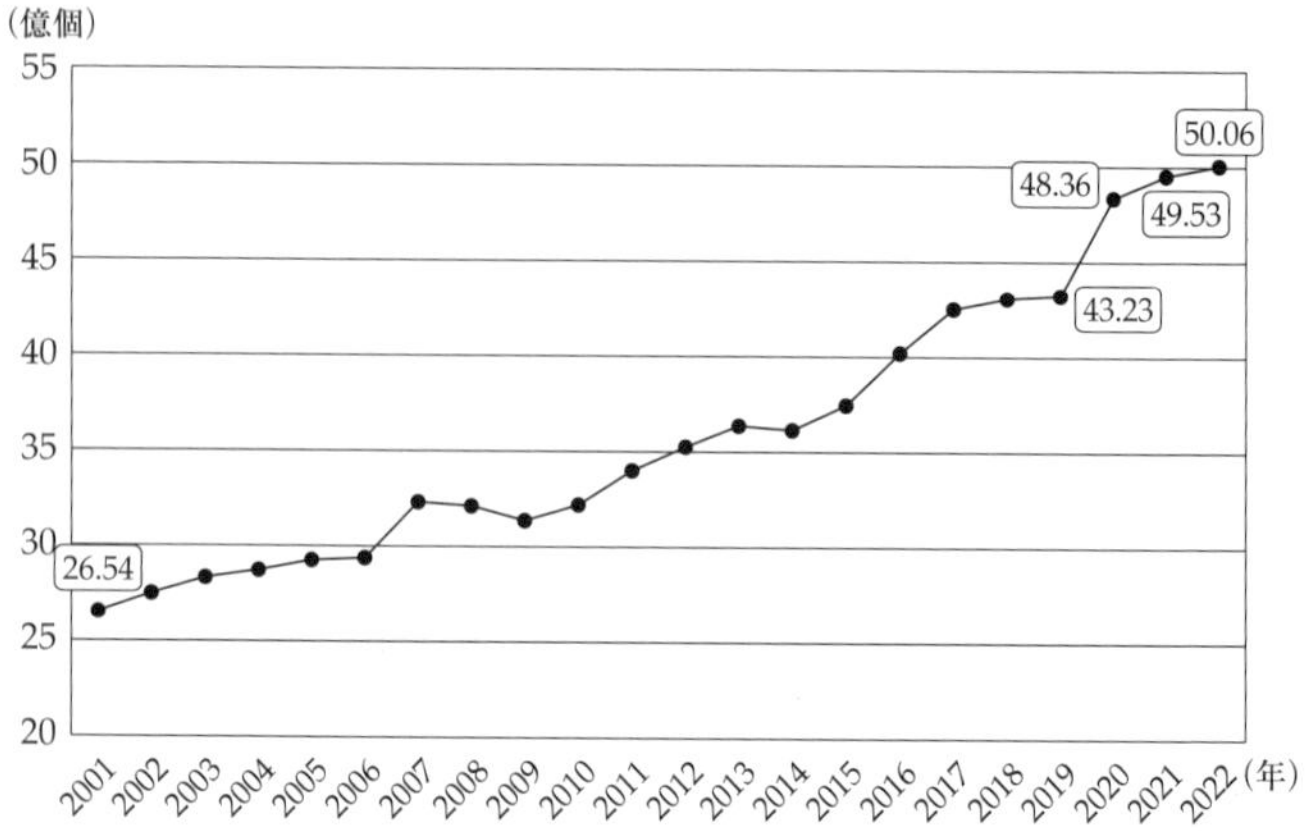

出所：令和 4 年度宅配便取扱実績関係資料（国土交通省自動車局貨物課総合政策局物流産業室）https://www.mlit.go.jp/report/press/content/001625915.pdf の「宅配便取扱個数の推移」の図をもとに筆者作成

「社会の不思議」を探求するためには、「データを用いた観察」と「理論に基づく推論」の両輪が必要とされるのである。こういった機会が国民一人ひとりに普く与えられていることが「国民経済の民主的で健全な発達を促進する」ための必要条件であることは言を俟たない。

このように、国民各層が必要な時に必要に応じて、市場経済の実態を示す「不完全競争の程度」、すなわち、産業の寡占的実態についての知見を深めることができる環境を整えておくべく、「『国民経済の民主的で健全な発達を促進』するための知的インフラストラクチャーとしてデータ公開を行なう」という視点に立たなければならないし、「公正取引委員会が案件調査のためだけにデータ収集する」という発想だけではきわめて不十分なのである。

昨今、「エビデンスに基づいた政策形成」（Evidence Based Policy Making; EBPM）の重要性が強調されてきているが、その精神は、「ビッグデータ」（big data）を利用し「機械学習」（machine learning）のような「精緻な」分析をすること、それ自体に宿すのではなく、自由闊達、国民各層に開かれたオープンな議論を促進しようとすること、その点にこそ求められよう（もちろん、データ公開に伴うプライバシーの問題などには厳重に対応しなければならない）。「自由の気風はただ多事総論の中からしか出てこない。必ず反対意見が自由に発表され、少数意見の権利が保証されるところにのみ存在する」（丸山眞男　１９８６　１４６頁）のだ。[10]

9　これについての詳細は、例えばカブラル（２０２３）の第10・1節を参照。なお、既に述べたように、集中度が高まっているからといって、（自然な）マークアップが拡大するかどうかは、また別の問題である。また、ここでの議論では、前章で導入した「作為的なマークアップ」の可能性は捨象されていることにも注意されたい。

10　もちろんこれは、「自由の気風はただ多事総論の間にありて存するものと知るべし」との福澤諭吉による主張（『文明論之概略』（１８７５年）、岩波文庫版（１９９５年）、37頁）に対応するものであるが、ここで福澤諭吉を登場させるのは全く唐突なことではない。「統計学を日本に紹介した」のは「福澤諭吉の『文明論之概略』」（松原　２０１９　１頁）だからである。

デジタル経済の時代にあって、少数のプラットフォーム企業が支配的な電子商取引の実態を探るために、学術的な実証研究を促進することもますます重要となっていくであろう。現状、それぞれの研究者が、自己の研究費の範囲で統計データを作成しているという状況であるが、かつての「集中度調査」のように、国民各層への公開までも念頭に置いた整備が求められている。ＥＵ圏においては、「デジタル・サービス法」（Digital Service Act; DSA）によって、一定の条件を満たす研究者へのデータの利用が可能な状況が整えられつつある。[11] 電子商取引が、しばしば国境を越えたものであることを考えると、これには国際的な協力体制も求められている。この点は、最終の第９章において再度強調することになろう。

11　２０２１年度第４回プラットフォームエコノミクス研究会（２０２１年10月26日）資料 https://www.meti.go.jp/shingikai/mono_info_service/platform_economics/2022_004.html

column

コラム
トマス・モアと寡占

経済学者の宮崎義一（1919-1998）によれば、企業家によるイノベーションの重要性を指摘したヨーゼフ・シュンペーター（1883-1950）が遺著『経済分析の歴史』（1954年）において、トマス・モア（1478-1535）の『ユートピア』（1516年）に「寡占」に相当する言葉が登場していることを指摘しているという（宮崎 1972 163頁）。

確かに、モア（写真4・1）は、ユートピアの第一巻「国家の最善の状態についてのラファエル・ヒスロデイの物語」において、「羊がどんなに急激に殖えても、値段は一文もさがりません、というのも売手が少いからです。つまり殆んどすべての羊が〔一人の独占するところとなっているとはいえないにしても、〕少数の金持の独占するところとなっているからです」（平井正穂訳、岩波文庫、1957年、34頁）と書いている。

写真 4.1　モア

出所：Sir Thomas More by Hans Holbein, the Younger, 1527 (from Google Art Project)

これは、アメリゴ・ヴェスプッチ（「アメリカ」という名称の由来である実在人物、1454-1512）と一緒に航海に出たという設定のラファエル・ヒスロデイ（ラテン語名：ヒュトロダニウス）が主役である物語において、自分自身として作中に登場しているモアのセリフである。

ここでモアは、当時のイギリスにおける羊毛業を取り上げ、羊の頭数が増えても羊毛品の価格が下がらない理由を、「一人の独占」とは言えないまでも、「少数の独占」によるものであるとしている。『ユートピア』はもともとラテン語で執筆されたものであり、「一人の独占」である monpolium に対して、oligopolium という概念を対比的に用いている点にモアの創意がある。この oligopolium がシュンペーターの指摘する「寡占」であり、英語での oligopoly の発祥であろう。このように、モアは、問題の所在を羊毛業の寡占的構造に求めているのだ。

ちなみに、独占については、アリストテレス（前384-前322）が『政治学』第1巻第11章において、オリーヴの豊作を見込んで圧搾機械を買い貯めておき、実際にそれが実現したときにはオリーヴ油に高い価格をつけたという哲学者タレスの例が広く知られ（山本光雄訳、岩波文庫、1961年、59-60頁）、また、アダム・スミス（1723-179

column

0）の『国富論』（1776年）でも、貿易会社等に対して国が与える独占権に言及がされている（山岡洋一訳、日本経済新聞社、2007年、上巻65頁）。しかし、経済思想史上、「寡占」に言及しているのは、モアが例外的のようだ。その次は、第8章で登場する19世紀フランスの数学者アントワーヌ・オーギュスタン・クールノー（1801-1877）を待たなければならなかったのである。

高校の教科書における「デジタル経済」の扱い

本書の主題であるプラットフォーム、あるいは第2章で触れたブロックチェーンなど、デジタル化に由来する21世紀における経済社会の新しい様相は、「公共」の教科書でどれほど取り上げられているのであろうか。本章の締めくくりとして、現行の「公共」教科書で、「デジタル」がどのように取り扱われているかを見てみよう。

旧「現代社会」においては、現代社会の諸課題として、地球環境問題、資源・エネルギー・人口問題、生命科学の発展とそれに伴う倫理問題と並んで、情報通信技術の発展とそれについて生じてきた諸問題が論じられていた。しかし、プライバシー、知的財産権、情報リテラシー、情報格差（デジタル・ディバイド）などの問題が主であり、プラットフォーム企業への言及は皆無であった。[12]

12　ただし、筆者が調べた限りでは、旧「現代社会」の教科書全12冊中の2冊のみが「プラットフォーム」という用語こそ用いていないものの、プラットフォーム企業が引き起こす問題を予兆している。すなわち、数研出版『改訂版　現代社会』（現社３１９）が

> 一部の巨大な事業者は、インターネットのようなネットワーク上に存在する多様で膨大な情報（いわゆるビッグデータ）を収集処理し、商品やサービスを提供する営利事業を進めている。消費者の購買行動やウェブサイトの閲覧状況などの記録が企業に蓄積され、それをもとに広告や営業活動が展開されている。

という説明を与え（35頁）、また、同『改訂版　高等学校　現代社会』（現社３２０）においても、同様に、

> 一部の巨大な事業者は、インターネットを介して膨大な情報（ビッグデータ）を収集・処理し、ソフトやサービスを提供する営利事業を進めている。消費者の購買行動やＷｅｂサイトへのアクセス状況などの記録が企業に蓄積され、その記録をもとに広告や営業活動が展開される傾向も生まれている。

と解説されている（35頁）。

それでは、「公共」の教科書ではどうであろうか。全12冊のうち4冊のみしかプラットフォーム企業に言及しておらず、市場経済の項目においてそれを説明しているのは2冊に留まっている。[13] 本書で説明するような「プラットフォームの経済学」の核となる考えは、まだ、「公共」の教科書の記述には反映されていないようだ。筆者としては、そもそも、本章で説明したような「不完全競争の経済学」の考えが高校の教科書にまず反映されるべきだと考えている。

旧「現代社会」の教科書では、デジタル社会の諸問題に関しては、前半部分で一括して扱われたが、「公共」においては、ソーシャルメディアは、政治参加や情報保護などの説明において扱われるようになっており、やや、まとまりに欠ける印象がある。旧来からの「政治・経済」の教科書は、おおむね２０１５～２０１６年に執筆されており、デジタル経済の記述は、言及されている教科書でもごくわずかである。[14] それを補っていたのが旧「現代社会」の各社の教科書であったが、それにとって代わった「公共」では、第2章で触れたブロックチェーンを基盤とする暗号資産については多くの教科書が新しく触れるようになったものの、デジタル経済の記述は全体的に薄まった印象がある。[15]

13　教育図書『高等学校　公共』（公共７０２）が、独占・寡占の例として、ＧＡＦＡに言及し、

近年、世界的な話題になっているのは巨大なＩＴ企業によるインターネット市場での独占である。グーグル、アップル、フェイスブック、アマゾンの頭文字を取ってＧＡＦＡと呼ばれるプラットフォーマー企業は、原則としてサービスは無料、もしくは安価で提供している場合が多い。したがって、市場での高いシェアを利用して価格を吊り上げているわけではない。ＧＡＦＡはネット上での個人情報（購入履歴や検索履歴）を独占しており、これを利用した広告事業などで莫大な利益を上げている。アメリカやＥＵでは、こうした「個人情報の独占」を規制するため、企業を分割させる案や、新たな課税を導入しようとする動きが出ている。

という解説を与えている（１４４頁）。第一学習社『高等学校　公共』（公共７１０）も同様に、ＧＡＦＡに言及して、

これらの企業は、それぞれの市場において、大きな市場占有率を占める。これらの企業は、検索履歴などの膨大な個人情報を収集することが可能であり、収集した個人情報を活用することで莫大な利益を上げている。アメリカでは、企業の市場占有率などを基準にして、それが大きければ違法とし、政府によって、いくつかの企業を分割してきた歴史がある。一方で、たとえ特定の企業の市場占有率が高くても、悪影響がなければ、政府の介入は最小限にすべきという考え方もある。今後、アメリカがＧＡＦＡに対して、どのような姿勢でのぞむのかが注目される。

次章への橋渡し

以降では、徐々に「プラットフォームの経済学」の内容に入っていくが、まず、次章では、その序奏とでも言うべき「消費外部性」について見ていきたい。インフラストラクチャー提供型の情報通信企業や、電子商取引の機会提供をメインとするプラットフォーム企業においても、20世紀までの産業と同様、費用要因における「規模の経済性」は重要であろう。付け加えれば、第2章の始めにみたように、情報財に関しては、その生産の変動部分の限界費用は極めて低い、つまり「タダ同然」という点が特徴である。これは、アナログ方式がデジタル方式にとって代わったことの帰結だ。ただし、このことは必ずしも、情報財の価格がゼロに決まることを意味するものではない。これは、「規模の経済性」を考慮した第3章の説明から理解できるだろう。情報財の生産のために必要とされる、言わば「事前投資」とも言える固定費用の存在のためだ。

しかし、それ以上に重要なのは、需要側に生じる「規模の経済性」である。旧「現代社会」の教科書で、そのような点を意識していたのは、筆者が調べた限りでは、東京書籍の教科書（現社313）のみであった。そこでは、

> 市場占有率を高めた製品や規格は、消費者がそれを使わざるをえないことから、事実上の標準（デファクト・スタンダート）となる傾向がある。特に情報通信分野では、特定の企業が標準化によって「独り勝ち」する傾向が見られる。

という記述が見られる（117頁）[16]。次章で見る「消費外部性」と関わるものである。

と解説しているが（195頁）、「プラットフォーム」という用語は用いられていない。これらとは異なり、東京書籍『公共』（公共701）と実教出版『詳述 公共』（公共703）においては、グローバル化の文脈でプラットフォーム企業に言及がなされている。

14 東京書籍『政治・経済』（政経311）では、グローバル化の文脈で、情報通信革命が触れられているが（200頁）、数研出版『改訂版 政治経済』（政経317）、清水書院『高等学校 現代政治・経済 新訂版』（政経314）、清水書院『高等学校 新政治・経済 新訂版』（政経315）、第一学習社『高等学校 改訂版 政治・経済』（政経309）、そして第一学習社『高等学校 新政治・経済』（政経310）においては、日本経済の産業構造と関連して取り上げられている。

15 「公共」の全12冊中8冊が暗号資産に言及している。

16 「政治・経済」の教科書においては、東京書籍『政治・経済』（政経311）と清水書院『高等学校 現代政治・経済 新訂版』（政経314）の二冊が同様の記述を与えている（それぞれ130頁と123頁）。

第５章

駆動を始めたデジタル経済——「消費外部性」への着目

第１章でも少し述べたが、「外部性」という概念はデジタル時代の到来とともに唱えられ始めた概念ではない。それは、１８８３年にイギリスの倫理学者ヘンリー・シジウィック（１８３８–１９００）によって考え始められたものとされる（Johnson 1973）。イギリスの経済学者アーサー・Ｃ・ピグー（１８７７–１９５９）が１９２０年に出版した主著『厚生経済学』（Pigou 1920）において体系的に論じたことによって、経済学に根づくことになったと言える。[1]

第１章では、アパートで漏れ聞こえてくる音楽を例として、「正の外部性」（好ましい外部

1 ただし、「外部性」という用語を用いたのは、第１章の注６で言及した経済学者ロナルド・コースによれば、アメリカの経済学者ポール・サミュエルソン（１９１５–２００９）が初めて（１９５８年）であるという（Coase 1988, p. 23）。

性）と「負の外部性」（好ましくない外部性）の双方を考えた。より現実的な例としては、経済学者の宇沢弘文（１９２８‐２０１４）が１９６０年代の日本を念頭に置いて強調した、自動車が道路の歩行者や近隣住民に与える交通事故の危険性や騒音など（宇沢 １９７４ 79頁）が「負の外部性」に相当する。

プラットフォームの経済学において考えるのは、それとは逆の「正の外部性」であり、「ネットワーク効果」とも呼ばれる。要は、ある財やサービスを考えたとき、その財やサービスに対して、消費者が抱く本源的価値に加えて、他にも利用者が多ければ多いほど、自分にとっての追加的な価値が増すということだ。

消費者サイドの「規模の経済性」とは

第３章での最初の図（図３・１）で、価値づけの高い消費者から順番に並べていったものが需要曲線の背後にある考え方であることを述べた。ここで再び同様の図を用いて「正の消費外部性」（positive consumption externality）について説明すると次の図５・１のようになる。

第３章では、最も高い価値づけを持つ人のvは１０００円であった。しかしここでは、他

図 5.1 （正の）消費外部性

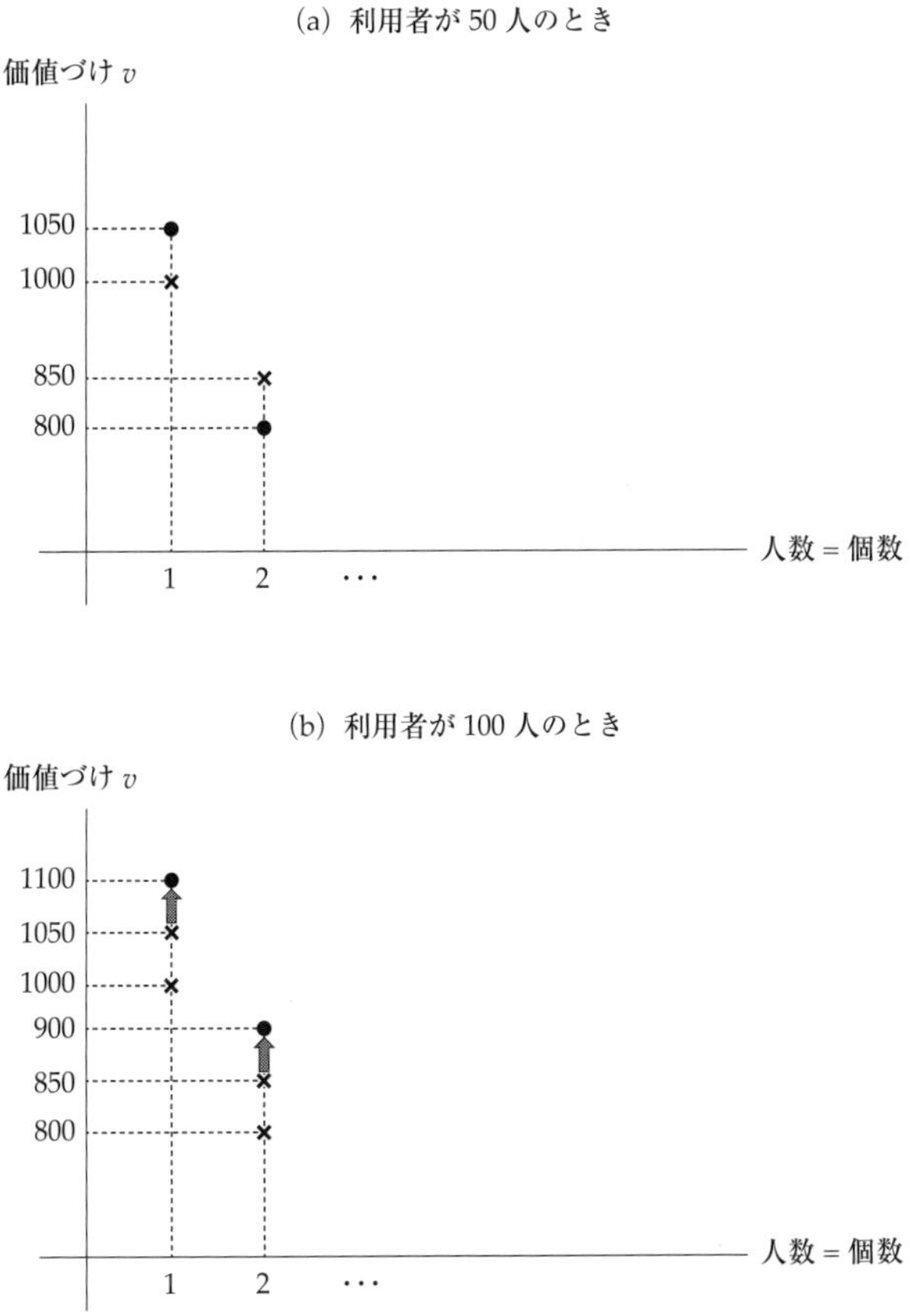

出所：筆者作成

にどれだけの人が消費しているかに応じて、vの値が変化している。例えば、利用者50人のときに$v=1050$であるが、利用者が１００人のときには$v=1100$に増えるといった具合にである。二番目に高い価値づけを持つ人も同様である。

　こうして、正の消費外部性のもとでは、自分の本源的な価値がそれほど高くないとしても、「他に多くの利用者がいる」という事実だけで、利用が促されるという消費者もいるという構造になっている。いわば、「利用者が利用者を呼ぶ」という需要構造になっているのだ。このメカニズムは、第3章で説明した、企業サイドの「規模の経済性」、すなわち、生産が多ければ多いほど平均費用が下がるという動きにも比せられることから、消費者サイドの「規模の経済性」と呼べる。

　逆に、「負の消費外部性」というものも考えられて、これは、利用者が多ければ多いほど価値づけが下がってしまうことを意味している。例えば、ある種のブランド品などは、それを持つ人が増えれば増えるほど、元々の愛好者にとっての価値は下がるかもしれない。こうした効果は、俗物を意味する英語のsnobという単語を用いて、「スノッブ効果」(snob effects) と呼ばれることもある。このように、消費外部性は、社会的な文脈も含め、広く、消費者個々人同士の相互依存性を捉える概念と言えよう。それは、正と負の両方がありえるが、その点については、本章の後半部分で立ち帰ることとして、次節では、デジタル社会との関係から、正の消費外部性、すなわち、「ネットワーク効果」を念頭に置いて考えていく。

デジタル・プラットフォーム誕生の前夜――「ネットワーク効果」への注目

デジタル・プラットフォーム全盛前の前世紀、このような「ネットワーク効果」を持つと考えられた財は、古くは電話機から始まり、前世紀の後半に普及した家庭用ビデオ機器などである。1980年代における経済学者の対象は、当時においては先端的な、こうした産業を念頭に置いたものであった。

これらは、前章で見た「お茶」のような財・サービスよりも広がりを持つような、「ネットワーク」という「システム財」として見ることができる。そういった観点からは、食べる・飲むといったような消費のイメージではなく、「つながる」こともまた「消費」と捉えるべきということになる。多くの人がつながっていれば、自分もつながる価値が更に高くなる、これが「ネットワーク効果」というわけだ。

更によく考えてみると、「プラットフォームの経済学」の視点からは、家庭用ビデオ機器は、プラットフォームの一種と考えられる。消費者がどちらの規格のプレーヤーを購入するかは、どれだけの数の映像作品（2024年の現代ではコンテンツと呼ばれるが、当時の呼び方では、ビデオカセットテープ！）がそのプレーヤーを使って鑑賞できるのかに依存する

（消費者側）。他方、映像作品制作者の立場からは、どちらの規格を用いるかは、どれだけの数の消費者がそれぞれの規格の再生プレーヤーを所有しているかによって決まる（ディベロッパー側）と考えられるからである。

このようにして、システム財の普及・定着前の黎明期においては、消費者側の思惑と作品制作者の思惑が相互に絡み合う。どちらがどちらかを決定するという一方向性のものではなく、お互いの予想や期待が相互依存しているのだ。これが第6章で登場する「鶏が先か卵が先か」問題と呼ばれるものである。

１９８０年代、ネットワーク効果が存在するもとでの企業間競争に関して、経済学者のマイケル・カッツ氏とカール・シャピロ氏は、論文「ネットワーク外部性、競争、互換性」において、主に二つのことを論じた（Katz and Shapiro 1985）。一つ目は、複数の企業が市場に生存するような状況と、それとは対照的な、一つの企業だけが独り勝ちするようなような状況は、たとえ、企業サイドの生産技術の条件や消費者サイドの好みの度合が全く同じものだったとしても、どちらも起こりうることを示した点である。

これは、主に、消費者サイドの期待がどちらの状況を見込んでいるのかに応じて、自己実現的に状況が決まるためである。技術や選好といった本源的な要素のみならず、消費者サイドの期待がどのように形成されるのかによって、全く異なった競争の状況が生じることを指摘するものだ。

この状況は、当時、家庭用ビデオの規格に関するＶＨＳとベータの競合のストーリーによく当てはまるものである（エヴァンス／シュマレンジー　２０１８　第2章）。性能としては先行のベータ（１９７４年にソニーが開発）の方が優れていると考えられていたものの、ＶＨＳは初期時点から利用者獲得をリードし続け、ついには、１９８８年、ソニーがＶＨＳのビデオ機器を販売するに至って、ＶＨＳが業界標準を占めることになったのである（依田　２００３　98頁、石橋　２０２１　４２０頁）。

ただし、「どのように期待が形成されるのか」という点そのものについては、経済モデルの範疇で決定要因を捉えるのは難しいために、彼らの分析では不問とされている。これは何もカッツ氏とシャピロ氏の分析に特有の欠点というわけではなく、経済分析の適切な領域を示しているだけとする見方が穏当であろう。

二つ目は、互換性（compatibility）の問題についてである。企業サイドは、必ずしも消費者サイドの便宜まで考慮せず、自らの利潤最大化の観点からのみ意思決定をすると考えるのであれば、社会的な観点からは望ましくない水準の互換性の選択がなされうることをカッツ氏とシャピロ氏は論じた（黒田　２０１４　57頁）。これは、業界標準の設定などに関して、企業間の協調、あるいは企業サイドとは独立な政策当局が担うべき公共政策の余地を示唆するものとなる。

実は、１９８０年代にこういった「ネットワーク効果」に関する分析が盛んになる前、

１９７０年代に既に先駆的な研究が存在していた。それは、経済学者のジェフリー・ロルフス氏による論文である（Rohlfs, 1974）。ロルフス氏は、19世紀後半の「電話」の出現に着目した。「電話機」は自分だけ持っていてもそれ自体に価値はない。他に誰かが電話機を持っていて、二人で通話できるようになって価値が生まれるものなのだ。では、二人いれば十分かというとそうではなく、ある程度多くの利用者が続かないと、それ以上は社会に普及しないであろう。ロルフス氏は、そういった水準のことを「クリティカル・マス」（critical mass）と呼び、ここで紹介した「ネットワークの経済学」、更には後の「プラットフォームの経済学」につながる画期的な視点を提示したのである。

ベッカー論文との出会い――筆者の研究活動の原点

さて、筆者が経済学を勉強し始めたのは前世紀末のことであったが、当初からこういったデジタル経済に関心を抱いていたわけではない。ミクロ経済学は当時も今も、第３章で述べたように完全競争が中央に鎮座している。しかし、それとは毛色の変わった経済学を探し求める中で印象に残った本は、経済学者のポール・クルーグマン氏による『脱「国境」の経済学』であった（クルーグマン　１９９４）。この書では不完全競争（細かく言うと、その一種である独占的競争 monopolistic competition）の経済学の考え方に依拠し、第3章で紹介した収穫逓増に着目することによって産業の地域集中化といった現象を説明しようとする経済モデルが分かりやすく提示されていた。分野名としては「地域経済学」（regional economics）あるいは「空間経済学」（spatial economics）の範疇となる。[2] クルーグマン氏は、近年では歯に衣着せぬ時論を持ち味とし、また、経済学の入門書や啓蒙書などでも知られるが、筆者が読んだ中（主に邦訳）では、アカデミックな知見に基づき、活き活きとした語り口の『脱「国境」の経済学』が最も印象的である。

関連して、経済学者の松山公紀氏による日本語での解説論文「独占的競争の一般均衡モデル」にも惹かれた（松山　１９９４）。これは、学部生時代、経済学者である岩井克人先生のゼミに参加していた際、ゼミ報告での担当を割り当てられたことが切っ掛けである。その解説論文では、「例えば、産業Aが拡大することによって産業Bが拡大し、それによって産業Aが更に拡大するならば、２つの産業は補完的である」（松山　１９９４　１０４頁）との説明が与えられていた。このような状況では、経済プロセスの累積性や循環性が説明できるようになるという。対して、標準的な市場のメカニズムにおいては、希少な資源の制約のもと、

2 これらは「都市経済学」（urban economics）と呼ばれる分野とも関連している。なお、都市経済学を主な専門とする経済学者の山本和博氏は、研究者を志した切っ掛けとして、『「脱」国境の経済学』に言及している（山本　２０２２　２２１頁）。

ある経済活動の拡大は、必然的に別の経済活動の減退を促すことを意味するので、こうした現象は射程に入らないというわけだ。

今から回顧すると、消費者サイドと出店者サイドが、プラットフォーム企業を介して影響しあうネットワーク外部性は、両者の補完性とも見なせるという意味で「プラットフォームの経済学」とも関連する論点であった。もちろん、当時の筆者はそのようなことを知る由はない。そもそも、「プラットフォームの経済学」はまだ勃興していなかったのだから……。

さて、解説書（モノグラフとも言う）や解説論文を読んだら、次は、研究論文、それも英語の論文にチャレンジしなければならない。しかし、はなはだ出来の悪い筆者には満足に読み通せる論文がなかなかなかった（今でも、ほとんど事態は改善されてはいないのだが……）。そのような状況ではあったが、今でも印象深いのは、アメリカの経済学者ゲイリー・ベッカー（1930‐2014）による「レストランの価格づけなどの例における、価格に対する社会的影響についての一考察」という題名の短編論文（全8ページ）である（Becker 1991）。ベッカーは1950年代以降、ミクロ経済学の分析手法を用いて、差別、家族あるいは利益集団の問題など、それまでは「経済学の問題ではない」とされていた領域に果敢に踏み込んでいったことで知られる。余談ではあるが、最近の経済学はデータ分析の進展を踏まえ、例えば、ジェンダー（ゴールディン 2023）や育児（山口 2021）、あるいは民主主義（北村周平 2022）といったような多種多様な諸問題に射程を広げているが、ベッカーはそのような「越境者」のパイオニアと見なせる人物であろう。

さて、この論文では、図5・2（a）のような曲線が描かれており、これを前提として、「どうしてレストランは待ち行列を解消するために価格を上げようとしないのか」についての説明が同図（b）を用いて与えられていた。

図5・2（b）が示す状況は、レストランが価格をp^*でつけており、ここで考えている市場の状況では、需要はQ^*である。ここで、レストランの客席の上限は$\bar{Q}$なので、$Q^*-\bar{Q}$の分だけ「待ち行列」、すなわち、超過需要が生じているわけだ。では、どうしてレストランがこの超過需要を解消しようとして価格を上げないかというと、価格を少しでも上げてしまうと、需要がQ^*からQ_1までに落ち込んでしまうからである。

ここで、ポイントとなるのが、図5・2の逆需要曲線が少し複雑な形をしているからで、これを生じさせているのが、消費外部性なのである。ここで、逆需要曲線（inverse demand curve）とは何か？　第3章で説明したように、需要曲線とは、市場で価格が与えられたとき、そのもとでの需要量を表す関係を示すものであった。これを逆に見て、ある需要量Qに対応する価格水準pを考えることができる。これを$p=F(Q)$と書く関数とし、グラフ化したものが逆需要曲線である。図5・3（a）では、縦軸のpから考えて、需要関数として$Q=D(p)$を考えるのか、それとも、横軸のQから考えて、逆需要関数として$p=F(Q)$を考えるのかの違いに過ぎないものなので、曲線としては同型のものになっている。

図 5.2　レストランで待ち行列があるのにどうして価格を上げないのか：
ベッカー論文による説明

(a) 途中で右上がりになっている逆需要曲線

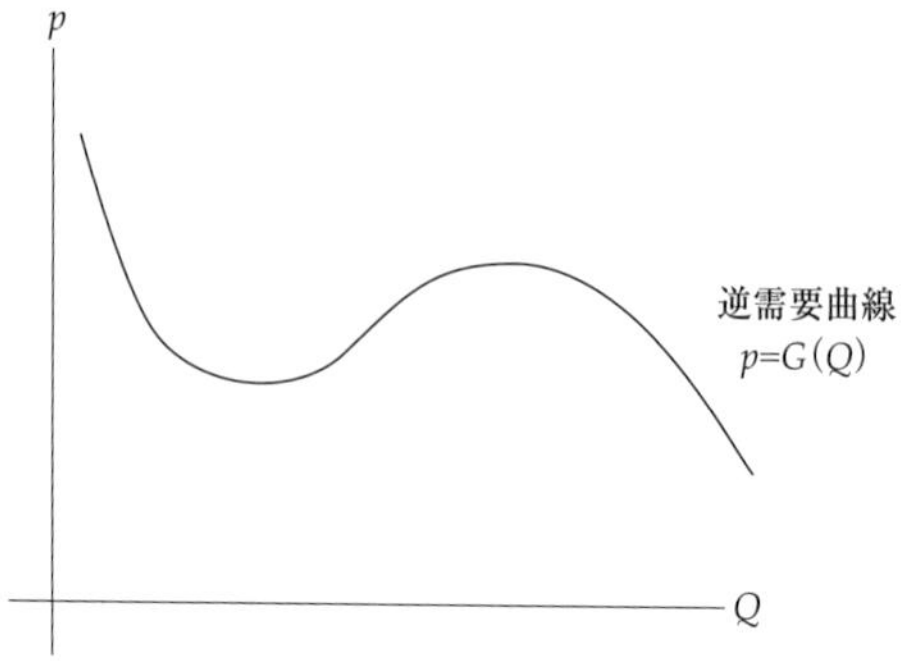

(b) 問：レストランに待ち行列ができていたとしても、価格を上げないのはなぜか？

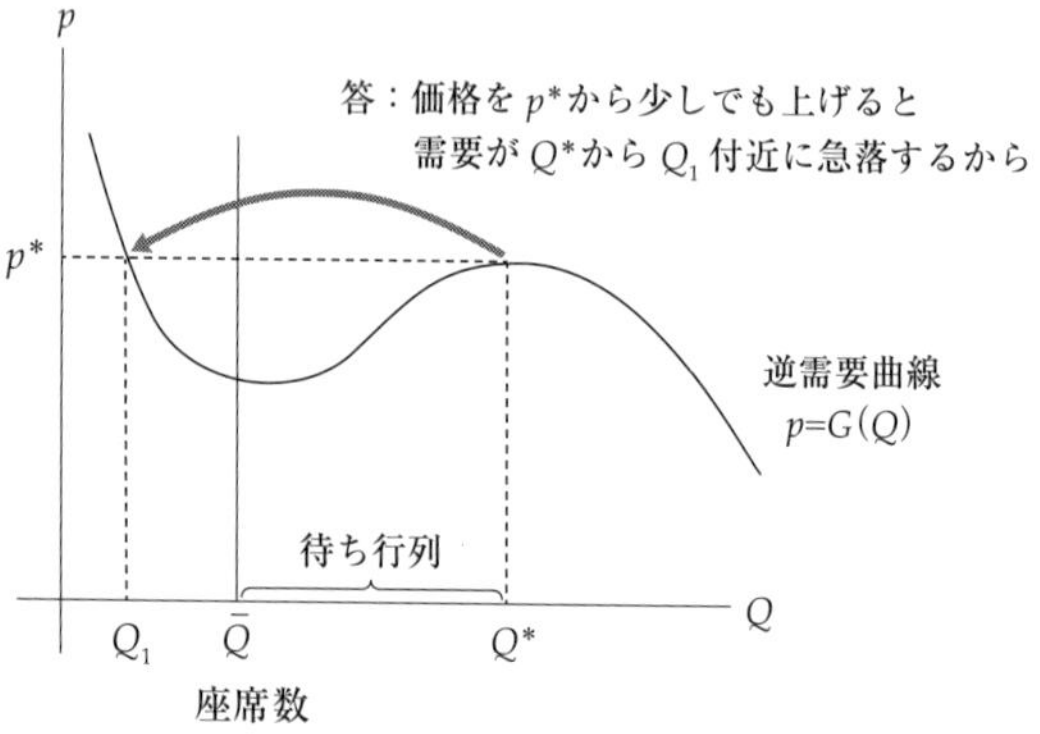

出所：Becker（1991）の図 2 を参考に筆者作成

図 5.3　逆需要関数

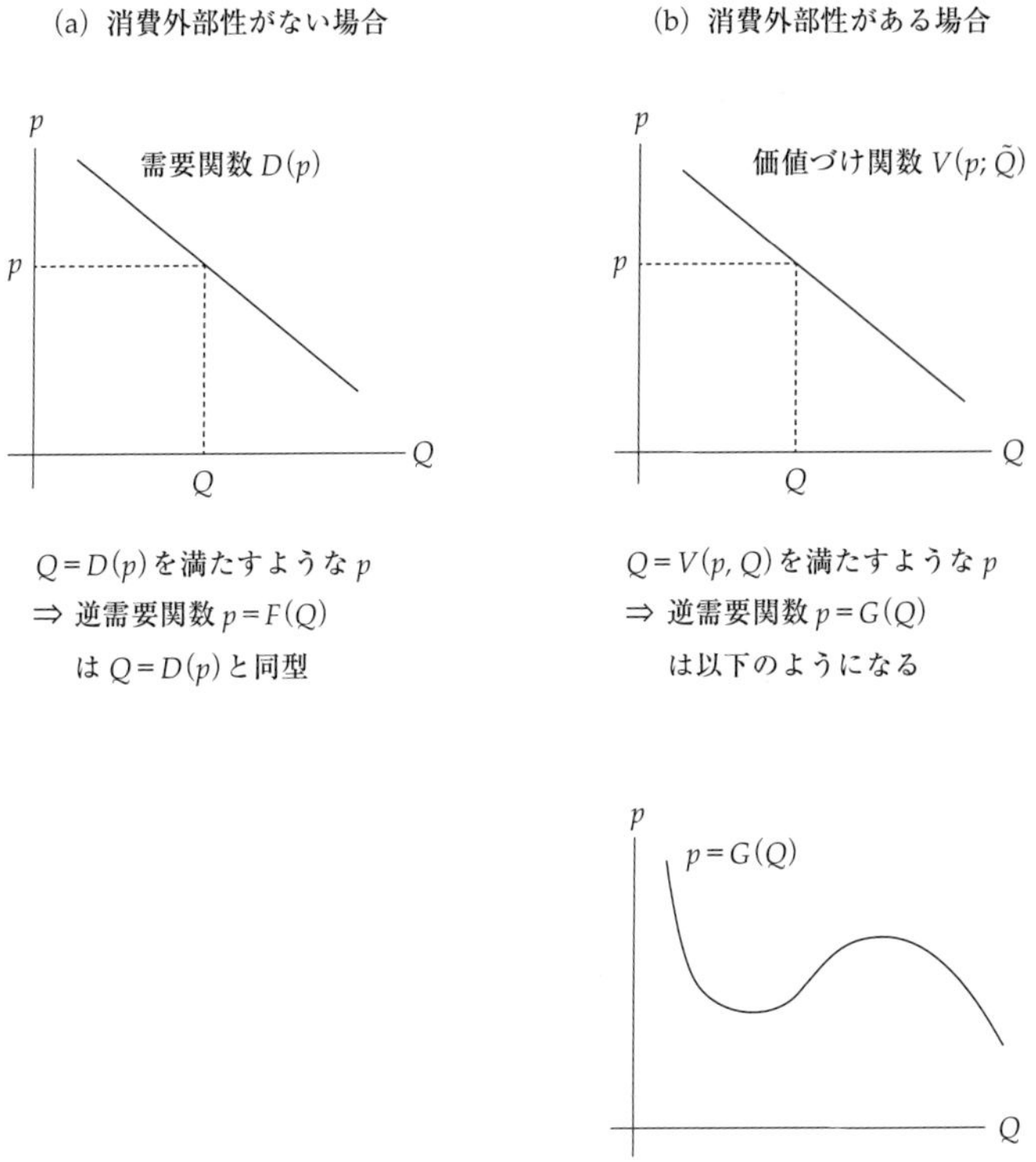

出所：筆者作成

しかし、消費外部性があるときは、このようなものとして逆需要関数を考えることができない。図5・1では、各消費者の価値づけは、自分以外に他にどれだけの利用者があるかに依存している状況が示されていた。これを表現した一例が、図5・3（b）の価値づけ関数$V(p; \tilde{Q})$だ。その意味は、利用者数（需要量）が$\tilde{Q}$であることを「前提とした」場合に、価格p以上の価値を持つ人数（潜在的需要）を示すものである。すると、実際の需要量Qは、$Q = V(p; Q)$を満たすものとして決められることになる。逆に言えば、Qが与えられた時には、この等式とは矛盾しないものとしてpが決まらなければならないという意味で、これが逆需要関数$p = G(Q)$を与えるものとなっているのだ。

本書では詳細に触れないが、$V(p; Q)$という関数において、（pを動かさないで）Qを増やしたとき、その増分よりも、Vによって決まる関数値自体の増分の方が大きい、すなわち、正の消費外部性がそれなりに大きいという状況が生じるならば、図5・2や図5・3（b）のように右上がりの部分——価格の上昇に対して需要が増大するという、通常の場合には生じえないような状況——が生じうる。

レストランが待ち行列にもかかわらず値段を上げないのはなぜか？　値段を上げればもっと儲けられそうなのに、そうしないのはレストランの経営者が愚かだからなのか？　私たちは往々にして、パッとは説明できなさそうな社会現象を目の当たりにすると、どうしてこんなことをし続けるのか、どいつもこいつも愚か者ばかり！　という発想をしてしまいがちである。しかし、このベッカー論文は、そうした行動主体の社会的・制度的条件、あるいは心理的・認知的制約に注意深く目を向けることの重要性を示唆しているものだと、学部生時代の筆者は受け取ったのである。

さてそれからしばらく経った世紀の変わり目の頃。筆者が通っていた東京大学の大学院で経済学者の松島斉先生が開講していたゼミでは、上述のシャピロ氏と経済学者のハル・ヴァリアン氏が共同で出版して間もなかった英文解説書 *Information Rules* の輪読を行なうこととなった。邦訳は早々と原著出版の同年、『ネットワーク経済の法則』（千本倖生監訳、宮本喜一訳。ＩＤＧジャパン）として出版されている。[3]

その本の第２章「情報に価値をつける」では、学生に対しては学割を与えるといった形で、社会的に区分される集団に応じて提示する価格を変えるような販売戦略について触れられて

3　この出版社ＩＤＧジャパンは、長らくコンピューター関連の雑誌・書籍を販売していたが、２０１３年に会社清算されており、同翻訳は長らく品切れとなっていた。しかし、２０１８年になって、日経ＢＰクラシクスの一冊として、『情報経済の鉄則　ネットワーク型経済を生き抜くための戦略ガイド』（大野一訳）と邦題を変えて復刊された（シャピロ／ヴァリアン ２０１８）。なお、松島先生が、どうしてこの書を大学院の輪読で取り上げようとしたのか、その意図は分からずじまいなのであるが（先生ご自身も忘却していると思われるが……）、数式展開のない一般向けの解説書では、大学院で求められるような学術的議論は深められず、一、二カ月で同書を一通りカバーした後は、また、大学院のゼミらしく、学術論文の輪読に戻ったと記憶している。

いた。価格の大小は、基本的に、費用要因もさることながら、第3章でも述べたように「需要の価格弾力性」が重要と考えられる。需要の価格弾力性が低い、すなわち、価格を下げても需要の伸びがそれほどでなければ、価格を低くするメリットはない、したがって、価格は高くなる。逆に、需要の価格弾力性が高い場合は、価格を低くすることのメリットがあるというわけだ。

こういった需要の価格弾力性は、学生を一まとめに取り出してみた場合、全体と比べれば高いことになるだろう。学生は、平均的に見れば、価格に敏感であると考えられるからだ。つまり、学生にとっては、もし、全消費者に共通な価格が与えられているときには、その価格は割高となり、企業サイドとしては、こういったグループを取り出し、低めの価格を提示することによって、購買者が増えて、全体としては、かえって利益が増えることになるのではないか?

『情報経済の鉄則』では、おおよそ、こういったことが説明されていた。

価格差別とは

右で述べたような価格づけは、「価格差別」(price discrimination)と呼ばれるものの一例である。特に、経済学では「第3種価格差別」と呼ばれる。これは、本章の最初に登場した経済学者ピグーの分類法に基づく。実は、外部性を論じている１９２０年初版の『厚生経済学』（Pigou 1920）において、ピグーは価格差別についても解説していた。そこでは、それぞれの買い手が持つ潜在的な支払い意思額（すなわち、それぞれの買い手が支払っても良いと考える価値づけの値）は異なっているという状況において、次のような3種類の分類が提唱されている。

（1）第1種価格差別（first-degree price discrimination）
（2）第2種価格差別（second-degree price discrimination）
（3）第3種価格差別（third-degree price discrimination）

まず第1種価格差別とは、完全価格差別（perfect price discrimination）とも言われ、消費者ごとに、その消費者が持つ価値づけと同じだけの価格が提示される。例えば、「お茶」に対して１０００円の価値づけを持つ人に対してはこの人だけの個別価格として１０００円が、８００円の価値づけを持つ人に対しては８００円という個別価格が提示されるという状況である。この場合は、全体として、消費者余剰は全く残らないという状況になってしまう。

前章で用いた図を用いれば、この状況は図５・４のように描写される。

図 5.4　完全価格差別

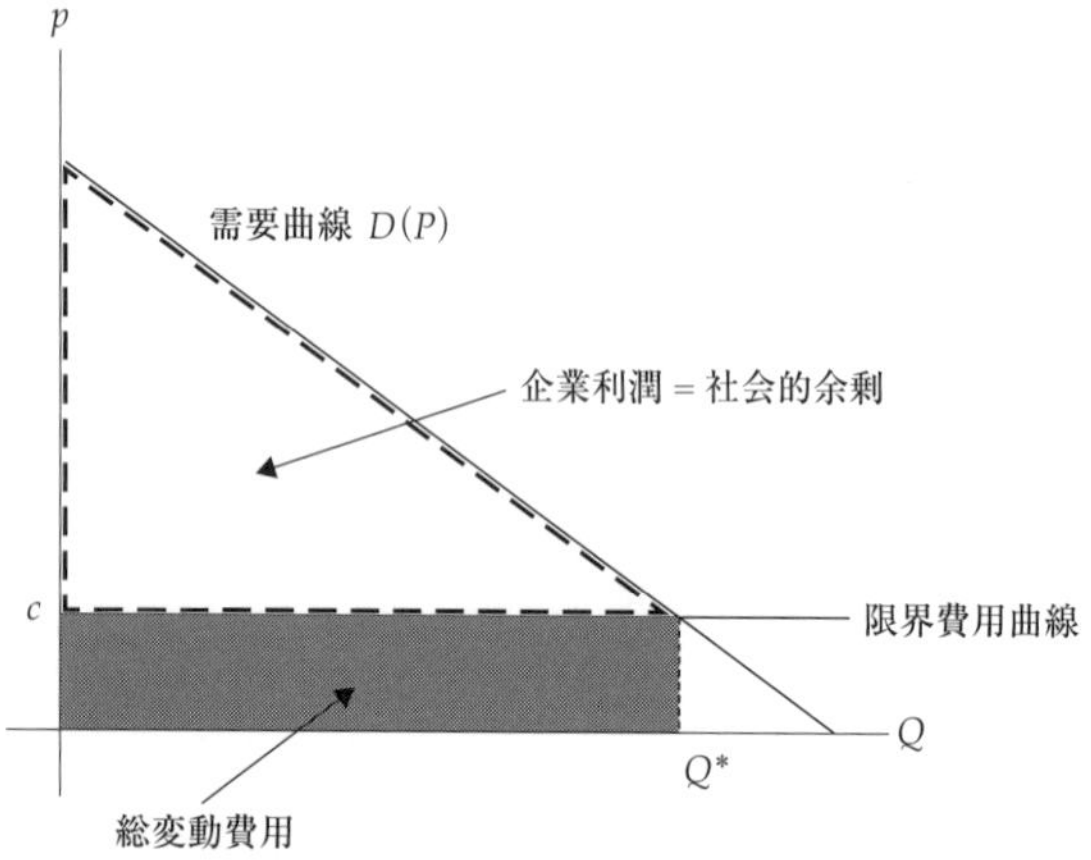

出所：筆者作成

右のような個別価格は、価値づけが限界費用を上回るような人全員に提示されている。実は第1種価格差別のもとでは、前章で説明した「価格＝限界費用」という完全競争の時と同様の消費量（生産量）Q^*が実現している。すなわち、社会的余剰が最大化されているのである。ここでは、企業サイドが、消費者には残余が残らないことが分かっているので、もらえるもの、つまり企業利潤＝社会的余剰を目一杯もらおうとして、それを最も大きくなるようにしているというわけだ。ここでは、「社会的余剰が最大化される」ことと、それが「企業側に全て吸い取られる」ことの対比がよく表れている。これは、第7章でプラットフォーム企業と出店者間の交渉を考える際にも関係してくる論点である。

しかし、現実には、このような価格差別はほとんど見られないだろう。なぜなら、企業サイドが各消費者の抱く価値づけについて正確に知ることは困難だからである。

とは言っても、売り手が全く何も予想できないというのもう一方の極端である。そこで考えられるのが、第2種価格差別と第3種価格差別だ。前者においては、企業サイドは消費者に対して、価格に関するオプション（選択肢）を提供する。例えば、一個買うと５００円だが、２個買うと１０００円よりは安くなって９００円になるといった具合である。これは、「数量割引」（quantity discounts）とも言われるものだ。このようにして、潜在的に二つ買おうとする消費者層に対して割引きを利かせ、自発的にこの選択肢を選んでもらうようにすることで、この層への売上げを増やすことができる。あるいは、お茶だけでなく、お菓子を買うかもしれないような消費者に対して、それぞれを別に買ったときの合計価格よりも安い「セット価格」を提供するという「組み合わせ割引」というものも考えられる。[4]

4【読書案内】この点について更に理解を深めたい読者は、
花薗誠『産業組織とビジネスの経済学』（有斐閣ストゥディア、２０１８年）
明城聡・大西宏一郎『産業組織のエッセンス』（有斐閣ストゥディア、２０２２年）
ルイシュ・カブラル『企業の経済学　産業組織論入門』（青木玲子・大橋弘監訳、日本評論社、他方、第3種価格差別とは、消費者が自発的にどのような価格づけの選択肢を選ぶのかということではなく、例えば、学生かそうでないかによって、自分が支払わなければならない価格が予め決まっているような状況である。これがシャピロ／ヴァリアン『情報経済の鉄則』で「グループごとの価格づけ」として紹介されていたものだ。

なお、第2種価格差別と第3種価格差別の区別は絶対的なものではない。例えば、学生に対して、学生料金と数量割引を合わせることもできる。ただ、第2種の方では消費者が自発的にどの選択肢を選ぶかを決めることができるが、第3種の方では消費者の属性に応じて予め支払う価格が決められているという点が異なることを理解するために、この分類が有効なのである。

このような価格差別が可能となる前提としては、「転売」（resale）が不可能でなければならない。学生が欲しくもないのに何かを学生料金で買って、それを学生以外の人に売るということが仮に常態化したとすると、そもそも正規料金で買う人はいなくなってしまうであろう。しかし、映画館のように、学生かどうかの確認、チケットの購買、そして消費（鑑賞）がほぼ同時に行なわれる状況では転売を心配する必要はない。あるいは、ソフトウェアにアカウントを紐づけるといった方法も転売を防ぐことになる。

加えて、消費者サイドの「公平性」（fairness）を刺激しないという点も重要だ。例えば、デジタル・プラットフォームの小売企業は、消費者の購買履歴や閲覧行動をデジタル情報として蓄積することができる。これらは消費者ごとに異なっており、その情報をもとに画面に表示される価格を消費者ごとに変えることが可能である。実際、世紀末の２０００年９月、米アマゾンが、顧客の購入履歴や住所情報などに基づいて、同じＤＶＤを異なる価格で販売したことがあった。しかし、これは報道沙汰となり、アマゾンはこの価格差別を即座に中止して、高い価格を支払った消費者に対しては差額分の返金処置を行なう結果となった(Okada 2014, p. 701)。このように、価格差別は高い値段を支払っている側に不公平感をもたれやすいのである。

逆に言えば、例えば、学生に対して低い価格を提示するということは、消費サイドの公平感を刺激しないであろう。「学生というのは、まだお金を稼いではいないのだから、値段が安くなるのはうべなるかな」という広い社会的コンセンサスがあると考えられるからである。[5]

２０２３年）

といった産業組織論（industrial organization）の入門書を紐解かれると良いであろう。本書では詳細には説明しない「需要の価格弾力性」と価格との関係（第３章参照）などを学ぶ上でも有益である。これらに続いて、更に勉強を進めたい読者にとっては、

小田切宏之『産業組織論――理論・戦略・政策を学ぶ』（有斐閣、２０１９年）

石橋孝次『産業組織――理論と実証の接合』（慶應義塾大学出版会、２０２１年）

といった中・上級書もある。これらの書物は、本書が扱っている「プラットフォームの経済学」や「不完全競争の経済学」の全体的な学習を行なう際も有益である。

いずれにせよ、「学割」とは、企業が利潤を犠牲にしている行為なのではなく、むしろ、企業が大手を振って堂々と、より一層の利潤を高めることができるという技術的条件（「転売不可能性」）や社会的文脈（「人びとの公平感」の許容範囲に収まる）によって可能になっている行為と考えることができる。

消費外部性下の価格差別

さて、シャピロ／ヴァリアン『情報経済の鉄則』で第3種価格差別が説明されていた箇所では、Adobeの「フォトショップ」のようなネットワーク財にも触れられていた。２０２４年の現在では、Zoomのインターネット会議サービスも含めることができよう。それを使う人が多ければ多いほど、情報のシェアといった要因で、その利用価値が増すという性質を持つものであるということは、今までも度々述べてきた。しかし、そこではネットワーク財が話題紹介的に触れられているだけで、ネットワーク財を念頭に置いた第3種価格差別については論じられていなかった。そもそも、消費外部性では、ネットワーク効果という正のものだけでなく、本章の始めに述べたような負の「スノッブ効果」というものもある。スノッブとは俗物の意味であるが、消費者がそういう気どり屋でなくても、単に混雑することによる不便さもあるかもしれない。そういう文脈では負の消費外部性は「混雑効果」ということになろう。これら正と負の双方の消費外部性を統一的に捉えた上で、第3種価格差別の分析をできないものか。

ちなみに、「スノッブ効果」という用語を知ったのは、経済学者の丸山雅祥氏と成生達彦氏による教科書『現代のミクロ経済学』であったかと記憶している（丸山・成生 1997 38頁）。逆に、正の消費外部性の方には、「ネットワーク効果」という名称だけでなく、「バンドワゴン効果」（bandwagon effects）という言葉があることも知った。[6]「バンドワゴン」とは北米で行なわれるような祭りのパレードで登場する台車のことである。みんなが群がれば群がるほど楽しくなるといった意味合いであろうか。「御神輿効果」と言い換えても良いかもしれない。それはともかく、筆者は、この「消費外部性のもとでの第3種価格差別」をテーマに研究を行ない、いくつかの研究論文を著すことができた（Adachi 2002, 2004, 2005）。今からおよそ20年前のことである。

筆者が2002年の論文で考えた状況においては、例えば大学でソフトウェアといったよ

---

5 ただし、いわゆる「社会人学生」がマジョリティーではなかった、20世紀からの遺物とも考えられる。

6 「スノッブ効果」、「バンドワゴン効果」という用語を創出したのは、アメリカの経済学者ハーヴィー・ライベンシュタイン（1922–1994）である（Leibenstein 1950）。

うなネットワーク財を消費しようとする消費者が、学生と教員といったように、属性によって異なる二つの集団に分かれているものと想定され、それぞれが間接的な消費外部性によって関係し合っていると考えられている。実は、この構造は両面市場と同じものとなっている。ただしここでは、ネットワーク財の販売企業は、それぞれのグループに対して、「出会いの場」を提供しているという役割を担っているわけではなく、同じ種類の財を学生と教員に対して販売しているという、スタンダードなストーリーを念頭に置いているのである。

次章から見るような、プラットフォーム企業が消費者と出店者のそれぞれに対して、加入費や手数料を決めているという文脈では、両者はプラットフォームに異なった役割（そこから買うのか、または、そこで売るのか）を求めているので、それぞれに対して異なる価格を提示するのがむしろ自然であり、同じ価格をつけようとすることの方が不自然であろう。

しかし、筆者の考えた状況においては、ソフトウェア企業は、学生と教員の両サイドに対して同じ内容・質の財・サービスを提供しているので、学生なのか教員なのか、消費者がどちらのサイドに属しているのかという属性によって、異なった価格が提示されることは、企業と消費者の双方の利益を合わせた視点から、望ましいものと言えるのかどうかが問題の関心となるのである。

ここで、「消費の外部性」が第3種価格差別とどう関係するかを見るために、まず、消費の外部性が存在しない状況を考えよう（以下の議論はLayson（1988）に依拠している）。教員と学生という二つのグループがいて、それぞれに需要曲線が考えられる。これを表しているのが図5・5の上部だ。教員グループの方が需要の価格弾力性が低いと考えられるために、もし価格差別がなされている時は、彼らに対する価格は高く設定され、図ではそれをp_1^Dと表記している。ここで、Dとは差別を意味するDiscriminationから来ており、教員グループをグループ1と呼ぶことにするため、pの右下に1と付されている。他方、学生（グループ2）向けの価格は低くなっていて、p_2^Dと表されている。また、Q_1^DとQ_2^Dはそれぞれのグループにおける購買量を表している。

逆に価格差別がされていない状況では両グループ共通の価格p^Uがつけられている（Uは単一価格を意味するUniform Priceから来ている）。そして価格差別がされているときと同様に、それぞれのグループでの消費量をQ_1^UとQ_2^Uで表している。ここで詳細には述べないが、もし需要曲線が両者とも直線の場合は、価格差別がないときとあるときとでは、総消費量自体には変化がないことが知られている。すなわち

$$Q_1^U + Q_2^U = Q_1^P + Q_2^D$$

ということである。実は、これは、ピグーによる1920年の著書『厚生経済学』（Pigou 1920）の第2部第17章でも指摘されていたことである。この事実を用いると、学生グループ側の図の左右をひっくり返して、図5・5の中と下のように、価格差別がないときとあると

図 5.5　第 3 種価格差別が社会的余剰を減らす側面

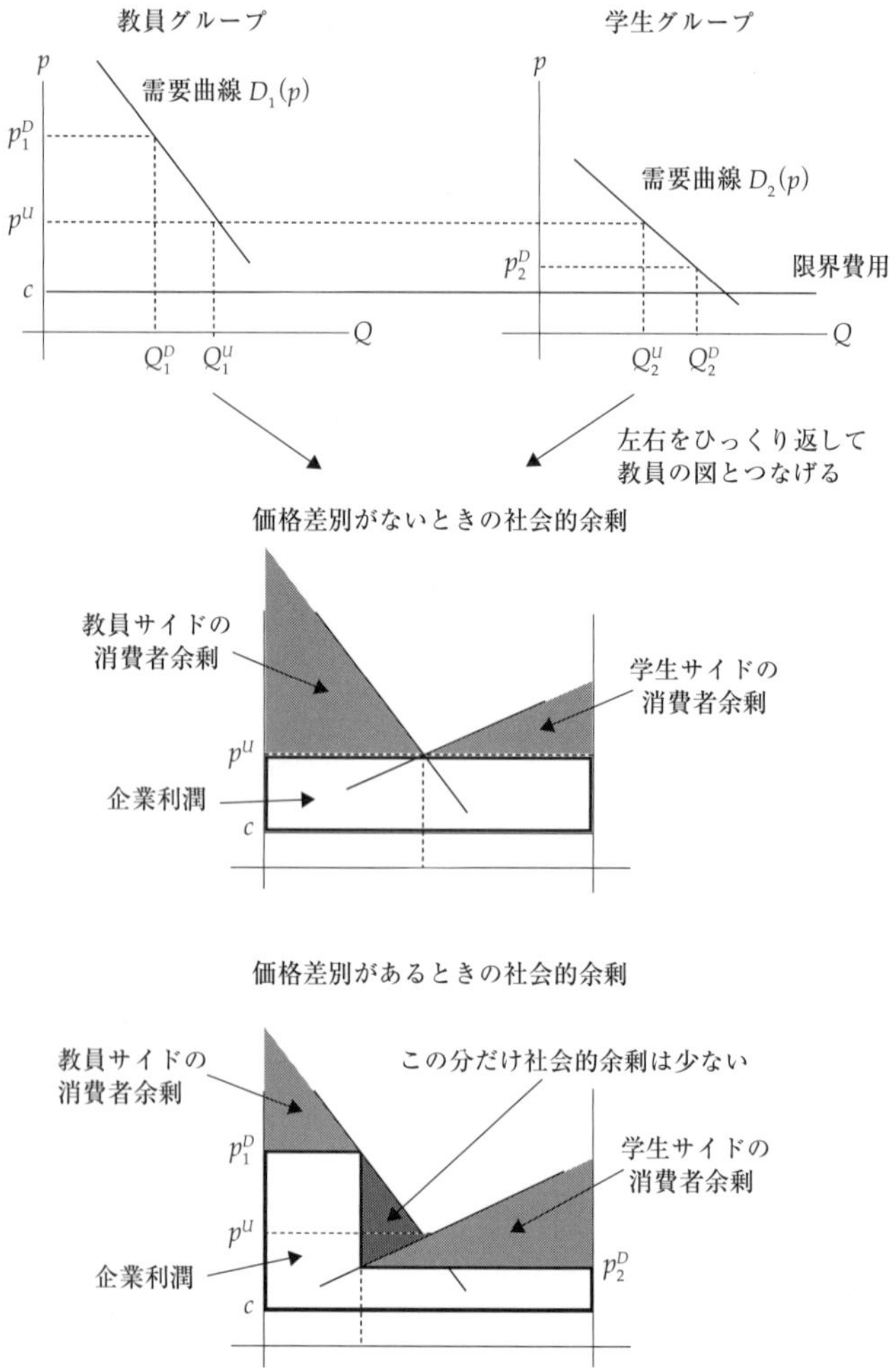

出所：Layson（1988）の図 1 を参考に筆者作成

きとで、底辺を共通の長さ（両グループの消費量の和）として、社会的余剰の大きさを比較することができる。

まず、価格差別がないときの社会的余剰は、中ほどのような状況となっている。企業利潤は、「共通価格－限界費用」であるマークアップ（p^U-c）に総売上量 $Q_1^U+Q_2^U$ を掛けたものとなっており、図では太い黒線で囲まれているものである。対して、価格差別があるときの社会的余剰はその下の図で表現されている。グループ1（教員）では価格が上昇しているので、彼らの消費者余剰は減っている（消費量も減っている）一方、グループ2（学生）では価格が下がり、消費量は増えているので、学生たちの消費者余剰は増えている。これら消費者余剰の大小は、図で対応する三角形を見ることで理解できる。企業利潤の方は、それぞれのグループで異なる価格を提示しているので、マークアップは（p_1^D-c）と（p_2^D-c）の二つとなって、それぞれの生産量を掛けて足したものが、合計の利潤となっている。

ここで気づくのは、価格差別があるときの状況の方が、社会的余剰が図示されている三角形の分だけ小さくなっていることだ。これは、比較的高い価値づけを持つ教員側での消費が犠牲になって、その分の余剰が失われてしまっていることによる。

ここから示唆されることは、消費外部性が存在しない状況においては、価格差別によって社会的余剰が増えるためには、総購買量の上昇が必要ということである。逆に言えば、総購買量が価格差別によって上昇するのでなければ、社会的余剰が増えることはない。学生サイドの消費量の拡大が十分に促されることによってはじめて、上述の余剰のロス部分が相殺されるようになるからである。

分析から得られた新しい視点

さて、消費外部性が存在する場合はどうなるのか。右の図5・3を説明した際に、消費外部性のもとでは、逆需要関数を考えるときには一工夫が必要であることを述べた。その点に注意した上で、筆者は、図5・5のように、逆需要関数が直線になる状況に着目し、2002年の論文（Adachi 2002）では、次のことを示した。

（1）消費外部性がないときと同様、総消費量は、価格差別があるときとないときとで変化はない。
（2）しかし、社会的余剰は、教員と学生の間のネットワーク効果が十分に大きいときには、価格差別によって上昇する。
（3）ただし、消費者余剰は必ず下がる。

ここでは、教員にとっては学生のソフトウェア利用者がどれだけなのかという外部性があり、学生にとっては教員のソフトウェア利用者がどれだけなのかという外部性があるものと考えている。これが、ここでのネットワーク効果が意味することで、それは、「グループ間の外部性」とも言えるものである。なお、すぐに気づくように、価格差別は消費者余剰を下げるにもかかわらず、社会的余剰を上げるときには、企業利潤が消費者余剰の減少を補って余りある分の上昇をしていなければならない。

価格差別が、企業利潤のみへの還元ではあるというものの、社会としての余剰を上昇させているのは、消費外部性のもとでは、図５・１のように、個人の価値づけが、他のグループにどれだけの利用者がいるかによって上下するような状況が背景にある。ここが、図５・５のように逆需要曲線から消費者余剰が分かるという、消費外部性が無の場合とは異なる点だ。こうして、企業側に価格差別という経営戦略の幅を持たせることによって、グループ間の消費外部性という構造を経由し、より多くの利益を生み出せることを示す結果となっているのである。

なお、２００２年の論文では、このようなグループ間の消費外部性を考慮していたが、２００５年の論文（Adachi 2005）の方では、逆にグループ間の消費外部性は考えず、グループ内の消費外部性を考慮した分析を展開している。つまり、教員は、他の教員がどれだけソフトウェアを使っているかを気にする、そして、学生は、他にどれだけの学生が使っているのかを気にするという意味での消費外部性があるということだ。２００２年の論文では、消費者余剰が増加するという結果は出てこなかったが、２００５年の論文では、価格差別によって、企業の利潤だけでなく、消費者余剰も上昇することがありうることを示した。その例としては、例えば、教員側の方には負の消費外部性（スノッブ効果／混雑効果）があり、逆に学生の方には正の外部性（ネットワーク効果／バンドワゴン効果）が存在するという非対称な状況である。

　教員サイドは、価格差別によって利用者数が減る側であったことを思い出そう。このことによって、価格差別下であっても消費をするような、比較的高い価値づけを持った教員にとっては、利用者の教員数が減ることによって、価値づけが更に高くなるのである。このことによって、教員サイドの消費者余剰の減少は低く抑えられる。加えて、学生サイドの方では、価格差別によって利用者数は増え、そのこと自体は、学生利用者の価値づけをますます高めている。これら双方の効果によって、価格差別によって全体の消費者余剰は増加するのである。[7]

　ちなみに、２００２年の論文（Adachi 2002）と２００５年の論文（Adachi 2005）は、当初一つの論文として執筆された。すなわち、グループ間の消費外部性とグループ内の消費外部性の双方を同時に扱うモデルが提示されたのである。しかし、世紀の代わりの目の当時、両者を分けた方が、よりクリアーな結果を示せるものと判断して、二つの論文に分割して発表することとした（その結果、２００２年の論文の方は短めのいわゆるノート論文となった）。

【コラム】では、僭越ながら、「安達モデル」と呼んで、少し詳しい説明を与えている。[8]

それから約20年近く経って、経済学者の橋爪亮、池田剛士の両氏、そして上述の成生氏によって、両者を同時に扱う簡便な分析が登場している（Hashizume, Ikeda, and Nariu 2021）。なお、上述のように、第３種価格差別においては、ほぼ同じ商品やサービスに対して、属性が異なるという理由だけで価格が異なるため、消費者間で不公平感（fairness concerns）が発生する余地があり、こうした心理的な側面が、消費者行動に影響を与え、また、企業はそれを念頭に置いて行動しなければならないかもしれない。そういった場合、不公平感がないようなときと比べれば、価格差には、そういった制約が反映されていなければならないと考えられるであろう。これは、筆者の知る限り、経済学者の岡田知久氏によって初めて指摘された論点であり（Okada 2014）、これらを含め、橋爪、池田、成生、岡田の各氏と筆者は、２０２３年に第３種価格差別の理論の現状をまとめた概論書を出版している（Adachi, Hashi-

7 逆に、教員サイドでは正の消費外部性が働き、学生サイドでは負の消費外部性が働く場合には、全体として消費者余剰が価格差別によって上昇することはないことをAdachi（2005）は示している。

8 なお、これらに関連する２００４年の短めの論文（Adachi 2004）は、２００２年の論文に対してコメント論文を寄せた経済学者のパオロ・バートレッティ氏に対する応答論文として著されたものであり、【コラム】で解説されている、消費外部性のあるもとでの需要と消費者余剰の決まり方に関して説明を与えている。

zume, Ikeda, Nariu, and Okada 2023)。

ちなみについでであるが、「スノッブ効果」のところで既に登場していた成生先生は、右で述べた分割前の論文を学会で口頭報告した際、コメンテーター（討論者とも言う）として事前に目を通していただき、有益なコメントを下さったお方だ。その辺りの思い出話は、前著『データとモデルの実践ミクロ経済学』の「あとがき」でも触れたとおりである。

コラム

安達モデル

図5・3の説明で登場した価値づけ関数 $V(p; \tilde{Q})$ が意味するのは次のようなことである。まず

$$Q = V(p; \tilde{Q})$$

という関係を考えてみよう。これは、もし全体の利用者数が$\tilde{Q}$であったときには、Q番目に高い価値づけをもつ消費者にとって、ちょうど自分の価値づけと同じだけの価格はpであることを意味している。これは、そのようなpがQと$\tilde{Q}$によって表現されることを示唆しているが、2002年の論文では、

$$p_1 = a_1 - Q_1 + \eta \cdot \tilde{Q}_2 \qquad \cdots(5.1)$$

$$p_2 = a_2 - Q_2 + \eta \cdot \tilde{Q}_1 \qquad \cdots(5.2)$$

という形式を考えている。ここで一つ目の式はグループ1に対応しているが、グループ2の総人数である$\tilde{Q}_2$が登場している点が「グループ間の消費外部性」の存在を意味している。二番目の式は同様に、グループ2に対応している。ここでηはグループ間の消費外部性の方向と程度を表現していて、ηが正の時は、正の消費外部性を意味しており、その値が大きいほど外部性の程度は大きい。逆に負の場合は、負の消費外部性である。* このとき、価格差別が社会的余剰を増加させるのは、ηが正で

＊ 逆需要関数自体が負の傾きを持つように、ηに対しては、$-1 < \eta < 1$という制約が加えられている。

十分大きい値を取る時であることが示される。[**]

対して、2005年の論文では、

$$p_1 = a_1 - Q_1 + \gamma_1 \cdot \tilde{Q}_1$$

$$p_2 = a_2 - Q_2 + \gamma_2 \cdot \tilde{Q}_2$$

という形式を考えている。そして、グループ内の消費外部性を示しているのが右辺の第3項である。[***] 本文中で挙げた例である、グループ1で負の消費外部性、グループ2で正の消費外部性というケースは「$\gamma_1<0$、$\gamma_2>0$」という場合だ。2005年の論文では、これ以外でも、「$\gamma_1>0$、$\gamma_2>0$」（両グループで正の消費外部性）や「$\gamma_1<0$、$\gamma_2<0$」（両グループで負の消費外部性）の場合に価格差別が消費者余剰全体を増加させる場合があることが論証されている。

ちなみに、2002年の論文が掲載された学術雑誌の同じ号では、経済学者のリチャード・シュマレンジー氏が「決済システム及びインターチェンジフィー」（Schmalensee 2002）という題名の論文を、そして、経済学者のジョッシュ・ラーナー氏とジャン・ティロール氏が「オープンソースの簡単な経済学」（Lerner and Tirole 2002）という題名の論文を発表していた。シュマレンジー氏は、1981年に第3種価格差別の論文を著しており（Schmalensee 1981）、2002年と2005年の論文の執筆の際には大いに参考にしたのだが、当の氏は、決済システムという比較的手つかずの話題に進んでいたのである。****そしてティロール氏は、次章以降で詳しく見ていく「プラットフォームの経済学」の端緒となる共著論文（Rochet and Tirole 2003）を翌2003年に発表することになる。

2002年、皆さんはどこで何をしていただろうか（「生まれていま

** 具体的には、$1/2<\eta<1$ のとき、かつ、そのときのみに、価格差別が社会的余剰を増加させる。

*** ここでは、γ_1とγ_2は1未満とされている。

**** ちなみに筆者は、引き続きシュマレンジー氏による1981年の論文に触発されながら、10年ほどが経った2014年には経済学者の松島法明氏と共同で、それから更に10年ほどが経過した2023年には単著として、消費外部性の存在しない標準的状況における「第3種価格差別」を分析した論文を発表している（Adachi and Matsushima 2014; Adachi 2023）。ただし、シュマレンジー氏の論文は企業が一社だけの独占のケースを扱っていたのに対して、両論文とも、二社以上の企業が存在するという寡占を扱っている点が異なっている。

column

せんでした」と言える読者が羨ましい）。「はじめに」の表０・１によれば、「迷惑メール防止法」が制定された年である。今から回顧すると、なんとも牧歌的なデジタル社会の黎明期だ。当時、筆者はアメリカ東海岸にある大学の大学院に留学しており、自らの経済学の幅を広げるための模索をしていた。そこでの過程に根差す研究成果の一端は、前著『データとモデルの実践ミクロ経済学』で扱われているので、興味があればそちらをご参照いただきたい。

モジュール化とは

さて、次章以降で、「プラットフォームの経済学」の中身に入っていくが、多少の脱線として、デジタル経済を下支えする技術的な点について述べてみよう。それは、経済学者の青木昌彦（１９３８‐２０１５）が論じた「モジュール化」だ（青木 ２００８ ２０１４頁）。「モジュール」（module）とは、複雑な全体のシステムの中で、それ自体が独立的であるようなサブシステムのことである（岡田 ２０１４ ７‐８頁）。そして、これら複数のモジュールを相互に連結するためのルールが「インターフェイス」（interface）と呼ばれる。

つまり、複雑な全体を全体として捉えようとするのではなく、個々の部分部分に分割し、お互いを結びつけるための最低限の決まりごとだけを決めておいて、あとは、ある程度の自律性を持たせて開発・改良を進めていこうとする発想、それが「モジュール化」（modular-ization）なのだ。「難問の一つ一つを、できるだけ多くの、しかも問題をよりよく解くために必要なだけの小部分に分割すること」を思考の規則の一つと考えるフランスの哲学者ルネ・デカルト（１５９６-１６５０）による『方法序説』（１６３７年）の発想にも通じるところがある。[9]

このようなモジュール化のもとでは、中央集権的なやり方でなく、分権的に、個々のモジュールごとに迅速的で機能的な開発が可能になる。こうしておけば、部分的な機能ごとの変更など、全体に関わりうることであっても、全員の合意をその都度に取るのではなく、各モジュールが自律的に改善を加えることができるので、時間を経過してみれば、トータルでの改善の度合が大きくなることが期待されるのである。

特に、情報処理技術（ＩＣＴ）が飛躍的に発展したもとでは、このようなモジュール化の発想を取り入れないことは、技術開発上、決定的に不利になるものと考えられる。膨大で複雑化したシステム全体の把握を目指そうとすることは、人間の認知能力にとっては負荷が多

9 『方法序説』（谷川多佳子訳、岩波文庫、１９９７年）、29頁。

く、進化・発展の足枷になりかねないからである（岡田　２０１４　8頁）。

青木は、このようなモジュール化のもとで、アメリカのＩＢＭやゼロックスのような旧来型の有名企業（レガシー企業）から脱出した技術者が、より小規模なモジュール開発に専心することが可能となり、ベンチャー・キャピタリストにとっても、システム全体に大規模にというのではなく、小規模で断続的な資金提供が可能な状況が生み出されたとして、その利点を強調する（青木　２０１４　89–93頁）。

ここで、各モジュールは、最低限のインターフェイスを通じてしか関係づけられていない。こうした「緩い結びつき」によって、小規模なものであったとしても、何等かの革新的な営みが継続していく素地が根付いたのが、１９７０年代以降のアメリカにおけるシリコンバレーの状況で、ひいては、それが前世紀末のＩＣＴの飛躍的進展に影響したと考えられるのだ。

青木は続けて、こうした「緩い結びつき」が持つ利点として、

①　各モジュールでの自己革新の促進
②　モジュール間で全く新しい結びつきが生じる余地

の二点を挙げている（青木　２０１４　92–93頁）。前者に関しては、例えば、コンピューターを考えると、ＣＰＵ、ハードウェア、モニター、プリンター、ソフトウェアが、統合システム

として開発されることになれば、どこか一つの部分でも支障があったとき、そこが足枷となって、全体の開発が滞ってしまう。しかしモジュール化の発想においては、各部分の進展が異なるスピードであったとしても、その時点でのベストが絶えず生じていることになるというわけだ。後者に関しては、異なるモジュール開発者の結びつきによって、新たなシステムの模索は促進されやすい。もし統合的システムであれば、ゼロから始めなければならないことも、モジュール化の思想のもとでは、それぞれのモジュールでの蓄積を活用することができるからである。

　こうして青木は、世紀末以降の日本における経済的停滞の理由の原因として、リスクを取るベンチャー・キャピタルの不足というよりも、「エンジニアなどが従来の大企業にまだ閉じ込められた状態にあるからだと考えています」（青木 2014 94頁）と述べている。ただし、エンジニアも自ら進んで閉じこもっているというよりも、企業年金や住宅ローン等の問題で、そうせざるを得ないという状況なのかもしれない。これからの日本経済の成長は、こうした問題から比較的に自由な若い世代にかかっていると言えるであろう。

　さて、青木は気づいていなかったものと思われるが、このような「モジュール化」はプラットフォームを支える思想とも関係しているだろう。経済学者の岡田羊祐氏が指摘するように、あるモジュールと、また別のもう一つのモジュールとの関係から生じる価値は、それぞれがどれだけ、あるいはどういった種類のモジュールと結びついているのかに影響を受けるものと考えられるからである（岡田 ２０１４ ８頁）。これはまさに、第２章で見た「間接的ネットワーク外部性」と同等に見なせるものなのだ。

「ネットワークの経済学」から「プラットフォームの経済学」へ

以上、20世紀終わりまでの「ネットワークの経済学」の要点を見てきた。本章では、消費者に対してのみに働くネットワーク外部性に注目してきた。対して、21世紀の「プラットフォームの経済学」では、異なる立場の主体が、相手の利用状況から外部効果を受け、また自分たちの利用状況が相手に対して外部効果を与えるという状況を「間接的ネットワーク外部性」として捉える。そして、プラットフォームの本質を、そのように異なる主体同士の「結びつき」が実現する「場」である点に求める。これを経済モデルで明確に表現したのが、２００３年のロシェ＝ティロール論文（Rochet and Tirole 2003）、２００６年のアームストロング論文（Armstrong 2006）である。こうして、「プラットフォームの経済学」が産声を上げた。

第6章 「プラットフォームの経済学」の黎明

筆者がいつの時点で「プラットフォームの経済学」を認識したのかは定かではない。しかしそれは、前章で解説した内容の研究を行なってから10年弱が経過した２０１０年頃だったのではないかと思われる。同年、名古屋大学に着任し、同僚となった経済学者の花薗誠氏から、本章で触れるジャン＝シャルル・ロシェ氏とジャン・ティロール氏の共同論文（Rochet and Tirole 2003）とマーク・アームストロング氏の論文（Armstrong 2006）について初めて聞いたのではないかと推測する。そう言えば、ちょうどその頃から、日本でもTwitter（現X）を使う人が増えてきた（「はじめに」の表０・１によれば、Twitter の日本語版が誕生したのは２００８年）。

うろ覚えばかりで恐縮であるが、「プラットフォームの経済学」について知り始めた頃の印象は、「何だか自分が昔やった「消費外部性下の価格差別」の話と似ているなぁ」というものだったと思う。つまり、第2章で述べた「間接的ネットワーク外部性」は、前章で解説した２００２年の筆者自身の論文で扱っている「グループ間の消費外部性」に類似しているのではないか、ということだ。このような視点からは、２００５年の論文の方が対象としていた、同じグループ「内」での消費外部性は、それが正である場合、グループ内の主体同士が直接的に影響し合うという意味で「直接的な」ネットワーク外部性を扱ったものであると対比的に捉えられる。

「プラットフォームの経済学」の勃興を横目に見る

そうこうしているうちに、東日本大震災明けの２０１１年の5月、経済学者の依田高典氏が一般向けに『次世代インターネットの経済学』を出版した（依田　２０１１）。そこでは、今世紀になってから急成長を遂げたグーグルを例にとって、「二種類のユーザ《ママ》を共通のプラットフォームでつなぐようなビジネス・モデルを両面市場（Two-sided Markets）という」（依田　２０１１　48頁）と解説されていた。そして、これを対象とする「両面市場の経済学」が、上述のロシェ氏とティロール氏、そしてアームストロング氏によって提唱されたことにも触れられていた。

第1章でも述べたが、プラットフォームが消費者と販売者の二種類の異なったタイプの利用者に対面する状況に即した「両面市場」という表現があるので、それを対象にするのが「両面市場の経済学」というわけだ。それは、本書で用いている「プラットフォームの経済学」と内容の点からは同義である。

筆者による2002年の論文においては、教員と学生が「グループ間の消費外部性」（間接的ネットワーク外部効果）で関係しあうような場合、学割のように、両者の価格を切り離して別々のものにするようなときであっても、両者の需要状況が関連しあうために、価格づけに関しては両グループのバランスを勘案しなければならないということがポイントであった。以下で見るように、「プラットフォームの経済学」の第1世代が強調する点も、プラットフォーム企業が、消費者と出店者のそれぞれに対して、どのような料金設定を行なうのかという問題においては両者の需要のバランスが重要と考えることにある。

筆者が考えたような状況で間接的なネットワーク外部性が生じているのは、企業が「出会いの場」を提供しているという解釈もできるであろう。例えば、ソフトウェア製品では、自分が一人でそれを使う（消費する）というだけでなく、そこから新たな協働の可能性など、未知のつながりも提供されているというわけである。それが「外部性」という概念によって表現されているのだ。前章の冒頭で紹介した経済学者ピグーにおいては、「機関車のエンジンから飛び散る火の粉が、線路の回りの森林に飛び散る」（“surrounding woods by sparks from railway engines"）という状況が「外部性」のイメージとしてあり（Pigou 1920, p. 115）、これはまさに、最新鋭の鉄道網が席巻していた当時のイギリスの状況を反映したものであった。しかし、世紀が変わり、デジタル社会の到来によって、「外部性」には新たな意味が与えられるようになってきたのである。

この意味では、前章の安達モデルにおける企業とは、プラットフォーム企業のように、二つの異なる主体を結びつける主体であると捉えられる。しかし、そこでは、売り手と買い手がプラットフォーム企業によって媒介される「両面市場」ではなく、売り手が買い手に直接販売をしているという「片面市場」（one-sided markets）が想定されている点で、従来からの分析とは変わるものではなかった。

従来型の企業とは、さまざまな投入物を購入し、それをまた別の企業や消費者に売る主体のことである。この企業が、もし、投入物を用いて新しい製品を作るのであれば、「製造業者」（manufacturers）と呼ばれ、もし、主に輸送や陳列をするのに留まるのなら、「卸売業者」（wholesalers）あるいは「小売業者」（retailers）と呼ばれる。この一連のモノの流れは、川に喩えられ、「上流企業」（upstream firms）「下流企業」（downstream firms）と呼ばれることもある。また、それぞれの機能は独立の企業によって担われる場合もあれば、一連のプロセスにおける上下が部分的、あるいは全体的に「垂直統合」（vertical integration）されている場合もある。

他方、プラットフォーム企業は、基本的に、取引の「場」を提供することが主眼である。多くの出店者を惹きつけるという観点からは消費者は投入物と見れるし、逆に、多くの消費者に売るようにするという観点からは出店者が投入物とも見れる。このように、従来型の企業では、「市場」というものがそれとは意識されずに与えられていたと捉えられていたのに対し、21世紀になってからのプラットフォーム企業は情報通信技術（ＩＣＴ）の発展を基盤にして、デジタル空間という未知の領域に積極的に「市場」を創り出してきた主体と言えるのである。

今から回顧すると、「プラットフォーム」の用語は、前章で紹介した筆者の研究の出発点となった１９９９年原著出版の『情報経済の鉄則』には登場していない。21世紀になって、経済社会のデジタル的側面は新たなフェーズに突入したのである。

プラットフォームにおける料金設定問題

「プラットフォームの経済学」の当初の中心的な課題の一つは、このような「間接的なネットワーク外部性」が存在するもとでの両サイドにおける価格構造のメカニズムを明らかにすることにあった。というより、２００３年にロシェ＝ティロール論文が登場以降、研究コミュニティーにおいて、プラットフォーム企業の価格づけの論理が次第にクリアーになってきたという方が良いかもしれない。

象徴的に言えば、それは「損して得取れ」ということになる。例えば、消費者サイドの価格を思い切ってゼロにする（「損して」）ことで、消費者数を拡大する。そのことは、間接的ネットワーク効果を通じて、出店者数の拡大をもたらす（「得取る」）ということだ。少し正確を期すと、出店者数の拡大自体もまた、消費者数の拡大に寄与するので、お互いの影響は双方向的となる。これは、「ループ構造」にも喩えられよう（安達 2022a 123頁）。こうしたことを正確に議論するのが経済学の醍醐味であるが、本書では詳細は省略するので、興味のある読者は、第5章の注4で挙げた産業組織論の教科書や拙著『データとモデルの実践ミクロ経済学』の第5章を紐解いてほしい。

ここでは分かりやすく理解するために、第3章と同様、以下のような式を考えてみよう。

$$\begin{cases} p_1 = c_1 + MU_1 - MD_1 & \cdots (6.1) \\ p_2 = c_2 + MU_2 - MD_2 & \cdots (6.2) \end{cases}$$

ここで、p_1とp_2は、図6・1で示しているように、それぞれ、サイド1（消費者）とサイド2（出品者）への価格（会費／加盟料）となっている。右で述べたような、「消費者サイドの価格をゼロにする」というのは、$p_1=0$を意味している。また、MU_1とMU_2というのは、

図 6.1　プラットフォーム企業による価格づけ

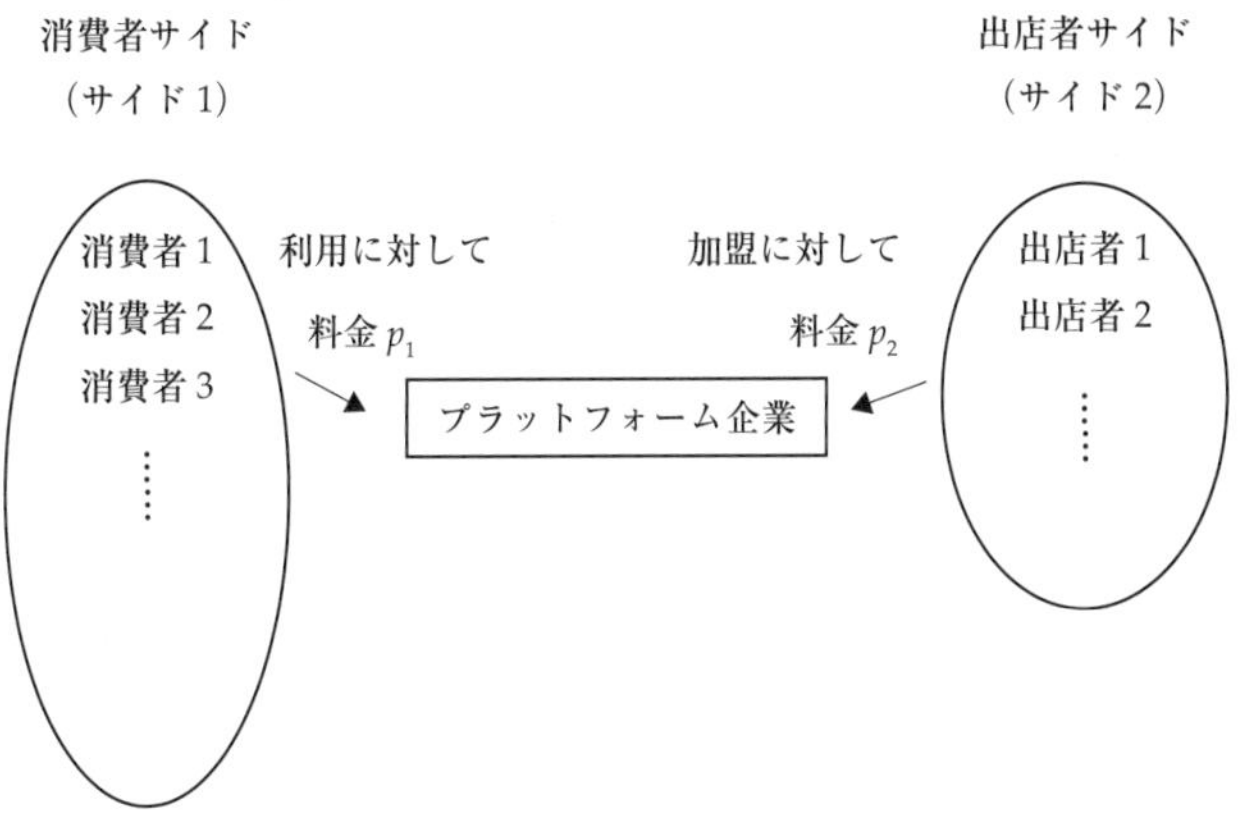

出所：第 2 章の図 2.1 を改変

第3章で見たような「自然なマークアップ」に対応する部分だ（ここでは、議論に複雑さを加えないようにするために、「作為的なマークアップ」はないものと想定している）。

さて、ここで新しい要素が付け加わっており、それが MD_1 と MD_2 であり、「間接的ネットワーク外部性」から派生する部分となる。これは、マーク「アップ」に対比させるものとして、「マークダウン」（mark-down）と呼べるものである。このマークダウンの大小が、価格を引き下げることの程度を意味するのである。ここで、サイド1の式を少し変形すると

$$p_1 - c_1 = MU_1 - MD_1$$

となる。もし「間接的ネットワーク外部性」がないのであれば、$MD_1=0$であり、したがって、p_1-c_1はプラスの値で、それは、「自然なマークアップ」MU_1そのものだ。しかし、MD_1が十分に大きいと、p_1-c_1がマイナスとなる。この場合は、p_1がマイナスになるケースも出てくるのである。これは、現実には、プラットフォームの利用に際して、特典が付随するようなケースに対応するであろう。もし、そのようなやり方で負の価格をつけられないものであるとすれば、それは、「ゼロ価格」、すなわち、$p_1=0$を意味することになる。

　こうして、「間接的ネットワーク外部性」が、「消費者サイド」では「損して」も、全体で「得取る」という構造を生み出しているのである。この場合、消費者サイドは「補助サイド」、出店者サイドは「利益サイド」として、後者から前者へと、いわば「内部補塡」が行なわれているという状況になっている（安達　２０２２a　１４７頁）。

　このような構造は、例えば、グーグルのビジネス・モデルによく当てはまっている。検索者サイド（消費者）に対しては無料で検索サービスを提供し、もう片方の広告者サイド（出店者）に対しては、オークションなどを駆使しながら収益を稼ぐのである（依田　２０１１　44頁）。

　ただし、グーグルの創成期におけるセルゲイ・ブリン氏とラリー・ペイジ氏がどこまでこのような「間接的ネットワーク外部性」の構造に自覚的であったかは分からない。１９９０年代、インターネットの商業化を見込んで、アメリカではベンチャー・キャピタルによる投資が先行した（ポズナー／ワイル 2019 302頁）。しかしながら、この時代、インターネット・ビジネスの収益化には未知な部分が大きかったのである。ブリン氏とペイジ氏は、当初、有料の検索サービスを念頭に置き、広告の導入は考えていなかったという（同 303頁）。しかし、グーグルが誕生した頃（1997年。「はじめに」の表0・1を参照）は、「インターネットは無料が当たり前」という状況であったために、方針の転換が図られることになったというのだ（同 303頁）[1]。しかし、これが結局幸いし、後知恵的ではあるが、「損して得取れ」の構造にうまく当てはまったということなのであろう。

この点は、従来からの競争政策に見直しの余地を与えるものである。第1章と第2章で述べたように、競争政策について検討する際は「関連市場の画定」を行なわなければならない。そのようにして対象とされた一面の市場において、原価割れ（限界費用を下回る価格）が生じている、すなわち、マークアップが負になっているとしても、それは必ずしも略奪的廉売を示唆するものではないということである。ここで「略奪的廉売」（predatory pricing）とは、例えば、既存のガソリンスタンドが、新規参入のガソリンスタンドを退出させるために、値段をぐっと引き下げ、新規参入者が持ちこたえられないようにして追い出し、最終的に

1 なお、レヴィ（2011 140頁）によれば、ブリン氏とペイジ氏は、キーワードマッチ広告であれば、ユーザーの検索利用を妨げないことを確認することで、ようやく、広告の導入を認めたという（この文献をご教示くださった黒田敏史氏に感謝する）。

は、自身は独占的地位をキープするために行うような一時的な超安売り戦略のことを指す。消費者にとっては安売りに何の問題があるのかと思われるかもしれないが、短期的には良くても、長期的には消費者自身のためにならないという恐れから、競争政策で規制するべきものとされている。しかし、プラットフォームが活動する「両面市場」においては、片面だけを見て判断するのは不適切ではないかという点が意識されるようになってきたのである。

コラム

アームストロング・モデルとロシェ＝ティロール・モデル

今までの説明は、概ね、アームストロング氏が理論化した考えに基づいている。それは、両サイドで参加費と参加者数がどのように決まるのかを考察しようとするものだ。対して、それに先行していたロシェ氏とティロール氏の研究は、参加者数ではなく、両者の取引頻度がどのように決まるのかに注目するものである（黒田 2014 52頁）。アームストロング氏の定式化は、取引自体を直接扱わずに、プラットフォームへの参加／利用を簡便に扱おうとするものであり、筆者の感覚では、従来からの分析方法の延長性といった感じで、便利なものとなっている。

両者の違いは、図6・2のように対比されるものである（小田切 2019 282頁）。まず、アームストロング氏の考え（図6・2（a））では、プラットフォームの利潤は

$$(p_1 - c_1)Q_1 + (p_2 - c_2)Q_2$$

となる。ここではQ_1、Q_2はそれぞれ、サイド1、サイド2の参加者数を表している。この式の第1項は、参加費p_1から一人当たりの限界費用を引いたサイド1からのマークアップ$p_1 - c_1$に参加者数Q_1を掛けたものであり、第2項も同様にサイド2からの利潤を表している。

他方、ロシェ＝ティロール流の定式化においては、各サイドの参加者が、もう一方のサイドにいる参加者と万遍なく同じ頻度で取引するのであれば、取引の総数は、サイド1の参加者数とサイド2の参加者数を掛

図 6.2　アームストロングの参加費モデルと
ロシェ＝ティロールの取引手数料モデル

(a) アームストロング

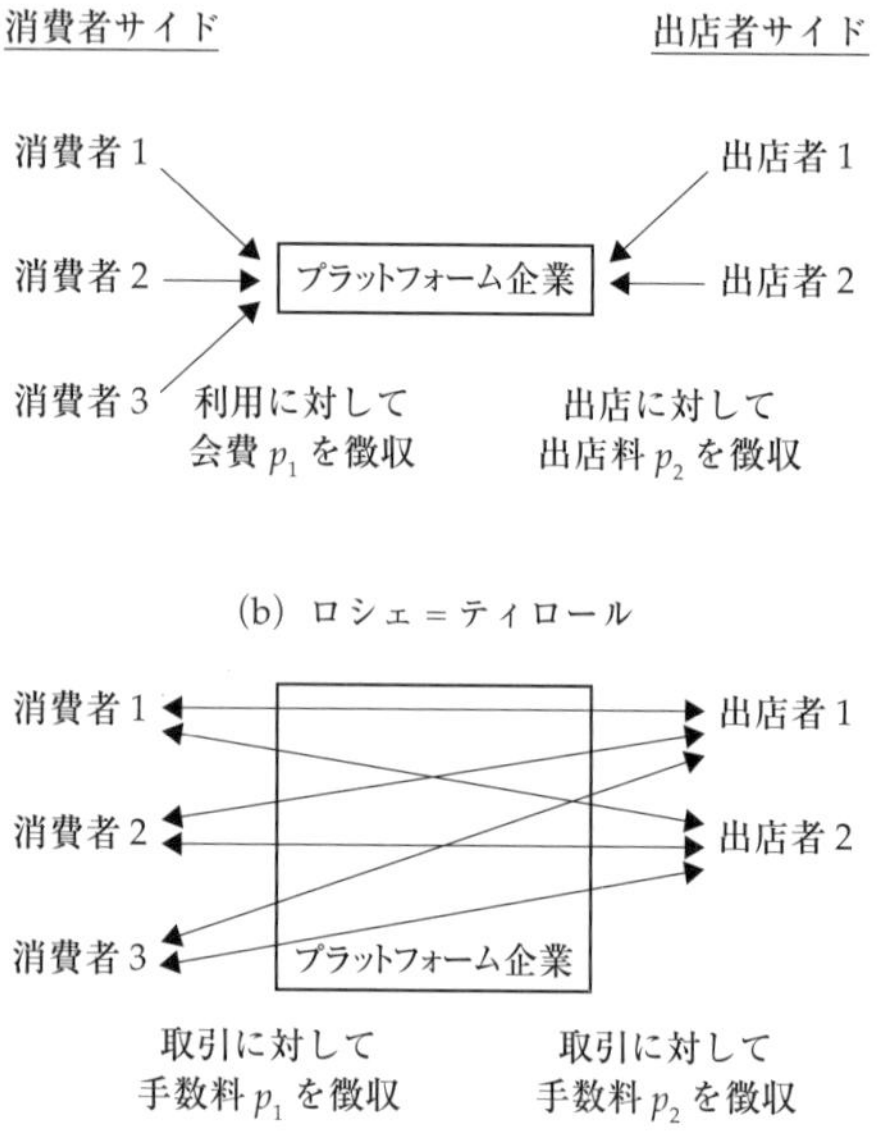

出所：筆者作成

column

けた数に比例したものとなる。図6・2（b）では、もし取引が、各ペアで1回だけ行なわれるとしたら3×2＝6、もし2回行なわれるとしたら3×2×2＝12といった具合である。こうした取引の総数をTとすると（Tは「取引」を意味する英語transactionから来ている）、プラットフォームの利潤は

$$(p_1+p_2-c)T$$

と書ける。ここでp_1、p_2はそれぞれ、サイド1、サイド2から徴収する手数料を示しており、cは、プラットフォームが取引というサービスを提供することに伴う限界費用である。

「鶏が先か卵が先か」問題

今までは、消費者サイドと出店者サイドの相乗効果が、間接的なネットワーク外部性によって生じることを前提として議論を進めてきた。しかし、あるプラットフォームを考えたとき、全くの始めは、消費者の参加も出店者の参加もゼロである。一体、どちらから相乗効果

が生じるのか？　これが、経済学者のベルナール・カイヤール氏とブルーノ・ジュリアン氏が指摘した、「鶏が先か卵が先か」（chicken or the egg）問題であり（Caillaud and Jullien 2003）、「プラットフォームの経済学」の黎明期には注目を集めた論点である（黒田　2014　51頁、丸山雅祥　2017　240頁）。

　もし自分が参加費だけを払っても、相手側に参加者がいなければ損をするだけである。もし出店者がゼロであれば買うことはできないし、買い手がいなければ売ることもできない。こうして、プラットフォーム利用のメリットがなければ、どちらのサイドからも利用者がいないという、プラットフォーム企業にとっては最悪の結果となってしまう。

　ここで有効となるのは、一度で両サイドを捉えることはできないと諦念し、まず一方のサイドで十分な利用者を確保して、それを梃子にして、もう片方のサイドの利用者を惹きつけようとするやり方である。こうやって、一度、どちらかのサイドで固定客をつかめば、あとは、ネットワーク外部性により相乗効果で、両サイドで利用者数が増加するという軌道に乗るであろう（入山　2019　48頁）。こうした、上昇に転じる局面は「ティッピング・ポイント」（tipping points; 転換点）と呼ばれる。この点は、筆者が学部生の頃に読んで刺激を受けたポール・クルーグマン氏の著書『脱「国境」の経済学』（クルーグマン　1994）で扱われている「産業の集積化」、あるいは、松山公紀氏の論文「独占的競争の一般均衡モデル」（松山　1994）で指摘されている「経済プロセスの累積性」と同様のものである（前章参照）。

逆に言えば、プラットフォーム企業は、「繁栄か死か」という両極端の結果になりがちで、「ぼちぼちに儲ける」という中間的な状態で、「ほどほど」の数のプラットフォーム企業に落ち着くということが生まれにくい（エヴァンス／シュマレンジー 2018 64頁）。このようなメカニズムは、今でもミクロ経済学で中心的な役割を果たしている「完全競争パラダイム」では出てこないものだ。

こうして、いったん安定的なシェアを獲得したプラットフォーム企業から、利用者は離れにくくなる。安定的な利潤を確保し続けることになるわけである。

プラットフォーム・ビジネスの定着に伴って顕在化してきた問題点

こうして、消費者サイドと出店者サイドの双方において、十分な顧客を確保したプラットフォーム企業は、取引の情報を蓄積することで、収集したデータを両サイド間の取引に関わるサービス改良のために役立てることができる。しかし、これは「諸刃の剣」でもある。データの蓄積によって既存のプラットフォーム企業は優位に立ち続け、新規参入しようとするプラットフォーム企業が現われないようになるからである。確かに、我々は、名前を知っているようなプラットフォームだから安心して使い続けようとして、もし仮に、新しい検索エンジンが登場しても、容易に使おうとは思わないであろう。

プラットフォーム企業は、いわば、取引の場、すなわち、市場「を」提供している点が、市場「において」活動しようとする企業とは異なる点である。市場という場は、誰かが使用したからと言って、それによって他の誰かの使用が妨げられるわけではないという意味で、私的な財貨やサービスとは異なる公共的な性質を持つものである。そのようなプラットフォーム機能であるが、それが私的な動機づけで開拓され、産業として落ち着いてくると、今度は、第2章で触れたように、そうした私的主体であるがゆえの弊害に関心が向けられるようになってきたのである。

例えば、デジタル・プラットフォーム企業が、通常範囲と考えられるサービスの提供の範囲を超え、あれやこれやの理由をつけて（多くは、セキュリティーやその他サービスの改善を謳い文句として）利用者から過剰に搾取しようとしたりする行為に対する懸念である（齊藤 2021 177頁）。

あるいは、最近では、キラー・アクイジション（killer acquisitions; 抹殺買収）という現象にも注目が集まっている（石橋 2021 452頁）。YouTubeやInstagramといった比較的後発のデジタル・プラットフォーム企業が知名度を上げてから早々、それぞれグーグル（2006年）とフェイスブック（2012年）に買収されたことはよく知られていることである。このようにして、既存の有力デジタル・プラットフォーム企業が、将来の地位を脅かすかもしれないライバル、すなわち、キラーの芽を早々と摘んでしまうことは、通常の経営活動を超えた不当な行為と言えるのではないか？　こういった懸念である。[2]

こうした背景のもと、我が国においては、一定の行為に対して事前的に規制を課す方向性が打ち出されたのは、第2章で見た通りである（２０２１年からの「デジタルプラットフォーム取引透明化法」）。しかしながら、敢えて注意を促しておきたいのは、デジタル・プラットフォーム企業側も決して盤石ではないということである。特に、小売仲介のデジタル・プラットフォーム企業が恐れるのは、「中抜き」である（石橋　２０２１　４５２頁）。つまり、消費者が、例えば、本とペットボトルをインターネット上で購買しようとする場合、プラットフォーム企業を介さず、出版社や飲料品メーカーの直販サイトに行くという可能性である。これを考えれば、小売仲介のプラットフォーム企業が、その盤石たる位置にもかかわらず、顧客を引き留めようとしなければならない誘因が常時存在することも分かるであろう。

2　ただし、フェイスブックが、同種のＳＮＳを提供するInstagramを買収したことと、グーグルがYouTubeを買収したことは、やや性質が異なると言えるかもしれない。というのは、YouTubeの提供する動画サービスは、グーグルの主要サービスである検索機能を補完するものとも言え、フェイスブックが行なった、将来的に自社のＳＮＳにおける地位を脅かす者としてのInstagramの早期買収とは異なる種のものとも考えられるからである。

「プラットフォームの経済学」の第2世代へ

以上、「プラットフォームの経済学」の第1世代の成果の一部として、価格づけの論理と「鶏が先か卵が先か」問題について解説した。これらはおおよそ２０１０年頃までの理解である。同時に、２０１０年代も半ばを過ぎた頃から、デジタル・プラットフォーム企業の行為に対して厳しい視線が投げかけられるようになってきた。例えば、２０１５年、アマゾンが電子書籍販売業者に対して、最恵国待遇、つまり、アマゾン以外で取り引きしている他社に対して有利な条件を得ている場合、アマゾンにも同等の条件を与えなければならないことを義務としている行為に対して、欧州委員会によって調査が開始されたことが挙げられる（石橋 ２０２１ 97頁）[3]。

こうした背景のもと、筆者は、「消費外部性のもとでの価格差別」に関する研究の経験をベースにして、「プラットフォームの経済学」への新規参入を試みることとなった。次章からは、筆者が関わった共同研究の内容について説明を与えていくが、最初の成果に結びついた研究の開始は、２０１７年10月であったと記憶している。

---

3 その後２０１７年、アマゾン側が該当行為を行なわない旨の確約事項を提示し、調査は終結した。

第7章 プラットフォームと出店者間の「交渉」という様相

本章で紹介する内容は、プラットフォーム企業と出店者の関係における交渉的側面に着目するものである。経済学者のマーク・トレンブリィ氏との共同論文として発表した論文にまとめられている内容（Adachi and Tremblay 2020）に基づいており、もう少し詳しい説明は、既に度々言及している前著『データとモデルの実践ミクロ経済学』の第5章「プラットフォームの経済学——企業間取引の交渉モデル」で与えられている。本章は、そのダイジェスト版という位置づけであり、ご関心を持たれる読者は、拙著も参照していただければ幸いである。

さて、当のトレンブリィ氏とは、2017年9月に当時、氏が研究員（いわゆる、ポスドク）として在籍していたカナダ・マクマスター大学でのセミナーにおいて研究報告をさせていただいた時が初対面であった。[1] それ以前から、「プラットフォームの経済学」で、現実的には重要で、かつ、まだ十分には研究の対象にはなっていないものは何かと考えていたところ、プラットフォーム企業と出店者間の取引関係における交渉的側面の分析がほとんど手つかずであることに気づくようになっていた。そのため、既に「プラットフォームの経済学」の研究を進展させていたトレンブリィ氏と、セミナー後の２０１７年10月頃からアイディアの交換を始めたのである。

市場における交渉

「交渉」（bargaining/negotiation）というと、自動車や不動産の購入といった人生における「一大イベント」を想起しがちであるが、スーパーマーケットやコンビニエンスストアでの販売・購入も交渉の一種と見なせる。その場合、売り手は、ある価格を提示し、買い手はそれをそのまま受託するという「交渉」を行なっているというわけである。もしその価格で買いたくないのであれば、その場を去るだけだ。実は、第3章で「市場における需要と供給」について考えたときは、これが暗黙の前提であった。第5章で考えた価格差別も、買い手がどのようなタイプなのか（例えば、学生なのか否か）によって、異なる価格が提示されるものの、買い手の側は、その価格を見て、買うかどうかを決めるという「受動的」な行動をとっている。

第1章では市場の歴史を瞥見したが、このような形態の「交渉」は恐らく、近代になって、値札を提示した店頭販売の普及に伴って定着してきた慣行であろう。しかし、市場での取引は、そのような形態だけとは限らない。買い手の側も「積極的」に値下げを求めようともするかもしれないのだ。こうして、考えてみると、法学者の太田勝造氏が述べるように、「社会行為のほとんどすべては交渉である」（太田・草野編著 2007 4頁）とさえ見えてこよう。なぜならば、私たち人間は、何かを生み出すときには協力をしなければならないが、その協力の果実を分配するときには、自分がどれだけ利益を得られるのかに関して、必然的に「奪い合い」や「押付け」の要素が付き物になるからである。

このようにして、多くの社会状況においては、取引を成り立たせるための協力の側面と、そこから生じる成果を巡る対立の側面が混合していると考えられる。ここで紹介する視点は、これをプラットフォーム企業と出店者との関係について考えてみることで、市場のそういった側面について光を当ててみようとする試みにほかならない。

---

1 なお、その際の報告論文は、その後、Adachi and Fabinger (2022) として学術雑誌に公刊されている。

プラットフォーム事業者と販売事業者関係における交渉的要素

プラットフォーム企業は、なるべく多くの出店者、あるいは、なるべく多くの消費者を惹きつけようとすることが決定的に重要であることを前章で指摘した（「鶏が先か卵が先か」問題）。そこでは、固定的な参加料は低く抑え、自社のプラットフォーム利用に惹きつけながら、その後、さまざまな追加的なサービスの提供によって、利益を得ようとするような「二段構え」の経営戦略を取ろうとする構造的要因があると考えられる。ここに、我々の関心のある文脈における「話し合いによる取決め」としての交渉要素の本質がある。

ただし、このようなプラットフォーム企業の行動は、消費者や出店者からは、当初予期していなかった「不意打ち」的な支払いのように捉えられがちである。そのために、日本においては、「優越的地位の濫用」に対する規制がにわかに脚光を浴びるようになってきたという状況にある。プラットフォーム企業が存在感を増す以前においては、20世紀の市場を特徴づけていた大規模な小売業者（百貨店やスーパー）が、その納入業者に対して、在庫整理や店頭陳列のために協賛金を負担させ、従業員の派遣を要請するような場合が、「優越的地位の濫用」（abuse of superior bargaining position）の典型的な事例として見なされ、公正取引委員会によって繰り返し摘発がされていた（村上 ２０１７ ２１９頁）。

基本的には、「優越的な地位」にある企業Aが、相手企業・個人Bの同意や納得を得ないままで、上記のような行為を「強制」させようとすることが規制の対象とされる。ここで、「優越的な地位」とは、AがBにとって、それとの取引なしには自社の存続が困難になるほどに大きな存在感を持つ相手であるような状況を指している。逆に、協賛金や従業員の提供をAが「強制」し、Bがそれに従ったとしても、AがBの事業活動全体において、それほどのシェアを占めていないというのであれば、「優越的地位の濫用」とは見なされない。AがBにとって、それほどは存在感ある相手でないような場合、いくら第三者的にはAがBに対して「過剰な負担」を強いているように見えても、それに従ったということは、Bも利益が見込まれたから自発的に従ったのであって、そのような場合であればAは責められるべきではないと判断されるのだ。

しかし、AがBの事業活動において大きな位置を占めているのであれば、BにはAの要請を断るという選択肢はほぼないがために、BはAの要請には従うほかはない。このような時には、Aは「優越的地位」にあると判断され、協賛金の提供や従業員の派遣を、Bが納得せずして「強制」させようとする場合には、それは「濫用」と見なされる。「優越的地位」×「濫用」の双方の要素が揃うことによって違反行為と見なされるという構成になっているのが、日本における「優越的地位の濫用に対する規制」の基本的な考えである。

近年では、楽天グループの事例が記憶に新しい。同グループは、２０１９年12月、翌２０

２０年3月18日から、「楽天市場」の全出店に対して、消費者からの注文総額がある一定の金額を超える場合には、一律「送料無料」となるプランを発表したが、公正取引委員会は、これを「優越的地位の濫用」に当たるとして、２０２０年2月28日、東京地方裁判所に対して、独占禁止法に基づいて緊急停止命令の申し立てを行なった。これに対して、楽天グループは、同年3月6日、各出店者が「送料無料」を実施するかどうかは自主判断に委ねる旨の修正案を発表したために、同申し立ては取り下げられた。しかし、「送料無料」を行なわない出店者は、検索結果で上位に表示されないなどの不利な取り扱いを含む内容のものであったため、公正取引委員会は、再度、「優越的地位の濫用」にあたるとして、再改善を要求し、楽天が応じたことで、２０２１年12月6日、公正取引委員会は審査を終了したと発表した。[2]

概念的理解

これは、前章までに用いた図解に依拠すれば、以下のように説明されよう。図7・1において、横軸に売り手を対応させ、縦軸にはそれぞれの売り手が持つ取引価値v_2を対応させる。ここで横軸のQ_2は売り手の人数であり、添え字に2が付いているのはサイド2であることを意味している。前章において、プラットフォーム企業を媒介とする取引においては、消費者側をサイド1、出店者側をサイド2と呼んだことを思い出してほしい。

ここで、加入費がp_2と設定されているとき、出店数はQ_2となっており、それは、加入費がp_2という前提で出店者側が行動した結果である。さて、$\tilde{Q}$番目に高い価値づけを持つ出店者の「お得感」は、$\tilde{v}_2 - p_2$で表されている。つまり、プラットフォーム企業としては、まだ、この出店者側の余剰から吸収できるだけの余地があるものと捉えられるわけである。そこで、何らかの追加的なサービスの購入に誘導するなどして、最初の段階におけるp_2の設定とは別に、忍び寄るような形で支払いが加算されると考えられるであろう。

このようにして、「不意打ち」的な要素を、プラットフォームの文脈において捉えることができる。ただ、そもそも、出店者は、最初の出店の時点で、このような追加的な費用負担を全く考えていなかったのかというと、確かに、どこまで、そのような予想がしっかりできるかどうかは疑問としても、他方では、売り手側も、固定的な支払い要因だけでなく、幾分か、プラットフォーム側からの追加負担にある程度の心積もりを持っていると考えることも可能であろう。

実際、伝統的に、経済学のモデル分析においては、突如として「非合理的な行動や予想」を入れるのは、恣意的であり、分析者は禁欲的な立場を取るべきであることが推奨されてき

---

2 公正取引委員会「楽天グループ株式会社に対する独占禁止法違反被疑事件の処理について」（令和3年12月6日）https://www.jftc.go.jp/houdou/pressrelease/2021/dec/211206.html に基づく。

図7.1　二段階式の支払いスキーム

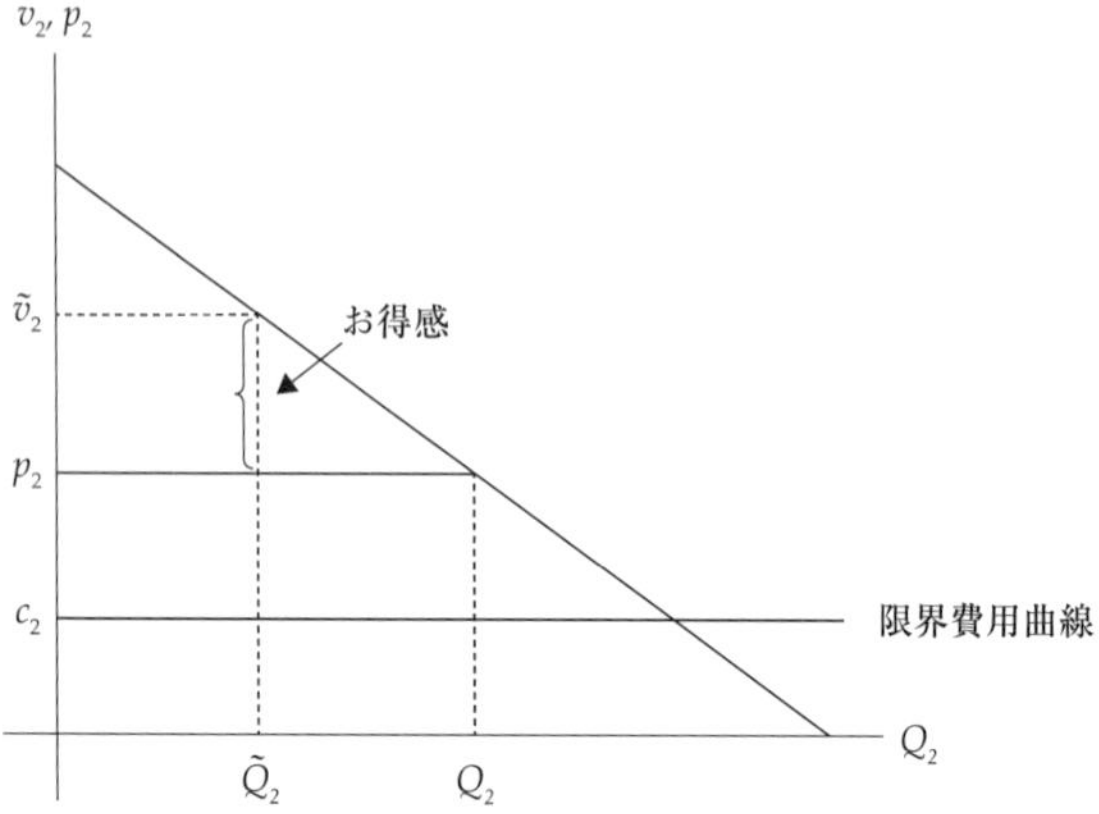

出所：筆者作成

た。そこで、安達＝トレンブリィによるモデル（Adachi and Tremblay 2020）では、出店者サイドは、プラットフォーム企業がどのような契約形態を提示するかは熟知していると考え、それに対して、プラットフォーム企業は、全員共通の固定価格と、「交渉」的に決まる追加的な料金分を提示するものと想定されている。ここで、後者については、出店者ごとに異なるとされており、交渉的取引における個別的な要素が勘案されている。

　しかしながら、このように、事後的な料金提示は、場合によっては、「優越的地位の濫用」と見なされ、そうすると、プラットフォーム企業は、直接的な課徴金を始めとして、ペナルティーを支払わなければならないことになる。その場合、そのようなリスクを避けるためには、一律な固定料金制に留まった方が良いであろう。ただ、それは、プラットフォーム上の取引量という観点から考えると、必ずしも望ましいとは言えない。なぜならば、一律の固定料金しか設定できないと予想されるのであれば、プラットフォーム企業は、十分に低い入会費を設定することができないが、事後的な追加料金が得られるのであれば、入会費を十分に下げて、出店者数を増やすことが可能であり、その代わりに失われる利益は、追加的に補うことができるからだ。安達＝トレンブリィのモデル分析においては、交渉が生じない「固定価格レジーム」か、それとは対極の「交渉レジーム」のどちらかを選ぶに際して、プラットフォーム企業はどのような要因を考慮するのかという問題が分析されている（以下の【コラム】を参照）。

　このようにして、「不意打ち」的な料金体系には、メリットも考えられるのであるが、経営戦略の観点からは、プラットフォーム企業は、それが「不意打ち」と捉えられないよう、十分に合理的な説明を行なうことが必要ということが示唆される。実際、「デジタルプラットフォーム取引透明化法」においても、取引条件変更時には事前通知を行なうことが義務づけられている[3]。

　なお、安達＝トレンブリィ・モデルにおける「交渉レジーム」では、プラットフォーム企業が出品者に対して個別交渉を行なうような状況を考えていた。これに対して、もう少し

「穏便な」交渉レジームを考えることもできよう。第5章で見たグループごとの価格設定、すなわち「第3種価格差別」である。実際、プラットフォーム企業が、出品者をグループ分けして、異なる手数料（出店料）を課しているケースは現実には少なからず見受けられる (de Corniere, Mantovani, and Shekhar 2023)。第5章の安達モデルを両面市場に応用し、プラットフォーム企業が出店者サイドで第3種価格差別を行なうような状況を分析している最近の研究 (de Corniere, Mantovani, and Shekhar 2023) では、プラットフォーム企業が、出店者サイドに対して価格差別を行なうことが、より多くの出店者と消費者のプラットフォーム利用を促進させるような状況が分析されている。ここでのロジックは、第5章で紹介した、消費外部性下の第3種価格差別に関する分析の結果とよく似たものであり、プラットフォーム企業が媒介する両面市場における間接的ネットワーク外部性を考えても、同様の議論が可能であることを示している。

　以上は一般論であり、個々の具体的なケースは、その状況に応じて判断するしかないであろう。日本においては、今まで述べてきたような「優越的地位の濫用」は、独占禁止法における「不公正な取引方法」と見なされ、規制されている。公正取引委員会は、「公正な競争の確保」を目的として運用する立場を示しているが、実態としては、「追加的な搾取の防止」として機能しているものと考えられる（石垣 ２０２０ 29–30頁）。ただし、今まで述べてきたように、価格戦略に制約を置くことには、取引量の面から、副作用があることにも注意が向けられても良いであろうし（安達　２０２２a　１３５‐１３６頁）、その位置づけや運用は曖昧なものが残っていると言えよう（村上　２０１７　２１９頁）。言ってしまえば、「ごね得」を助長する要素がないとは言い切れないのである。

3　経済産業省「特定デジタルプラットフォームの透明性及び公正性の向上に関する法律のポイント」（２０２２年７月11日）https://www.meti.go.jp/policy/mono_info_service/digitalplatform/transparency.html による。

コラム

安達＝トレンブリィ・モデル

固定価格レジームのもとでは、プラットフォーム企業の利潤は、

$$(p_1-c_1)Q_1+(p_2-c_2)Q_2$$

となる。ここでc_1は、サイド1の消費者一人当たりの限界費用、同様にc_2は、サイド2にいる事業者が一社追加されることに伴う限界費用を表している。第1項の$(p_1-c_1)Q_1$は消費者サイドから得られる利潤の部分、第2項の$(p_2-c_2)Q_2$は、全部でQ_2社の出店によって得られる利潤である。

他方、交渉レジームのもとでは、プラットフォーム企業の利潤は

$$(p_1-c_1)Q_1+(p_2-c_2)Q_2+B-F$$

と表されている。右辺の第1項と第2項の形式は、固定価格レジームと

同様であるが、第3項のBは、交渉的な要素から得られる追加的な利益、そして、第4項のFは、ペナルティーの可能性などを加味したコストを表している。なお、固定価格レジームの下での代金p_1やp_2、そして、利用者数・出店者数のQ_1とQ_2は、交渉レジームでは一般に異なるので、式の形は同じでも、実際に取る値は異なっている。つまり、固定価格レジームのもとでのプラットフォーム企業の利潤は、交渉レジームのもとでの第1項＋第2項の和がとる値とは異なるものとなっていることに注意しなければならない。

本文中では、交渉レジームには出店数を増加させる効果があることに言及したが、これは、消費者サイドにも利益を与えるものである。しかし、プラットフォーム企業は、こうした消費者への便益を考慮せず、過度に、ペナルティーを恐れてしまうがゆえに、こうした社会的利益に反して、固定価格レジームを選択してしまう可能性があることが、安達＝トレンブリィ論文（Adachi and Tremblay 2020）では指摘されている（安達 2022a 124-126頁）。

また興味深い点としては、同論文においては、図7・1で左側に位置しているような出店者、すなわち、プラットフォーム企業に出店する際の利益が相対的に大きい売り手の方が、交渉レジームによる損失の比率が大きいことも示されている。すなわち、プラットフォーム企業の「搾取」は、固定価格レジームの下では出店を諦めてしまうような業者にとっては、交渉レジーム下では出店費が下がることによって出店が促されることの効果が大きいので、さほど問題ではないと言えるのである。

以上をまとめると、プラットフォーム企業に対する「抵抗」は、このようにして、比較的「強い」出店者が声を上げることによるものであるが、全体的に見れば、このようなプラットフォーム企業の経営戦略に対しては、消費者利益まで勘案すれば、声高に非難することには慎重な姿勢が取られるべきことが示唆されるのである。

もう少し詳しい説明は、筆者の前著『データとモデルの実践ミクロ経済学』（安達　2022a）第5章を参照されたい。特にその付録では、第6章での式（6・1）や（6・2）のようなマークアップとマークダウンを示す具体的な表現が与えられている。

対デジタル・プラットフォーム交渉の心得

さて、ここでは視点を変えて、「弱者」である出店者が、「強者」であるプラットフォーム企業に対して、「優越的地位の濫用」に訴えることなくして、「賢く」「対等に」立ち会うための要点を考えてみよう。

経済学者のアンドレイ・ハジウ氏とジュリアン・ライト氏は、出店者がデジタル・プラットフォーム企業に依存的であると、明示的にせよ、そうでないにせよ、結果的に付け込まれてしまう余地があることを指摘している（ハジウ／ライト ２０２１）。そのような場合、以下のような事柄が生じることが少なくないと考えられる。

① 手数料が値上げされる
② 検索結果の表示を有利なものにすることの見返りとして、多くの広告料を支払うことが要求される
③ 自分のライバルとなるような出品者の商品が取り扱われるようになる
④ デジタル・プラットフォーム自体が、自分と競合するような商品を扱うようになる
⑤ 出品者が他所で商品を売ることに対して制約を加えるような契約条件を課す

まず、①に関しては、値上げ自体は、デジタル・プラットフォーム企業に限った問題ではなく、身近なパン屋やレストランであっても、それ自体を責めることはできない。競争政策の原則論から言えば、出品者や消費者の側が、値上げをするような企業とは、自らの意思で関係を断ち切れて、他の企業に乗り移れるような環境が担保されていれば、そもそもの値上げに関しても、その上昇分には歯止めがかかるであろうことが期待されるわけである。ただし、関係する企業がカルテルによって、同じように価格を吊り上げようとすることは、利用者の利益を著しく損なうために、それは規制すべしという発想となるということが、第1章でも述べた点である。

②に関しても、①と同様であるが、日本においては、右で述べたように、「優越的地位」にあると見なされるようなデジタル・プラットフォーム企業が、あからさまにこれを行なうことは「濫用」と捉えられる可能性があろう。それに比べれば、③や④は、出品者の立場を弱める「経営戦略」であるが、④については、そもそも、取引の場を提供している、いわば「審判」が、フィールドに入ってきて、プレーヤーと競っているようなものであり、問題含みの行為である。これは、プラットフォーム企業の「自己優遇」と呼ばれている行為であり、第9章でまた立ち返る論点である。

最後に、⑤に関しては、競争法の観点からは問題となる可能性が高い行為と言える。例えば、アマゾンジャパンが出店者に対して課していた「価格等の同等性条件」や「品揃えの同等性条件」である。これは、2017年、公正取引委員会の審査の対象となり、アマゾンジャパンは、このような条件を放棄することとなって、終結を見た。[4] このような条項があると、消費者にとっては、アマゾンで買っても他のプラットフォームで買っても同じということになり、そうすると、そもそも支配的な位置にあるアマゾンの優位性が、サービスの質といったもの以外の人為的な要因によって強められてしまうという懸念が生じるからである。

ハジウ氏とライト氏が述べるように、こういう時には、競争当局に訴えるという方法もあるが、世論に訴えるという手段もあろう。ここで両氏が挙げるのが、アップルに対抗するエピック・ゲームズである（ハジウ／ライト 2021 245）。これは、iOSというプラットフォームを使う消費者は、エピックのゲームを購入する際、アップルストアを通じて支払いをすることが求められているが、支払額の30％という手数料（「アップル税」と揶揄的に呼ばれる）をアップルが徴収することを問題視したのである。この手数料引き下げのために、エピックは、アップルを批判する動画を作成するなどして、世間の耳目を集めようとした。結果として、2020年11月になって、アップルは収益の低いディベロッパーの取引における手数料を半額とすることに応じたのである。

---

4 公正取引委員会（平成29年6月1日）「アマゾンジャパン合同会社に対する独占禁止法違反被疑事件の処理について」https://www.jftc.go.jp/houdou/pressrelease/h29/jun/170601.html を参照。

他にも、ハジウ氏とライト氏は、デジタル・プラットフォームに販売を全面的に依存するのではなく、例えば、出品する商品を限定的にするか、あるいは、幅広く多種多様な商品を出品しようとするのかを見極めながら、新規顧客の開拓といった限定的な目的に絞るといった方法や、更には、自社独自のウェブサイトやアプリでの販売チャネルを持つといった提案を示している。デジタル・プラットフォーム企業との取引は、多くの潜在的な消費者にリーチできる可能性がある。それは、今まで述べてきたように、「間接的ネットワーク外部性」の力によって、消費者側、出品者側の双方にとって、デジタル・プラットフォームの魅力はうなぎ上りに高まり、そうして、デジタル・プラットフォームでの取引が、21世紀になって定着したからだ。しかし、一度、支配的な位置を確立してしまうと、デジタル・プラットフォームは、「王様」のような立場にあることになる。そこで、利用者としては、常に「逃げ道」を確保しておくことが重要になるのだ。特に、出品者が、特定のデジタル・プラットフォームだけと取引することの危険性は低くない。

さて、この「他の取引先を確保しておく」という視点は、ゲーム理論（第3章の脚注10）をベースにする「交渉理論」からも明らかにされていることである。詳細な議論については、既に言及されているように、拙著『データとモデルの実践ミクロ経済学』の第4章「交渉理論入門」を参照されたい。

複数プラットフォームの状況では？

さて、今までは、プラットフォーム企業が複数いるような状況を明示的に想定していなかった。そうすると、出店者にとっても、消費者にとっても、プラットフォームという場は、特定の一企業のものしかないことを意味する。しかし、現実はそうではなく、オンラインの小売プラットフォームをはじめ、ＳＮＳや動画配信サービスなどでは、同種のサービスを提供するプラットフォームが複数あって、出店者も、消費者も、それらの中から選択ができるという状況になっていることが多い。

次章では、このように、複数のプラットフォーム企業が並存する状況を考えるが、逆に、本章で考えたような、出品者とプラットフォーム間の交渉的側面には焦点を当てていない。「交渉を入れたモデルＡ＋競争を入れたモデルＢ ⇓ 交渉も競争も入れたモデルＣ」という具合になれば理想的であるが、経済モデルの分析においては、どこかで複雑な部分を入れようとするならば、別の部分は簡単にしなければいけないことが常態とも言える。

そこで、安達＝トレンブリィのモデル分析においては、プラットフォーム企業間の相互依存を、やや迂回的に捉える「不完全競争度パラメータ・アプローチ」（conduct parameter approach）によって、この問題を扱っている。そのような設定においては、プラットフォーム間の競争の程度が0から1までの値を取るような指標（パラメータ）で与えられ、全てのプラットフォーム企業の利潤がゼロになるような状況（完全競争）は0、逆に、プラットフォーム企業が独占であるような状況は1と設定されている。

　すると、競争の程度が高い（不完全競争度の指標が0に近い）と、消費者や出店者の数が拡大することで取引の総量が増えるという社会的なメリットから、プラットフォーム企業が得られる利益は小さくなる。そのために、そのような拡大効果に適した「交渉レジーム」が社会的にプラスである余地は少なくなるので、「固定価格レジーム」の方が社会的には望ましい。安達＝トレンブリィの分析では、そのような場合、プラットフォーム企業は「固定価格レジーム」ではなく、「交渉価格レジーム」を選択するという状況が発生しやすくなることが示されている（安達　2022a　第5章付録5・B）。

分析の意味づけ

　この分析結果は、「優越的地位の濫用に対する規制」などによって、プラットフォーム企業側の事後的な裁量の余地を抑えることが望ましい結果を示唆しているようにも思える。しかし、逆に、プラットフォーム企業が「固定価格レジーム」を採用している場合でも、社会的には「交渉レジーム」の方が良いような場合もありうることを意味しているのである。

ただし、ケース・バイ・ケースで対応を変えるような規制は現実的ではないので、経済学的分析では、どのような場合に、どのような対応が望ましいのかが示されるとしても、政策的判断としては、日本における「優越的地位の濫用に対する規制」のような方法で対処するのか、それとも、アメリカのように、「搾取」の問題は競争政策としては取り扱わないとするのか（白石 2023a 206頁）、社会全体としては一律的なものにならざるを得ない。

しかし、それでもなお、一律にならざるを得ない公的規制や公共政策の裏側で、どのような損失が生じているのかの理解を深めるための経済学的な分析は、現状認識を研ぎ澄ませ、また、将来的に改善の余地が生じた際の勘所を摑んでおくためにも、一定の有用性が認められるであろう（第9章も参照）。

以上、本章においては、プラットフォーム企業と出店者との関係に着目することによって、市場取引の交渉的側面について考えてみた。ここでは、モノを売る売り手とその買い手という、第3章で見た関係の背後に隠れていた「市場」の一側面に光が当てられている。21世紀における市場は、デジタル・プラットフォームという私的な主体によって担われている部分が大きくなってきているという現状を念頭に置き、プラットフォーム企業と出店者との関係性の一端を考えるため、交渉理論を援用した分析を提示してきたのである。これはまた、売り手、あるいはプラットフォームが少数だけに担われ、寡占、あるいは独占的な状況では、多かれ少なかれ、無視できない状況の一例であるとも言える。本書は、「不完全競争の経済学」こそが市場理論の基礎にあるべきとの持論を展開するものでもあるが、市場取引における交渉という様相は欠かせない論点だと考えられる。

ただし本章の分析においては、複数のプラットフォーム間の関係性自体は派生的に扱われるのみであった。そこで次章においては、プラットフォームの複数性自体から生じてくる問題に焦点を当てた分析を紹介することにしたい。

第8章 複数プラットフォーム間の「競争」という様相

「ネットワークの経済学」では、（第5章の小節「デジタル・プラットフォーム誕生の前夜」（129頁）で説明をした）クリティカル・マスを超えた限られた企業が、それ以降の産業において支配的な位置を得るとされる。そうして、一度デジタル・プラットフォームの取引が普及・定着すると、消費者の視点からは、比較的に同質的なプラットフォームが複数併存している状況になっているものと考えられよう。プラットフォーム産業の拡大期が落ち着き、特定のプラットフォーム企業だけが拡大するのとは異なる状態である。そういった成熟の状態を適切に捉えた分析や判断が必要となる。

もちろん、現実には多かれ少なかれ、プラットフォーム間の差別化は残っているものと考えられるが、全てのプラットフォームが同質的であるという、やや簡単化された状況におけるプラットフォーム間競争を考察することによって現実に対する示唆が得られる余地は十分にあろう。特に、以下で述べる「マルチ・ホーミング」まで考慮した上で、差別化されているプラットフォーム間の競争的状況を考察することは容易なことではないと考えられるのである。

そこで、経済学者の佐藤進氏、上述のトレンブリィ氏、そして筆者は、プラットフォーム間の競争を考え、そこで浮き彫りになる「マルチ・ホーミング」を分析した（Adachi, Sato, and Tremblay 2023; Tremblay, Adachi, and Sato 2023）。ちなみに、当初、トレンブリィ氏と筆者は二人で、この問題に取り組んでおり、その中間報告を２０２０年10月の日本経済学会（オンライン開催）で行なったのであるが、その際に、事前指定のコメンテーター（第５章でも述べたように、業界用語では「討論者」と呼ぶ）を引き受けていただいたのが佐藤氏である。２０１９年の６月にトレンブリィ氏が、当時筆者が勤務していた名古屋大学に短期滞在した際、両氏は出会っていたが（筆者は佐藤氏とはその以前から知己であった）、佐藤氏による批判的かつ建設的コメントを切っ掛けに、３人で共同研究を進めることになったのだ。

なお、本章はやや細かな論点に及ぶため、適宜、第９章に直接進んでいっていただいても問題ない。

マルチ・ホーミングとは

「プラットフォームの経済学」の文脈では、消費者や出品者がプラットフォームを利用することを「ホーミング」（homing）と呼ぶ。もともと「帰巣」という意味だが、ここでは、プラットフォームがあたかも巣や住居であるかのように捉えられ、その利用はあたかもそれに帰属するといった意味合いで用いられる（丸山雅祥 2020 175頁、明城・大西 2022 226頁）。巣や住居の場合は、大抵は、「シングル・ホーミング」（single homing）、すなわち、一つだけに帰属するのが通常であろう。しかし、プラットフォームの場合は、「シングル・ホーミング」のみならず、複数のプラットフォームを同時並行的に利用することも生じることが多い。これが「マルチ・ホーミング」（multi homing）である。

筆者が勤務している京都大学は、「百万遍」という名物交差点（京都市左京区。東西を走る今出川通と南北を貫く東大路通（旧・東山通）が交差する地点）と隣接している。さて、ある日には定食屋H、また別の日にはカレー屋A、またまた別の日には、中華料理店Oの三つを順番に利用することは「マルチ・ホーミング」と言えるであろうか。それは、どのような時間軸を考えるかに依存する。ある特定の一日のランチ市場を考えれば、「マルチ・ホーミング」とは、異なる複数の店でランチすることであるが、これは通常は生じないことなので、消費者は、シングル・ホーミングするものと考えても問題ない。しかし、やや時間を長くとると、逆に、ほぼ全員の消費者が、マルチ・ホーミングするものと考えるべきであろう。ただし、私たちは、一回のランチごとに価格を支払っているわけなので、毎日の日ごとの「市場」を把握するのが適当であり、そうすると、この文脈では、「マルチ・ホーミング」は無視しても差支えないということになる。

我々の関心であるプラットフォームの文脈で考えてみよう。繰り返すと、マルチ・ホーミングとは、プラットフォームの利用者（消費者と出店者）が複数のプラットフォームを同時に利用・参加することを意味している。対して、シングル・ホーミングとは、どれか一つのプラットフォームのみを利用・参加することを意味する。

例えば、二つの配信サイトを、それぞれに年会費／月会費を支払って利用する場合（サブスクリプション）、音楽を聴く・動画を観るという実際の利用時点においては、二つを同時に聴く・観るということは通常はしないので、厳密に言ってしまうとシングル・ホーミングになるが、日常における利用という観点から見れば、ある期間に双方のサイトに対して支払いを行なって利用していることはマルチ・ホーミングと見なすべきであろう。

動画配信を利用する消費者は複数のプラットフォームを利用していることは珍しくなくなってきているように思われる。代表的プラットフォームとして、Amazon Prime Video、YouTube、Netflix などがあるが、消費者が利用するプラットフォームは必ずしもこの中のどれか一つだけとは限らないということである。音楽配信（Amazon Music、Apple Music、Spotify など）についても同様であろう。このようなマルチ・ホーミングの実態はなかなか知られていないところ、経済学者の石原章史氏、大木良子氏、並びに若森直樹氏がこれを調査している（石原＝大木＝若森調査）[1]。

２０２０年に行なわれた調査では、およそ2万人を対象として、動画配信、音楽配信に加えて、ゲームやホテル予約のプラットフォームの利用状況について尋ねている。残念ながら、出店者側（動画配信・音楽配信の例では、コンテンツ提供者）の状況は不明な点が多く、消費者サイドのみの調査となっている。

音楽配信について言うと、直近1年で、利用なしは約6割、シングル・ホーミングが3割弱、マルチ・ホーミングが1割強という結果であった。また、動画配信については、有料のサービスに限った場合、直近1年で、利用なしは6割弱。シングル・ホーミングが2割強、マルチ・ホーミングは約2割という状況である。

このように、複数のプラットフォームが存在しているもとでは、まずそれぞれが競争的関係にあるが、プラットフォーム型ではない通常の企業間の競争関係については、「プラット

1 経済産業省２０２１年度第4回プラットフォームエコノミクス研究会（２０２１年10月26日）資料1「プラットフォーム市場におけるマルチホーミング実態調査報告」https://www.meti.go.jp/shingikai/mono_info_service/platform_economics/004.html

フォームの経済学」以前の経済学でも当たり前のように分析の対象とされていたものだ。しかし、プラットフォーム間の競争を考える場合は、この「マルチ・ホーミング」という行動様式が無視できなくなる。石原＝大木＝若森調査が示すように、プラットフォーム取引の文脈では、消費者側が、あるいは出品者側が、あるいは両者において、マルチ・ホーミングをしている割合が一定程度は存在しているものと考えられるからだ。これが、「プラットフォームの経済学」の進展に伴って生じてきた新たな論点であり、２０２１年時点での「プラットフォームの経済学」に関する諸知見をまとめた解説書でも、マルチ・ホーミングの問題は、今後の更なる研究の展開が求められているトピックスの一つとされていた（Belleflamme and Peitz 2021, pp. 234–235）。

クールノー競争とは

本章は、上述のようなマルチ・ホーミングを考慮したプラットフォーム競争を、クールノー競争の枠組みで捉えた筆者たちの研究（Adachi, Sato, and Tremblay 2023; Tremblay, Adachi, and Sato 2023）を軸に展開するが、まずクールノー競争の考え方について簡単に見ておこう。

アントワーヌ・オーギュスタン・クールノー（１８０１－１８７７）は19世紀フランスの

写真 8.1　クールノー

出所：Wikimedia Commons

数学者であるが（写真8・1）、需要関数を始めとして、企業の利潤最大化の条件や、それに付随する限界収入・限界費用の概念を考案するなど、現代ミクロ経済学の数学的分析の源流に位置する人物と言って良い（丸山雅祥 2020 2–17頁）。

クールノーが想定した競争は「数量競争」(quantity competition) とも呼ばれる。その要点を見るために、プラットフォームのことは忘れ、第3章で登場した「お茶」を考えよう。具体的には、お茶の葉を栽培している農家が、それを出荷するという状況である。ここで、農家は、私たちが今まで「企業」と呼んできた生産主体と対応している。企業の「複数性」を取り扱うので、そのために必要最小限である2という数字を考える。つまり、2軒の農家が存在しているものとする。ここで、例えば、１００キログラムといったような単位に応じての価格を考えることにして、農家１、２にとっての価格をそれぞれp_1、p_2と書く。これに対応して、農家１、２の出荷量をそれぞれq_1、q_2とする。ここで、右の単位例に即せば、$q_1 = 1.5$、$q_2 = 2.0$であれば、農家１の出荷量は１５０キログラム、農家２の出荷量は２００キログラムであることを意味している。

さて、第３章で需要関数という概念を導入した際、それは、

$$Q = D(p)$$

と表現されるものであった。それは、特定の一商品・一製品（ここでは、お茶）の価格pに応じて、どれほどの量が購入されるのかを示す対応関係である。注意してほしいのは、需要される量に応じて、常にそれと同じ量が生産・出荷されるということが前提とされている点だ。

そこで、この需要関数という概念の延長として「企業ごとの需要関数」を考えてみよう。まず、右で述べたように、農家１の出荷量＝需要量はq_1である。それは農家１がつける価格p_1だけでなく、（程度の差こそあれ）農家２がつける価格p_2からも影響を受けるものと想定できるであろう。この関係性を式で表現すると、

$$q_1 = d_1(p_1, p_2)$$

となる。同様に、農家2にとっての需要関数は

$$q_2 = d_2(p_1, p_2)$$

と表現される。

ここでは、各農家が自身のお茶の葉の価格を決めることが先で、その組み合わせに応じて、それぞれの農家への受注量が決まり、それに応じた出荷がなされている。ここで、各企業は、相手の価格を意識しながら自身の価格を決めることから、この状況は「価格競争」（price competition）と呼ばれる。

クールノーが想定したのは、それと対になる「数量競争」である。右では、「価格が決まると、それに応じて受注量＝出荷量が決まる」という関係を想定していた。それを逆に読み替えて、「それぞれの農家が出荷する量に応じて、お茶の価格が決まる」という関係を想定するのである。この関係は、次のように式で表すと

$$p_1 = e_1(q_1, q_2)$$
$$p_2 = e_1(q_1, q_2)$$

のようになる。ただし、クールノーが想定していた市場とは、地理や時間によって具体的に規定される「場」ではなく、一物一価の法則、すなわち、価格が迅速に「同一の水準に達するような領域の全体」（根岸 2011 191頁）として抽象的に捉えられるものである。したがって、農家1、2の出荷量q_1、q_2が決まると、それに応じて、両農家にとって共通の価格pが決まると考えられるのである。

更に、それぞれの出荷量それ自体ではなく、市場に存在している総出荷量q_1+q_2の大小に応じて価格pが決まるものとされた。お茶の総出荷量が多いという状況は、いわば市場が飽和しているという状態で、その場合の価格は低くなる。逆に、お茶の総出荷量が少ない場合は、お茶の稀少性が高いという状態で、価格は高くなる。このように、お茶の総出荷量と価格の間には負の関係があるものと想定され、総出荷量を$Q(=q_1+q_2)$とまとめて表せば、この関係は、

$$p = P(Q)$$

と表現される。この関数は（Qが大きくなるとpが小さくなるので）減少関数であり、需要関数の逆を示しているので、「逆需要関数」と呼ばれるものであることは、第5章で見たとおりである。

ここで各農家は、自身のお茶の葉の出荷量を決めるが、そこでは相手の農家の出荷量も利

益に関わる価格に影響を与えることを意識するという状況であり、これが「数量競争」、別名「クールノー競争」（Cournot competition）である。

column

コラム

クールノーとベルトラン

不完全競争研究の始祖クールノーは、ナポレオン（1769-1821）が事実上、政権を把握しつつあった第一共和政期の1801年、仏東部のオート＝ソーヌ県に生まれ、第三共和政下のパリで1877年に没した。その一生はフランスの激動期と重なる。スタンダール（1783-1842）作の『赤と黒』（1830年）の主人公ジュリアンや『パルムの僧院』（1839年）のファブリス、あるいはオノレ・ド・バルザック（1799-1850）による『谷間の百合』（1839年）のフェリックスと若年期を共有していると考えると、時代と共に波乱万丈の若年期を送ったこれらフィクションのキャラクターとは対照的に、クールノーはそれなりに堅実な学究生活を送っていた点が興味深い。

彼は、今日、最もよく知られる著書『富の理論の数学的原理に関する研究』（1838年）において、第4章の【コラム】に登場したトマス・モアとは異なり、寡占という用語こそ使用していないものの、複数の売り手が存在しているような状況を（恐らく世界で初めて）数学的に分析した（宮崎　1972　167頁）。しかし、同書は長らく日の目を見ず、死後に出版された遺著『経済学説概覧』（1877年）のはしがきでは、「わたしはこれまで誰からも引用されたことのない、ただ一人のフランスの経済学者です」と記しているという（丸山雅祥　2020　10頁）。

さて、クールノーの死後6年後、『富の理論の数学的原理に関する研究』の出版から数えれば45年後となる1883年、フランスの数学者ジョセフ・ベルトラン（1822-1900）が、書評という形式においてこの著書を否定的に取り上げた。曰く、クールノーの想定とは異なり、企業が生産量ではなく価格を設定すると想定すれば、企業数が二社だけであっても、相手より価格を引き下げて、その価格で需要する全ての消費者を獲得しようとする競争の結果、最終的な価格は限界費用の水準にまで下がるのであって、クールノーの分析には不備がある、と。ベルトラン（写真8・2）はこのように説いたのである（根岸 1985 225－231頁）。

二企業であっても徹底した競争が生じうることは、後に「ベルトラン・パラドックス」と知られるようになり、今から40年ほど前、ベルトランの指摘からはちょうど100年目となる1983年の論文「あらかじめ生産量が決められてからベルトラン競争が行なわれれば、クールノーの結果が実現する」（Kreps and Scheinkman 1983）によって一つの解釈が提示された（詳細に興味がある読者は、花薗 2018 第4章第4節を参照のこと）。ただし、今日では、クールノーとベルトランはそれぞれ市場競争の異なる側面に着目したものと捉えられ、両者の対立は深刻なものとは受け止められていない。なお、この論文の題名が示しているように、数量競争がクールノー競争と呼ばれるのと対になって、価格競争は「ベルトラン競争」（Bertrand competition）とも呼ばれる。

以上は、ミクロ経済学やゲーム理論を勉強したことのある人にはよく知られている事柄と思われるが、サイエンス・ライターであるシャロ

写真 8.2　ベルトラン

出所：Wikimedia Commons

ン・バーチュ・マグレイン氏は、あまり知られていない、数学者としてのクールノーとベルトランの対立点を指摘している（マグレイン 2018 93–99頁）。端的に言えば、クールノーは、不確実性を扱う確率論や統計学に批判的であった一方、ベルトランは、今でいうベイズ統計学（Bayesian statistics）を支持していたというものである。

ここでベイズ統計学とは、不確実性を伴って生起する事象（例えば、明日晴れるかどうか）の現れ方を決める指標値（「母数」あるいは「パラメータ」と呼ばれる）をデータからどのように推測するかに関して、独自の方法論を提供しているフレームワークのことを指し、その名前は、イギリスの牧師トーマス・ベイズ（1701–1761）に由来する。

スタンダードな統計学方法論においては、データのみに依拠して指標値を一つに決めようとするが、ベイズ統計学では、データを得る前、分析者が指標値のさまざまな可能性を主観的にどのように把握しているか、そして、それがデータの追加によってどのように変更されるのかというプロセスを明示する。ここでは、指標値は一つの値として決まるのではなく、確率的にさまざまな値を取りうるものと考えられているのである（なお、マグレイン氏による著書『異端の統計学　ベイズ』は、ベイズ統計学の歴史に関する（分量はあるが）肩の凝らないサイエンティフィック・ルポタージュだ）。

このように、クールノーとベルトランは、競争に関して、そして、不確実性の取扱いに関しても対立する立場にあったが、両者は共にパリのモンパルナス墓地に埋葬されている。

マルチ・ホーミングをクールノー競争で考える

佐藤氏、トレンブリィ氏、及び筆者の研究の以前にも、クールノー競争の枠組みによって、複数のプラットフォームの並存状況を考察しようとする研究があり（Correia-da-Silva, Jullien, Lefouili, and Pinho 2019）、そこでは、間接的ネットワーク効果が十分に大きければ、合併による価格支配力の上昇を上回るような効率性効果が生じるような状況が分析されている。しかし、それぞれのサイドで、消費者と出店者はシングル・ホーミングしかないという仮定が置かれていた。

しかし、前述の石原＝大木＝若森調査では、消費者サイドだけに関してではあるが、音楽配信や動画配信において、シングル・ホーミングしている利用者のみならず、マルチ・ホーミングしている利用者の割合は無視できない実態が明らかにされている。他にも、複数のクレジットカードを保有するような状況も想定されよう。ただ、多くのプラットフォームを同時にマルチ・ホーミングしている利用者が多数を占めるといった場合は少なく、多くとも二つか、せいぜい三つのプラットフォームの利用に留まるものと考えられる。消費者が二つ以上のプラットフォームを利用するというマルチ・ホーミングの可能性を認めてしまうと、例えば、4つのプラットフォームにマルチ・ホーミングする消費者など、複雑なパターンが考えられうるが、必要以上に一般的な考察を追い求めても意味がないであろう。

以下で紹介する安達＝佐藤＝トレンブリィの分析では、消費者が、

(1) プラットフォームを利用していない
(2) どれか一つのプラットフォームを利用している（シングル・ホーミング）
(3) 二つのプラットフォームを利用するマルチ・ホーミング

という3パターンの行動様式のどれか一つを、消費者ごとに、自発的な結果として（専門的には、「内生的に」と言う）選択されている状況が描写されている。ここでは、分析の明確さを求めて、最大で二つの利用に留まるような設定が施されているのである。

このようにして、安達＝佐藤＝トレンブリィによる研究は、マルチ・ホーミングの状況を

なるべく扱いやすい形式で、標準的な寡占的競争分析に取り入れて、プラットフォームが関係する競争政策、すなわち、プラットフォームの合併や参入を考察しようとする。

図8・1は、シングル・ホーミングとマルチ・ホーミングの違いを説明するものである。ここでは、出店者は一つに代表させている。前者においては、消費者1と出店者の双方とも、プラットフォーム1だけを利用している、すなわち、シングル・ホーミングしている（図8・1（a））。それに対して、図8・1（b）においては、消費者1と出店者はプラットフォーム1とプラットフォーム2の双方を同時並行的に利用している。これがマルチ・ホーミングである。

この図の状況においては、消費者1はシングル・ホーミングでもマルチ・ホーミングでも、出店者の商品を購入することができる。では、なぜ、二つのプラットフォームに対しての利用料を支払ってまで二つ目のプラットフォームも利用しようとするのか？　ここで、私たちは、一つだけのつながりに対する「保証」として、二つ目のプラットフォームの利用をキープすることのメリットがあるものだと想定できよう。ただし、上述した観察事実からは、何も消費者全員がマルチ・ホーミングをしているのではなく、そもそも利用しないような消費者と、シングル・ホーミングの消費者が混在している。

このような消費者の多様性を捉えるために、それぞれの消費者のタイプはτという数で表示されるものと考え、このτは、0という下限と$\bar{\tau}$という上限の間に偏りなく散らばって

図 8.1　シングル・ホーミング vs. マルチ・ホーミング

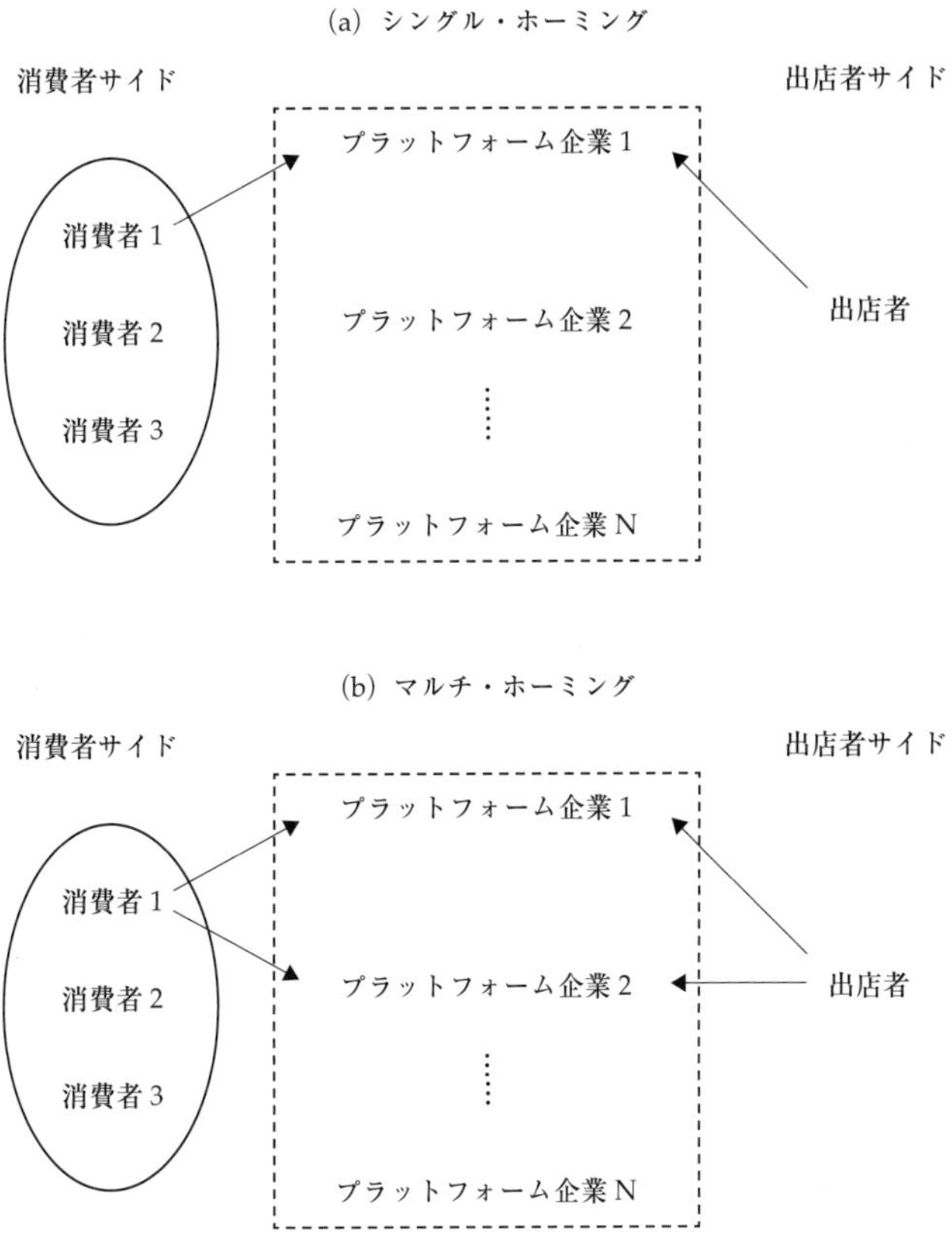

出所：筆者作成

いる（専門的には、「一様に分布している」という）ものとする。そして、各消費者τは、サイドBの出店者数Q_Bに応じて、一つのプラットフォームを利用するから$\alpha(\tau)\cdot Q_B$の便益を得るものと考える。ここでも、前章と同様、第6章の分類に従えば、アームストロング型の定式化を採用している。この$\alpha(\tau)$が「間接的ネットワーク効果」の強度を示すものだが、これが消費者のタイプτによって変化しうるようになっている。より具体的には、τの値が大きくなればなるほど、$\alpha(\tau)$の値は小さくなる、すなわち、$\alpha(\tau)$は減少関数であると考える。

このような設定のもと、各消費者が、自身のタイプτに応じて、どのようにプラットフォームの利用の仕方を決めているのかを描写することができる。図8・2を見てみよう。

右で述べたように、別サイドの出店数Q_Bに比例して、消費者は、一つ目のプラットフォームの利用によって、間接的ネットワーク外部性から得られる利益を得る。ここでpは、プラットフォームの使用料（簡単に「価格」と呼んでも良い）であり、お茶の例で見たように、これは、各プラットフォーム共通のものと見なされる。ここで、お茶の出荷量に対応するのは、各プラットフォーム利用のためのキャパシティーである。この設定は、旧来型のプラットフォームであるショッピング・モール（第2章の表2・1参照）や、テレビ・ゲームやスマートフォンなど、物理的なコンソールによってプラットフォーム機能が担われている場合にはよく当てはまっているものと考えられるが、そうでなくても、ここでの数量＝キャパシ

図 8.2　消費者はどのようにしてプラットフォーム利用のパターンを決めるのか？

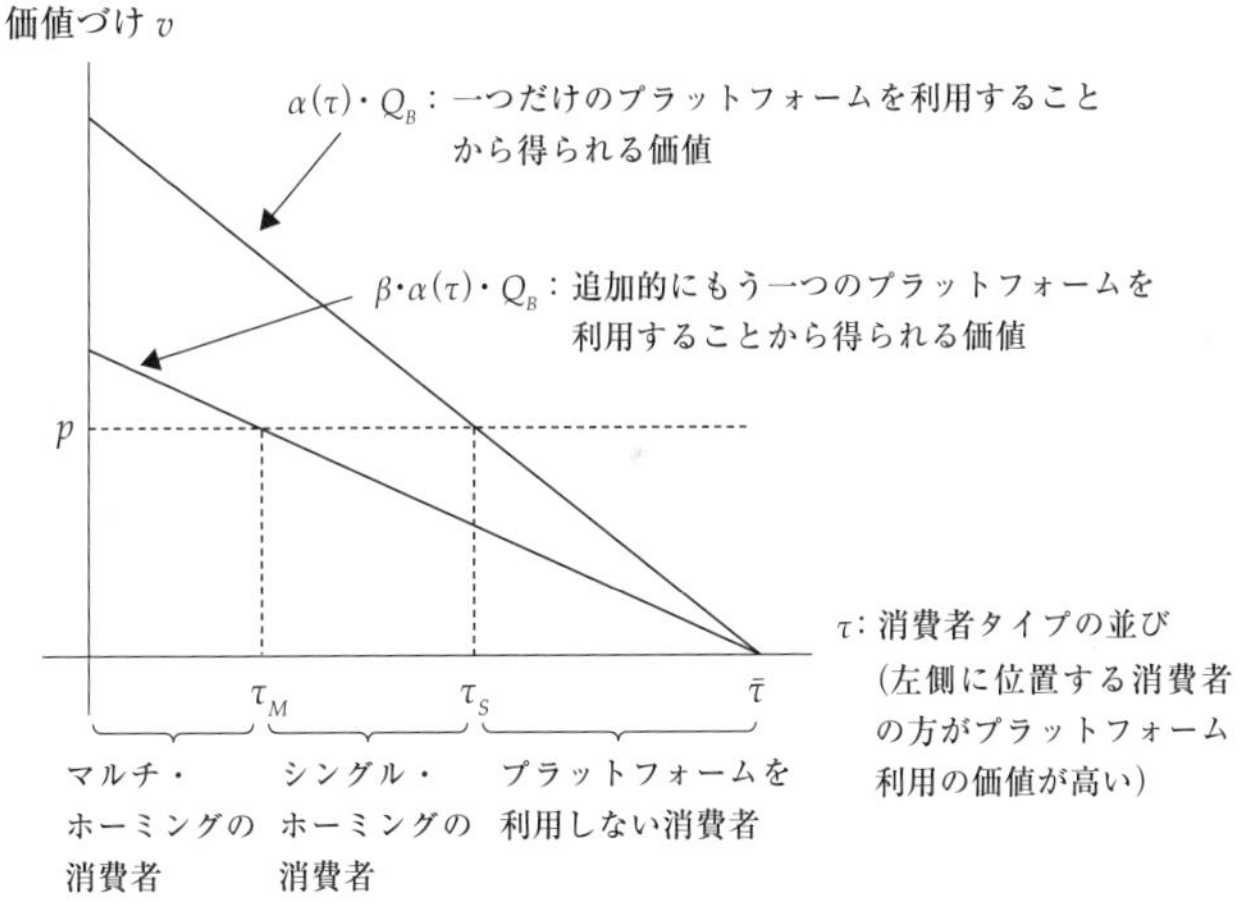

出所：Adachi, Sato, and Tremblay（2023）の図 2 をもとに筆者作成

ティーを顧客層基盤（カスタマーベース）として、それぞれのプラットフォームがカスタマーベースの維持・拡大を行なおうとしている状況と捉えれば、程度の差こそあれ、プラットフォーム機能に共通する性質に着目しているものと考えられよう。

さて、消費者は、更にもう一つのプラットフォームを使うことによって、追加的な利益 $\beta\cdot\alpha(\tau)\cdot Q_B$ を得るものと考える。ここで、β は０以上１未満の実数いずれかを取るものとする。つまり、最初のプラットフォーム利用の利益よりも、$(1-\beta)\times 100$％だけ割引かれた利益を得ると考えるのである。なお、３つ目、４つ目……のプラットフォームの利用から追加的に得られる価値はないものとする。

以上の設定のもとでは、もし消費者が二つのプラットフォームにマルチ・ホーミングすれば、純便益は

$$(1+\beta)\alpha(\tau)\cdot Q_B-2p$$

となり、一つのプラットフォームだけにシングル・ホーミングすれば、その純便益は

$$\alpha(\tau)\cdot Q_B-p$$

である。両者を比較することによって、

$$\beta\cdot\alpha(\tau)\cdot Q_B>p$$

であるようなタイプτであれば、マルチ・ホーミングを行なうことになる。これは、ちょうど、図8・2で0からτ_Mまでにいるタイプの消費者がマルチ・ホーミングを行なうことを意味する。

同様にして、シングル・ホーミングの際の利益が、0（プラットフォームを利用しない場合の基準値）よりも大きい場合、すなわち、

$$\alpha(\tau)\cdot Q_B > p$$

となり、かつ、マルチ・ホーミングの方が利益が高くならないようなタイプτの消費者がシングル・ホーミングを行なうことになる。これは、図8・2ではτ_Mからτ_Sまでにいるタイプの消費者である。そして、τが十分に大きいような消費者は、間接的ネットワーク外部性からの利益を消費しないタイプであるので、どのプラットフォームも利用しないということになる。安達＝佐藤＝トレンブリィ・モデルにおいては、このようにして、3つのプラットフォーム利用パターンが記述されているのである。

他方、出店者サイドに関しては、消費者サイドとは異なり、間接的ネットワーク外部性からの便益の享受度合には差異はないものとしている。実際は、取り扱う商品の種類などに関しては異なっているであろうが、プラットフォームへの参加と関係する観点に関しては同一的だと想定しよう。そうすると、出店者の方は、（プラットフォームを利用する場合は）全てのプラットフォームにマルチ・ホーミングすることになる。なお、売り手側への利用料がどのように決まるかに関しては、本章末の「補論」において、プラットフォームの数が3の場合に即して解説を与えているが、本章全体の理解には必要とはされないものであるので、読み飛ばしていただいても差支えはない。

このような状況において、各プラットフォームは「数量競争」を行なっているものと想定する。ただし、上記の例のように、お茶のような物的な商品の出荷量を決めているわけではなく、プラットフォーム利用者のカスタマーベース（顧客者数）を獲得しようとすることを通じて競争が生じていると考えるのである。章末の「補論」で触れているが、各企業自身が価格提示を行なうような場合でも、予め、キャパシティーを決め合っているような状況は、クールノー競争として想定できることが知られている。安達＝佐藤＝トレンブリィの分析では、以下で考えるプラットフォーム合併で生じるケースのように、各消費者に対してかかる費用がプラットフォームごとに異なるケースを念頭に置いているが、もしそれが共通の c（0以上の実数）であるとすると、各プラットフォーム $i=1, 2, \dots, N$ は、各自のキャパシティー q^i を決め、消費者に対する使用料 p も決まる結果として、消費者サイドに対するマークアップ $p-c$ は

$$p-c = MU-MD \qquad \cdots (8.1)$$

のように表現されることが証明されている（Adachi, Sato, and Tremblay 2023, p. 1215）。ここでも、第6章の「プラットフォームにおける料金設定問題」で見たとおり、競争の不完全性から生じる「自然なマークアップ」（*MU*）に加えて、プラットフォーム特有の間接的ネットワーク外部性によって生じる価格減少圧力からのマークダウン部分（*MD*）が減じられる形となっているのだ。

なお、本章で紹介する安達＝佐藤＝トレンブリィ・モデルでは、第3章で説明したような「作為的なマークアップ」（MU'）は発生していないものと想定されている。第3章に引き続いて次章でも、この「作為的なマークアップ」をゼロにすることが競争政策の目的であるという視点を提示するが、本章の内容は、「作為的なマークアップ」が限りなくゼロに近いという理想的状況において、次節で見るようなプラットフォーム合併や新規プラットフォームの参入に関する政策的留意点を分析しているものと見なせよう。

実は、クールノー競争の考えは、第5章で紹介したカッツ氏とシャピロ氏による1985年の論文「ネットワーク外部性、競争、互換性」（Katz and Shapiro 1985）において、直接的ネットワーク効果のもとでの企業間競争の分析の際に応用されていたが、筆者たちの研究（Adachi, Sato, and Tremblay 2023; Tremblay, Adachi, and Sato 2023）は、間接的ネットワーク効果が重要となるプラットフォーム間競争にそれを適用したものである。その意味で、本研究は、「故きを温ねて新しきを知る」ものと言えるだろう。

プラットフォーム合併や新規プラットフォームの参入について

以上のように、シングル・ホーミングする消費者もいれば、マルチ・ホーミングする消費者もいるような設定のもとで、プラットフォーム2社の合併について考えてみることにしよう。プラットフォームは1、2、…N社あるが、その中の1と2が合併することで新しいプラットフォーム1′が生じるものとする。まず、合併による直接的な利益として、消費者ごとにかかる費用が節約できると想定する。そうすると、もともとの費用からΔcだけの費用の減少が、この新しいプラットフォーム1′には生じることとなる。

このように、同業種の企業が合併することは、水平的合併（horizontal merger）と呼ばれるが、[2]クールノー競争を考える利点は、第3・5章で登場した消費者余剰の増減を考える際、プラットフォームを利用している全消費者数の増減を考えることに帰着できる点である(Farrell and Shapiro 1990; Nocke and Whinston 2010)。このように、クールノー競争の考え方は、プラットフォームが二つ以上存在していて、企業間で費用が異なるような場合に、分析が扱いやすくなることが利点だ（Jullian, Pavan, and Rysman 2021, p. 544）[3]。

プラットフォーム1と2の合併は、これによって生じる新しいプラットフォーム1′の費用がΔcだけ低いことから、これは、全体として、プラットフォームの利用者を拡大する方向に働くものと考えられる一方で、プラットフォーム数が減っているので、プラットフォームの利用料が上昇する力も働くことが予想される。

よって、このΔcは、十分に大きければ、消費者余剰を増やし、小さいままに留まれば、消費者余剰を減らしてしまうと考えられる。そこで、その中間には、消費者余剰を変化させないような水準があるので、その値を$\underline{\Delta c}$と書くことにする。これは、消費者余剰を増加させるようなプラットフォーム合併を認めるものとすると、Δcの下限となっている。

このΔ$\underline{\Delta c}$が大きければ大きいほど、合併を認めるためには、より大きな費用低下が要求されるので、合併容認のための基準が厳しいことを意味する。この$\underline{\Delta c}$とβ（消費者がマルチ・ホーミングすることによって得られる追加的な利益の度合）とは、どのような関係にあるのだろうか。図８・２が示すように、βが大きいほど、マルチ・ホーミングをする消費者の割合が増えることをまず思い出そう。

ある消費者が二つのプラットフォームにマルチ・ホーミングしているということは、この二つのプラットフォーム間では、この消費者を巡っての競争は緩和されていることを意味する。もし、この消費者がシングル・ホーミングしているのであれば、両プラットフォームにとっては、この消費者は「取るか取られるか」であるが、マルチ・ホーミングしている状況では、相手がこの消費者を取り込んでいることは、自分がその消費者を失うことを意味するものではないからだ。

---

2 対して、物流の上流企業と下流業者の合併は、垂直的合併（vertical merger）あるいは、垂直統合（第６章参照）と呼ばれる。

3 クールノー競争の枠組みは、また、いつ投資をしたり、新製品を導入したりするのかといったような時間的な流れを明示的に考える分析でも有益である（伊神　２０１８）。

図 8.3　プラットフォーム２社の合併後の新しいプラットフォームの費用低下が、消費者余剰を増やすために超えなければいけない下限 $\underline{\Delta c}$ は、β の変化に伴ってどのように変わるのか？

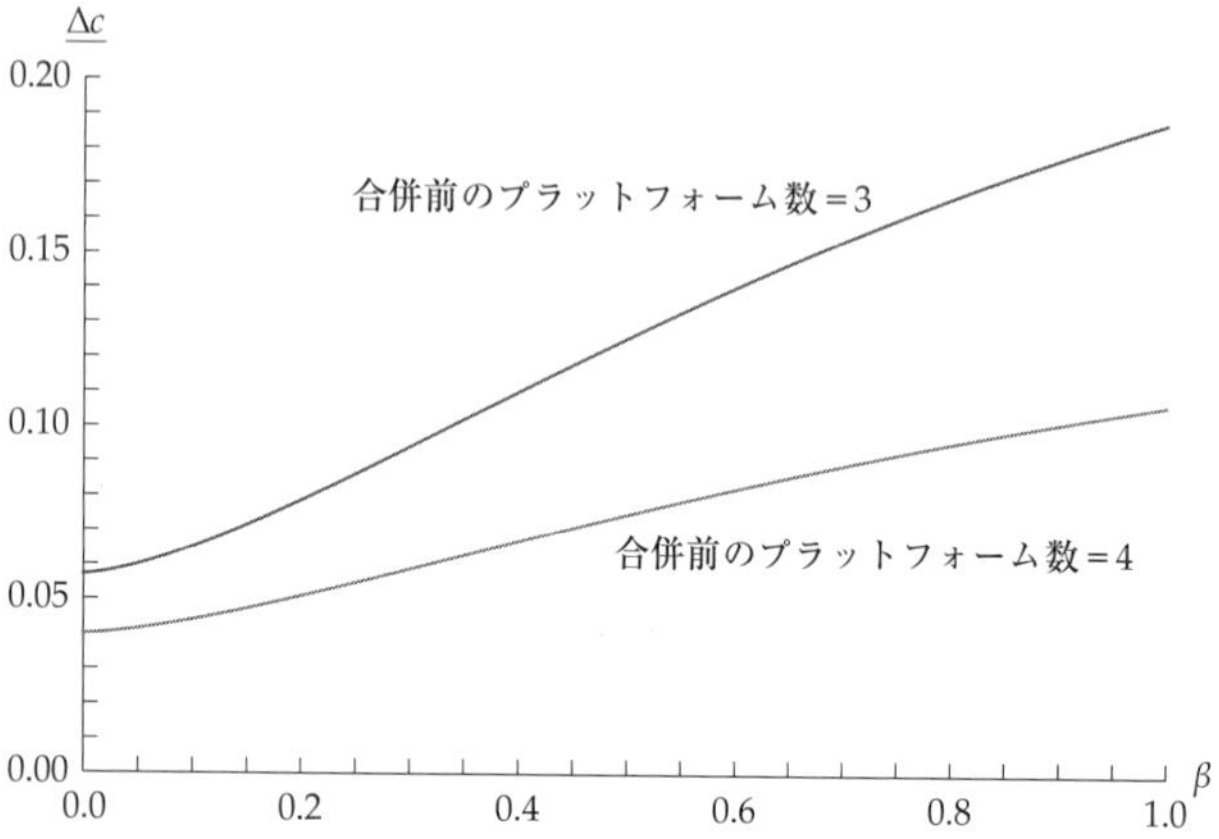

出所：筆者作成

そのように考えると、β が大きいような場合とは、既に消費者に対する使用料が高止まりしているような状況であるから、二つのプラットフォームが合併しても、それに伴う更なる上昇分は小さいと考えられるので、合併が許容されるために必要な費用低下は小さい（$\underline{\Delta c}$ が小さい）と予想されるかもしれない。あるいは、逆にそのような高止まりの状況であるからこそ、必要とされる費用低下は大きくなければならない（$\underline{\Delta c}$ が大きい）とも考えられる。

実は、図8・3が示すように、後者であることが、安達＝佐藤＝トレンブリィの分析では判明した。すなわち、β の上昇に伴って、$\underline{\Delta c}$ は上昇する（マルチ・ホーミングの消費者の比率を上昇させるような要因が大きくなると、経営統合が容認されるために必要とされる効率性向上の程度は大きくなる）のである。この図では、合併前のプラットフォーム数が3の場合と4の場合について描かれている。[4] まず、合併前のプラットフォーム数が少ない方が、求められる費用減少の度合が大きいことがすぐに分かる。つまり、プラットフォームの数が一つだけという独占に近い状況ではあればあるほど、合併に伴う価格上昇の程度が大きくなる恐れが深刻になるために、それを打ち消すような費用低下は大きくなくてはならないのだ。

次に、βとの関係について考えよう。βが高いことは、マルチ・ホーミングする消費者の割合（τ_M）を増えることを意味する。ここでポイントとなるロジックは、プラットフォーム側が出店者に課す出店料は、消費者サイドのマルチ・ホーミングの程度に対して、出店者がどれだけの価値を持つものと考えるかによって決まってくることにある。まず、出店者が高い価値を見出している場合には、それに見合うだけの高い出店料を課すことができるが、低い価値しか見出していない場合は、低い出店料しか課すことができない点に注意しよう。

4 Adachi, Sato, and Tremblay（2023）においては、$\alpha(\tau)$ は、$\alpha(\tau)=\tau^{-1/\eta}$ という弾力性一定の関数（ここで η は1よりも大きい定数で、τ の1％の変化に対応する $\alpha(\tau)$ の変化が常に一定の η％になるという意味で「弾力性一定」である）が設定されており、この図では、$\eta=1.5$、$\delta=0.5$、$\pi=1.0$、$c=1.2$ の場合である。

そうすると、マルチ・ホーミングの消費者の比率が高ければ、出店者がリーチできる消費者の数は、たとえ一つのプラットフォームが除かれて $N-1$ 社のプラットフォームしか利用できなくなったとしても、それほど低くはならないのである。そのために、個々のプラットフォームにとっては、自分が出店者に与える「付加価値」は低くなってしまい、したがって、各プラットフォームが出店者に課すことのできる出店料は低くなってしまうのだ。

こうして、この対出店者サイドでの損失をカバーするために、消費者に対しては、β が利用料上昇を引き起こす直接的効果に加えて、ここで説明した間接的効果も上乗せしようとすることによって、利用料を引き上げようとする力が働くのである。このようにして、マルチ・ホーミングの比率が高いことは、プラットフォーム合併に伴う対消費者サイドでの価格上昇による弊害がより深刻になることを意味し、したがって、合併が容認されるための費用削減水準は大きくなるのだ。

以上をまとめると、β が大きな値のもとでは、これに伴う消費者側の価格上昇圧力を上回るためには、二つのプラットフォームの合併からは、より大きな費用減少が見込まれなければならないということになる。

他方、プラットフォームの新規参入に関して考えるために、プラットフォームの現存数が、固定費をカバーするのと同じだけの利潤しか得られないほどの水準になっており、その意味で、プラットフォームの数が飽和しているものとしよう。この状況のもとで、もし仮に、人為的に（例えば、政府の強制力によって）プラットフォーム数を一つ減らした方が、消費者余剰に加えて、出店者やプラットフォームの利潤も加えた全体的な余剰が増加するようであれば、プラットフォームの「過剰参入」（excessive entry）が生じていると考え、逆に、プラットフォーム数を一つ増やすことによって、全体的な余剰が増加するようであれば、それは、「過少参入」（insufficient entry）の状態であると考えよう。

安達＝佐藤＝トレンブリィの分析では、マルチ・ホーミングする消費者層が多い方が、「過少参入」が生じやすいことが述べられているが、これは、そのような状況においては、右と同様に、プラットフォーム側が出店者に対して提供できる便益が少なくなってしまい、したがって、十分な出店料を確保できないために、新規のプラットフォームは、参入したとしても十分な利潤を得ることが難しくなる（よって、参入を断念する）ことに起因するものである。

デジタル・プラットフォームの規制のあり方を考える際、特定のプラットフォームだけを消費者が利用しているシングル・ホーミングの状況とは、消費者に対して、プラットフォームが優位に立っていることを意味し、したがって、より多くの消費者が複数のプラットフォームを利用するというマルチ・ホーミングを行なうように政策的誘導がなされるべきと指摘されることがある（例えば、大橋 2021 284頁）。しかし、安達＝佐藤＝トレンブリィの分析は、消費者サイドのマルチ・ホーミングの存在が、新規プラットフォームの参入障壁として機能してしまう可能性を示唆しているのだ。

このようにして、安達＝佐藤＝トレンブリィによる研究は、標準的な寡占的競争分析の延長線上において、マルチ・ホーミングの状況を明示的に考えることによって、プラットフォームの合併や参入に関しての分析を提示しているものとなる。

なお、筆者たちの別論文（Tremblay, Adachi, and Sato 2023）では、マルチ・ホーミングの度合自体をさまざまに変化させる（分析者がモデルの「外側」でこのような操作を行なうことを、専門的には「外生的に変化させる」と言う）ことで、幅広いマルチ・ホーミング構造の下でのプラットフォーム競争を分析している。[5] そのことによって、第6章で説明したように、プラットフォームの料金設定において、マークアップとマークダウンの双方が入るメカニズムの様相がマルチ・ホーミングの程度によってどのように影響を受けるのかを考えようとするのだ。そこでは、例えば、消費者側の全員がシングル・ホーミングをしている場合は、むしろ、プラットフォームの数が集約していく方が、消費者余剰も含めた全体的な利益に望ましいという結果が示されている。ここでは、プラットフォームの規模が大きくなることによって、消費者と出品者が間接的ネットワーク外部性によって享受する利益が大きくなっていることが原因となっている。そして、むしろ、プラットフォームの「過剰参入」が生じているという結果になっているのである。

以上、マルチ・ホーミングの状況まで考慮して、複数のプラットフォームが並存している状況を想定することによって、プラットフォームの合併や参入の問題について考えてみたが、間接的ネットワーク外部性があるために、一様な結論が得られにくいという、問題の複雑さの一端が浮き彫りにされた。なお、ここで考えている「新規参入」には新しいイノベーションを伴ったようなものは想定されておらず、もしそうした可能性まで考慮すると、そのような芽を摘むかもしれないような既存プラットフォームの行動には監視の目を光らせると言うべきかもしれない。

5　本章と同様に、複数のプラットフォーム間競争とマルチ・ホーミングの問題を分析している Teh, Liu, Wright, and Zhou（2023）による研究では、安達＝佐藤＝トレンブリィの分析とは異なり、各プラットフォームは、消費者や出店者から見て同質的ではないという「差別化」を考慮した分析がなされているものの、Tremblay, Adachi, and Sato（2023）と同様に、シングル・ホーミングやマルチ・ホーミングのパターンを外生的に与えた分析がされている。

補論　安達＝佐藤＝トレンブリィ・モデル

ここでは、筆者たちの論文（Adachi, Sato, and Tremblay 2023）で展開されている、出店者に対する「価値増分に応じた価格づけ」の論理を少し詳しく見るために、プラットフォームの数が3のケースを考えることにしよう。

まず、0からτ_Mまでのタイプの消費者が二つのプラットフォームにマルチ・ホーミングすることが、先の図8・2を用いて説明されたことを思い出そう。これらの消費者は、特定の組み合わせを他の組み合わせに比べて好んでいるというわけではないので、プラットフォーム1と2、2と3、1と3という3つのパターンが等分に選ばれていると考える。したがって、それぞれのパターンには、$\tau_M/3$だけの消費者がいる（図8・4（a））。

ここで、プラットフォーム1のキャパシティーはq_1であるが、その内訳を考えると、マルチ・ホーミングする消費者層とシングル・ホーミングする消費者層がいる。まず、前者に関しては、図8・4（a）が示しているように、$(2/3)\tau_M$の消費者がいることが分かる。した

図 8.4　シングル・ホーミング vs. マルチ・ホーミング

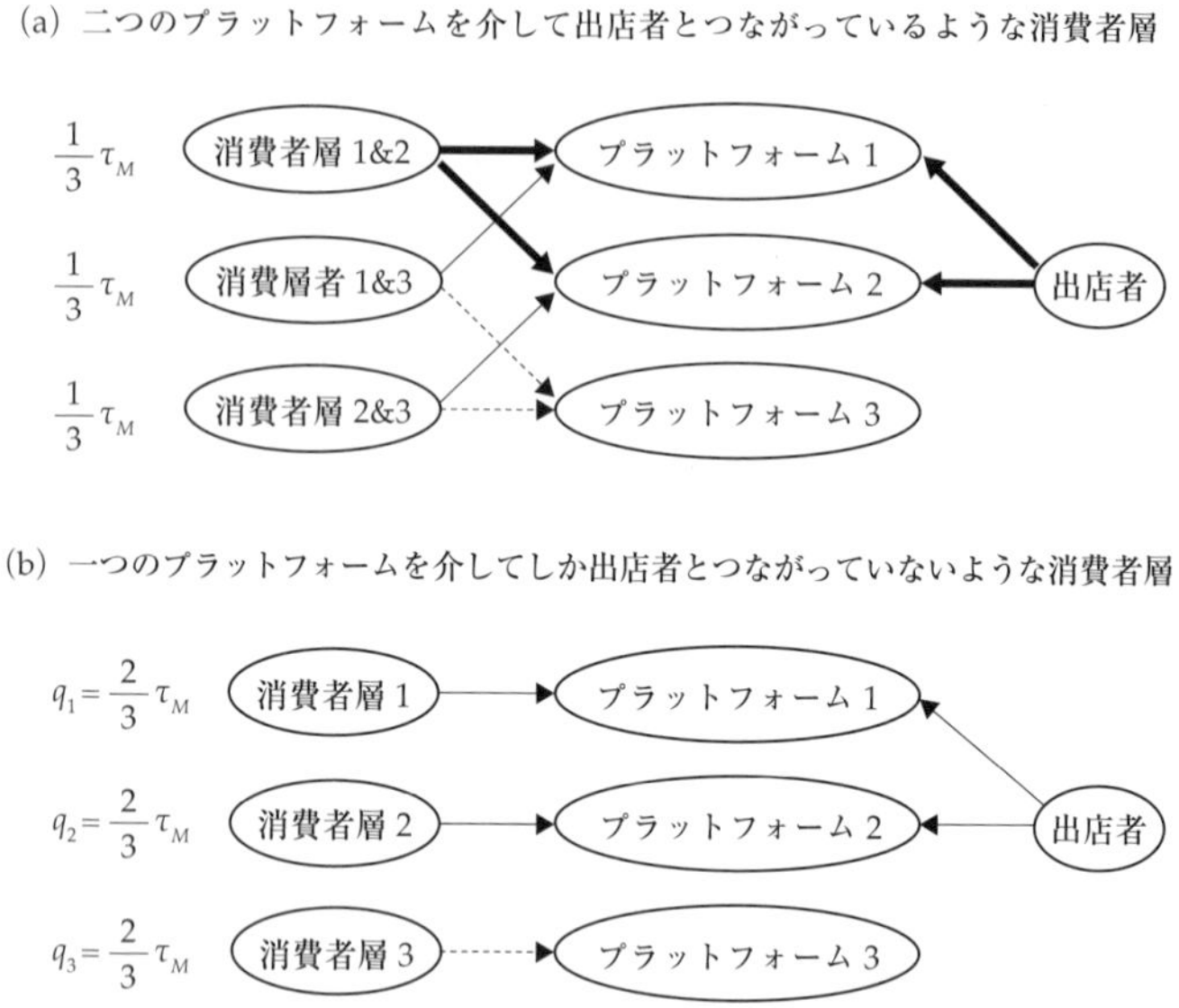

出所：Adachi, Sato, and Tremblay（2023）の図 1 をもとに筆者作成

がって、シングル・ホーミングする消費者は $q_1 - (2/3)\tau_M$ だけいるということになる（図8・4(b)）。他のプラットフォーム2と3に関しても同様である。

　さて、右で、出店者は3つ全てのプラットフォームにマルチ・ホーミングすると述べたが、そうすることのインセンティブを考えてみることにしよう。消費者の方は、出店者数に応じて間接的ネットワーク外部性から得られる利益は $\alpha(\tau)$ が乗じられ、消費者のタイプτに応じて異なるとされていたが、出店者に関しては、自身がプラットフォームを介してつながって消費者数にπ（0以上の実数）が乗じられて評価され、これは全ての出店者に共通とする。これは、一つのプラットフォームを介して消費者とつながる場合の利益であるが、マルチ・ホーミングによって、二つ目のプラットフォームからもつながる場合は、一つ目のプラットフォームを介する利益に加えて、1未満の正の係数であるδが乗じられて追加的な利益が得られるものとする。[6]

出店者が、プラットフォーム1と2のみにマルチ・ホーミングしている場合の利益は、まず、プラットフォーム1と2にマルチ・ホーミングしている消費者層からは、一つのプラットフォームの出店から得られる利益$(1/3)\tau_M \times \pi$に加えて、二つ目のプラットフォームとのつながりから得られる追加的利益である$\delta \times (1/3)\tau_M \times \pi$が得られる。これら二つを足し合わせると、

6　ここでも、消費者サイドと同様に、出店者は、3つ目、4つ目……のプラットフォームから同じ消費者とつながる利益はないとしているが、ここで考えている出店者側に対する価格づけの原理では、売り手が全てのプラットフォームにマルチ・ホーミングしている状態から、どれか一つのプラットフォームから抜け出しても得をしないように参加料が設定されていると考えることで、出店者は、プラットフォームを利用する場合には、全てのプラットフォームにマルチ・ホーミングするようになる状況が実現すると考えている。

となる。

$$\left(\frac{1+\delta}{3}\tau_M\right)\times\pi$$

他方では、プラットフォーム1と3をマルチ・ホーミングしている消費者層、そして、プラットフォーム2と3をマルチ・ホーミングしている消費者層からも、それぞれのつながりから利益を得ることができて、それは、両者を足し合わせて

$$\frac{1}{3}\tau_M\times\pi+\frac{1}{3}\tau_M\times\pi=\frac{2}{3}\tau_M\times\pi$$

である。

更に、プラットフォーム1と2をマルチ・ホーミングしている出店者は、それぞれのプラットフォームをシングル・ホーミングしている消費者層ともつながりを持っている。それらは総計すると

$$\left[\left(q_1-\frac{2}{3}\tau_M\right)+\left(q_1-\frac{2}{3}\tau_M\right)\right]\times\pi$$

である。

ここまでの議論をまとめると、この出店者がプラットフォーム1と2にマルチ・ホーミングすることから得られるトータルの価値は

$$\left[\frac{1+\delta}{3}\tau_M+\frac{2}{3}\tau_M+\left(q_1-\frac{2}{3}\tau_M\right)+\left(q_1-\frac{2}{3}\tau_M\right)\right]\times\pi \quad \cdots \ (8.2)$$

である。

では次に、この出店者が3つ全てのプラットフォームにマルチ・ホーミングする場合を考えよう。この場合は、プラットフォーム1と3にマルチ・ホーミングする消費者層（「消費者層1&3」）、そして、プラットフォーム2と3にマルチ・ホーミングする消費者層（「消費者層2&3」）とも、追加的な結びつきの利益が得られる。したがって、この出店者は、マルチ・ホーミングする消費者からは、それぞれのプラットフォームごとに

$$\left(\frac{1+\delta}{3}\tau_M\right)\times\pi$$

の利益を得る。同時に、それぞれのプラットフォームごとにシングル・ホーミングする消費者からの利益も得る。これらをトータルすると、出店者にとって3つ全てのプラットフォームにマルチ・ホーミングすることの価値は

$$\left(q_1-\frac{2}{3}\tau_M+\frac{1+\delta}{3}\tau_M\right)\times\pi$$
$$+\left(q_2-\frac{2}{3}\tau_M+\frac{1+\delta}{3}\tau_M\right)\times\pi$$
$$+\left(q_3-\frac{2}{3}\tau_M+\frac{1+\delta}{3}\tau_M\right)\times\pi \quad \cdots (8.3)$$

となる。

ここで、安達＝佐藤＝トレンブリィの分析においては、それぞれのプラットフォームは、出店者が2つのプラットフォームだけではなく、3つのプラットフォームにマルチ・ホーミングすることから得られる価値の追加分を、プラットフォーム利用料として出店者にチャージすると考える。第7章の内容に即して言えば、プラットフォーム側が利益の分配に関する交渉力を全て持っているという状況である。式（8・3）から式（8・2）を引くことによってその値は

$$\left(\underbrace{q_3-\frac{2}{3}\tau_M}_{\text{シングル・ホーミング}}+\underbrace{\frac{2}{3}\delta\tau_M}_{\text{マルチ・ホーミング}}\right)\times\pi$$

であることが分かる。この、プラットフォーム1と2から、3つ全てにマルチ・ホーミング

することによる売り手にとっての利益の増加分は、プラットフォーム3にシングル・ホーミングしている消費者と新たにつながることから来る部分（$[q_3-(2/3)\tau_M]\times\pi$）と、マルチ・ホーミングの先にプラットフォーム3が含まれているような消費者層から、付加的なつながりができることから生じる部分（$\delta\times(2/3)\tau_M\times\pi$）から成っている。

　この値よりも大きな出店料が課されれば、出店者はプラットフォーム3に出店するインセンティブはないが、ちょうどこれと同じ値の出店料であれば、出店者は3つ全てのプラットフォームにマルチ・ホーミングしても損ではないということになる。これは、「価値増分に応じた価格づけ」の論理を示している。

第9章

21世紀からの市場と競争を考える
——自然なマークアップと作為的なマークアップの見極めという視点

さて本書では今まで、21世紀のデジタル社会における市場と競争を特徴づけるプラットフォームを介した取引の現状から筆を起こし（第1章と第2章）、第3・4章では、不完全競争を概念的、及び実態的に理解するための視座について解説した。続く第5・6章では、前世紀からの「ネットワークの経済学」の流れで筆者が行なった研究、そして、今世紀に入ってからの「プラットフォームの経済学」との出会いについて述べ、第7・8章においては「プラットフォームの経済学」の第2世代に属する筆者自身が携わった共同研究の一端を紹介してきた。

プラットフォームが仲介する両面市場では、消費者と出店者が、間接的ネットワーク外部性を通じて関係しあう。そのために、消費者サイドだけ、あるいは、出店者サイドだけという市場の片面だけではなく、双方を注意深く見ながら市場と競争を総体的に把握する必要性があることを述べてきた。特定の政策に関わる結論を導くためのものというよりも、プラットフォーム企業による行動の理解や判断の材料に資するものを狙いとした解説を与えてきたつもりである。

最終の本章では、生成系ＡＩなど、最近関心を集めている話題などにも言及しながら、ビジネスの視点、そして政策的な視点から「21世紀の市場と競争」を展望することにしよう。

自己優遇問題

本来、取引の「場」という公共性を有する性格を持つものが、私的企業によって担われているという矛盾が象徴的に現れているのが、「自己優遇」（self-preferencing）問題である。いわば、デジタル・プラットフォームは、出店者と消費者が交わる市場を管理・運営しながらも、自らが取り扱う商品をその市場、すなわち、自社のマーケットプレイスに出店している状況である。

最近の研究（Anderson and Bedre-Defolie 2022, Etro 2023）では、プラットフォーム企業が新たに自社の商品を加えることに伴なって、出店者に課される取引手数料が増加するかどうかが、消費者余剰の増減に関係することが論じられている。この背後には、取引手数料が高くなることによって、出店数が減り、そして、出店者の商品の価格も高いものになってしまうことがあるが、プラットフォームが取引手数料を高くするかどうかは、自身が販売する商品に対する需要の価格弾力性と、出店者が販売する商品に対する需要の価格弾力性の相対的な大小が関係していると考えられる（善如・佐藤・橘高　２０２３　３５２頁）。例えば、出店者の商品に対する需要の価格弾力性が高い場合は、自己優遇に伴って取引手数料が引き下げられることになったとしても、販売量の増加によって、プラットフォームは利益を得ることができる。この場合には、プラットフォームによる自己優遇は、消費者余剰を高めることにもなるのだ。

なお、デジタル・プラットフォームが自社の商品を、他の出品者の商品に並べて出品するという「自己優遇」だけでなく、検索をした場合に、自社製品が上位に出てくるようにするといった「自己優遇」の方法もある。このような形式の「自己優遇」においても、プラットフォームにとっては、出店料を下げることによって、より多くの出品者を招き入れ、それが、間接的ネットワーク効果を通じて、より多くの消費者を引きつけるのであれば、自分が販売している財にも波及効果をもたらすだけでなく、結果的には、消費者余剰の増加にもつながることが期待されるのである（Zennyo 2022）。

近年、ヨーロッパや米国で、有力なデジタル・プラットフォームの自己優遇を禁止する方向に法整備が向かっているが、学術研究からは、これが「過剰規制」であるかもしれないことが示唆される。実際、ある実証研究（Zhu and Liu 2018）からは、多様な種類の財を扱うデジタル・プラットフォームが、自己優遇を行なっているようなカテゴリーに関しては出店料は低くなっており、行なっていない場合には出店料が高くなっているという傾向が見出されている。上記の理論研究の結果と合わせると、「過剰規制」となる蓋然性は無視できないものではないかと考えられるのである。しかしながら、自己優遇は、従来から（以下で述べる）「反競争的行為」と判断されることの多い「他者排除行為」の一種という観点からも捉えられ、その弊害が甚大だと判断されれば、一律の禁止を「過剰規制」と判断するのもまた、言い過ぎということになるかもしれない。

優越的地位の濫用に対する規制・再考

この「自己優遇」とも関係するが、第7章でも見たように、デジタル・プラットフォームが今や巨大となると、そのビジネス戦略は、中小企業が多くを占めると考えられる出店者側に対して圧迫的と捉えられるようになってきた。もともと、日本の独占禁止法やＥＵの競争法には、取引機会の増大という効率性からの視点のみならず、取引における平等性・衡平性のための中小企業保護的な側面があったと考えられる。そのため、日本のデジタルプラットフォーム透明化法も、一種の「下請け保護」という観点から、「優越的地位の濫用に対する規制」に近いものがあると言えるであろう（大橋 ２０２１ ２９６頁）。

ここでは、デジタル・プラットフォームの出店者が、「下請け」として捉えられており、彼らの自主的で自由な判断が、優越的な地位にあるデジタル・プラットフォームの行為によって侵害されることは、自由競争の基盤が揺らぐことになるという考えに基づいて、デジタル・プラットフォームの行為が規制されるということになっている（柴田 ２０２１ 55頁）。

しかし、売り手と買い手間の取引においては、事後的には、どちらかの側に「思ったより損してしまったな」ということは絶えず起こりうると考えられ、そのような私的主体による自由意志に基づく行為に対して、行政主体が介入することに対しては、経済学者を中心とする懐疑の声が根強い（安達 ２０２２a １３２–１３３頁）。

それに対しては、行政法的な視点から、たとえ、当事者同士が合意した取引であったとしても、一方が他方の自主的な判断を妨げるような状況を作り出したものと判断されるならば、行政的な介入が認められることになるという考え方がある。ここでの文脈では、売り手と買い手とが共に事業者であるような事業者間（business-to-business; B2B）取引において、「優越的地位」にある一方が、それを利用して、他方に何らかの強制を課すといった「濫用」に対しては、行政的な事後対応が必要になるのではないかということである。「優越的地位」とは、第７章で既に見たように、取引当事者の一方が、他方にとって、それとの取引がなければ存続が困難になるほどの大きな存在感を持つ状態を指す。

確かに、「優越的地位の濫用に対する規制」の問題としては、事業者間関係の「非対称性」という外形に焦点が絞られるだけで、消費者サイド側への影響（消費者余剰に与える影響）が考慮されていない点がある。それに対して、第7章では、プラットフォームが出店者に対して、追加的に交渉を行なうような「二段階」構造が、プラットフォーム上での取引を増やし、消費者側にとってのメリットをもたらしうることを指摘した。また、行政側の裁量的判断は、新しいビジネス戦略や取引機会を委縮させる可能性があるという問題もある。ただし、公正取引委員会も、規制運用に際してのガイドライン[1]を公表しており、不確実性の軽減に努めている点には言及しておくべきであろう。いずれにせよ、ここで述べたような「副作用」も意識されることが必要だと考えられる[2]。

経済学は伝統的に、売り手と買い手の取引がどれだけ生じるのかという「利益の発生」、すなわち、「効率性」に関しての分析は緻密に行なってきたが、現実的に重要となる「利益の分け方」、すなわち、「衡平性」の判断に関しては禁欲的であった。果たして、これは、経済学に取り込まれていくべきなのか、それとも、経済学の分析としては、あくまで、効率性に焦点を当てた上で、現実の問題を考える際の便宜として、衡平性にも考慮するというスタンスを保つべきなのか？　この点に関しては、これからの「不完全競争の経済学」の進展に委ねられているが、効率性だけでなく、衡平性や自由といった質の異なる判断基準が混在している問題群を扱わざるを得ないという、「モラル・サイエンス」（moral science）としての経済学の難しさに由来する論点である（伊東　２００６　第1章）。

競争政策とは（１）——概念的整理

以上のように、競争政策に関わる論点は、比較考量する際に検討しなければならない点が錯綜しがちである。効率性に関わる論点だけでなく、衡平性に関わる論点も加えると尚更だ。もともと、競争政策の必要性は、19世紀後半のアメリカ合衆国における、当時の鉄鋼業などを中心とする企業の（「トラスト形態」と呼ばれた）集中化に代表される「反競争的行為」

1　正式名称は、「優越的地位の濫用に関する独占禁止法上の考え方」である（https://www.jftc.go.jp/hourei_files/yuuetsutekichii.pdf）。

2　弁護士の大東泰雄氏は、２０１９年10月に公正取引委員会が公表した「デジタル・プラットフォーマーの取引慣行等に関する実態調査（オンラインモール・アプリストアにおける事業者間取引）について」（https://www.jftc.go.jp/houdou/pressrelease/2019/oct/191031_2.html）における記述内容に関し、「濫用」行為かどうかの判断に際しては、明示的ではないものの、本書が指摘してきたような消費者側へのメリットも含めて解釈できる余地があるとの見方を示している（大東　２０２３　２７１頁）。

への意識の高まりを背景に芽生えた（ガーバー　２０２１　１０７-１０８頁）。第１章でも述べたように、選択肢の確保につながる競争の秩序を維持するためには、司法や行政による積極的なアシストが必要という考え方である。こうして、今日に至るまで、アメリカでは「シャーマン法」（１８９０年）を中心とする一連の反トラスト法が整備されてきた。ＥＵ圏では、それ以前から各国の伝統があったものの、２００９年からの「ＥＵ競争法」が、日本では１９４７年からの「独占禁止法」がある。

前節で、ＥＵ競争法や日本の独占禁止法に基づいた政策運営では、中小企業保護主義的な側面も見受けられることを指摘したが、アメリカの反トラスト法も、当初は、そのような社会民主主義的な色彩が強かった。しかしながら、１９７０年頃から、独占状態そのものを悪とするのではなく、その背後の効率性条件を吟味した上で、反競争的行為の防止を防ぐことに力点が置かれるべきとする、いわゆるシカゴ学派（Chicago School）の台頭に伴い、それが大方のコンセンサスを得るようになってきた歴史がある（村上　２０１７　30-31頁）。

しかし、近年では、巨大なデジタル・プラットフォームは、もはや純粋な私企業とは見なされるべきではなく、社会の公器として扱われるべきという考えがＥＵ域圏では強くなってきているように思われる。更には、個人のデータの所有・移転に対しても、政策的な取り扱いが必要と認識されてきている（青木・小田切・林　２０１７　20-21頁）。例えば、ＥＵのＤＭＡ（デジタル市場法。第２章参照）における自己優遇に対する規制も、デジタル・プラットフォームにはデジタル市場の管理という公的な責任があるという認識が背後にある（武田邦宣　２０２１　25頁）。

このようなＥＵによる政策的対応の背景には、ＥＵ競争法１０２条において、支配的地位にある事業者には「特別の責任」が課される点がある（武田邦宣　２０２１　27頁）。対して、アメリカの反トラスト法体系には、伝統的に、政府による過剰な介入に対する警戒心から、デジタル・プラットフォームの浸透に伴って生じてきたさまざまな公共政策的課題に対応できる素地が少なかったところ（武田邦宣　２０２１　27頁）、反トラスト法の改訂も視野に入れ、デジタル・プラットフォームに対する監視を強化しようと考える「新ブランダイス派」（the New Brandeis movement）がここ10年ほどで台頭してきた。

ブランダイスとは、19世紀後半から20世紀の初頭にかけて大企業の集中化を問題にした法学者で米国最高裁判所判事も務めたルイス・ブランダイス（Louis Brandeis; 1856–1941）のことであり、「新ブランダイス派」とは、このブランダイスの精神に回帰しようとする新しい思潮を指す。その台頭を象徴する出来事が、新ブランダイス学派の急先鋒と目されていた法学者リナ・カーン氏（写真９・１）の米国連邦取引委員会（US Federal Trade Commission）委員長就任（２０２１年）だ。新ブランダイス学派の特徴としては、企業分割も辞さない積極的な競争法の執行を志向し、そのことによって、民主主義を擁護し、経済格差の是正を図ろうとする点に求められる（岡田　２０２２　14頁）。

写真 9.1　カーン氏

出所：US Federal Trade Commission のウェブページ

以下では、そのような潮流を踏まえつつ、衡平性の考慮の重要性については既に述べてきたこともあり、論点が拡散することを避けるため、焦点を絞った上で、競争政策の全体像について見てみよう。

経済学者の丸山雅祥氏は、「市場における競争が制限され、社会にとって有害となってしまうことを防ぐような一連の政策・法律」という競争政策の定義（Motta 2004, p. 30）に触れながら、そのポイントは、経済厚生の減少をもたらすような行為のみを禁止する点にあるとする（丸山雅祥 2020 152–153頁）。これを言い換えれば、

反競争的行為⇓弊害－利益

というような「原因⇓結果」の関係（因果関係）において、

図9.1　不完全競争的な市場において競争政策が対応しなければならない問題群

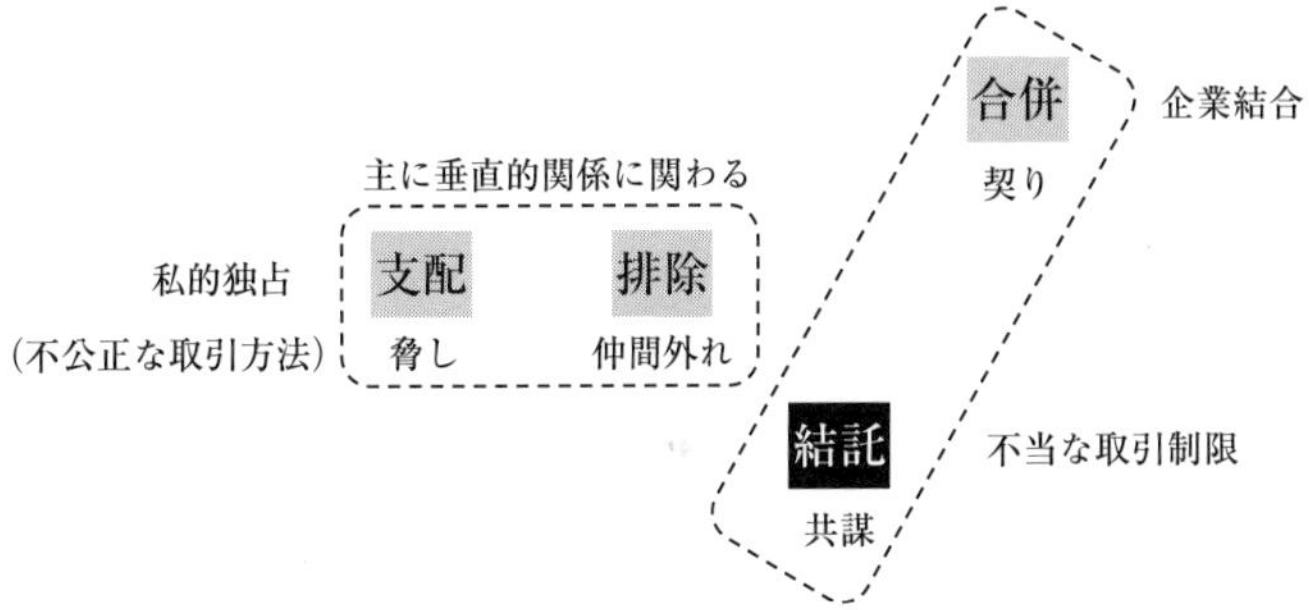

出所：筆者作成

弊害－利益＜0

となるような「反競争的行為」（anti-competitive conduct）については、（「反競争的」と言いながらも）社会的には望ましいということを意味する。

図9・1は、競争政策が対象とする「反競争的行為」を類型化して示したものである。「支配」（dominance）とは、おおよそ、今まで説明してきたような「優越的地位の濫用」のように搾取的な行為を指している。ただし、既にプラットフォーム取引の文脈においては、間接的ネットワーク外部性を通じて、消費者サイドの利益になりうることも指摘した。また、「排除」（exclusion）とは、今まで触れてこなかったが、取引関係の拒絶を意味する。これもまた、悪質な出店者を事前に防止するための手段として働くのであれば、プラットフォーム上での取引の活発化につながる可能

性が考えられるものだ。このようにして、「支配」と「排除」とは、弊害と利益が混在しているものと捉えられる。これら二つは、日本の独占禁止法上は「私的独占」あるいは「不公正な取引方法」と呼ばれるものと対応している。[3] そして、両者は納入業者と買い入れ業者間のような垂直的関係（vertical relationships）に主に関わっているという点が共通しているため、全体を点線で囲っている。プラットフォーム企業と出店者との関係もこれと同様である。ここではイメージを喚起するために敢えて「支配＝脅し」「排除＝仲間外れ」としてみたが、このような日常用語から想起されるような「絶対悪」では必ずしもないことは既に述べた通りである。

さて、もう二つ、「合併」（integration）と「結託」（collusion）は、主として同業のライバル企業同士の関係に関わっているという点が共通であるために、別の点線で囲っている。ここでも象徴的に、それぞれに「契り」「共謀」といった言葉を当てはめている。「合併」とは「事業統合」とも呼ばれ、独占禁止法上は「企業結合」という用語が使われる。そして「結託」とは価格等についての協定を結ぶカルテルや入札談合を指しており、独占禁止法上は「不当な取引制限」と呼ばれる。[4] ここで「合併」が上に位置していて、「結託」が下に来ているのは、下に位置する「結託」の方は利益がほぼゼロと考えられ、弊害だけの反競争的行為だと考えられるのに対して、「合併」の方はそのようには捉えられていないという差を示すものである。「支配」と「排除」の反競争性に関しては、「合併」と「結託」の中間と考えられるのではないかという筆者の考えに即して、上下における中間に位置づけるように描いている。

カルテルや談合については、弊害と利益を比較するまでもなく「原則違法」（per se illegal）と言って良いであろうが、それ以外の「反競争的行為」の各々を精査してみると、弊害と利益が混在していることが少なくないものと考えられる。第5章での「消費外部性下での価格差別」で見たように、「反競争的行為」が、市場機能の不全部分を修正する役割を持っていて、利益が弊害を上回るものと判断されるのであれば、その「反競争的行為」は正当化されるに足る理由があるものと見なされるということである。

一つの考え方としては、筆者が大学院生時代に、経済学者の三輪芳朗先生との会話で教えていただいた卓抜な比喩が思い返される。筆者の記憶している限り、三輪先生は、おおよそ、次のようなことをおっしゃって下さった。「人によって、飲酒開始の最適年齢は異なるであ

3 この両者の違いについては、本書では詳しく述べないが、主に、独占禁止法制定の歴史的な経緯に由来するものである（白石 ２０２３a １３２頁を参照）。

4 デジタル技術の進展に伴い、日々の小売価格をコンピューター・アルゴリズムに任せて決めるようなことが可能になってきているが、これは、実質的には、小売店間のカルテルを促す働きがあるのではないか（デジタル・カルテル）という懸念が生まれている。詳細は、大橋（２０２１）の第8章を参照されたい。

ろうが、だからと言って、「このような人はＸＸ歳からでも飲酒可能」「あのような人はＹＹ歳までは飲酒不可能」とするのは現実的ではない。よって、法律で「一律二十歳から」とすることに意味があるのです」。このような考え方は、「反競争的行為」を「原則違法」として一律に禁じてしまうことによって競争政策を運用しようとする実務的立場を裏づける論理を形成してきた。

他方、とりわけ、ここで「私的独占」として類型化した企業間の垂直的関係に関しては、右で述べたように、弊害と利益を勘案しながら判断しようとする「合理の原則」（rule or reason）に基づく立場もあり、アメリカでの反トラスト法の運用や、日本における独占禁止法に関する各種ガイドラインに影響を与えてきた。

筆者の立場は、経済学の研究から得られる比較衡量の知見を直接的に実務に反映させることは困難かもしれないが、それでもなお、多くの判断材料を蓄積していくことには意味があるのではないかというものである。現実的には、ケース・バイ・ケースではなく、一律的な適法、あるいは違法という形態を取るにしても、その際に、どのような損失や犠牲が生じているのかについての感覚を研ぎ澄ませておくことが重要なのであり、それは競争政策に関する将来的な見直しや変更に際しての議論やコンセンサスのために有益な材料を提供することができるであろう[5]。

競争政策とは（2）——図を用いた理解

このような反競争的行為の弊害と利益との混在を概念的に理解するためには、第3章で用いられた図解が有用である。図9・2は、図3・10を簡略化して再掲しているものだ。

ここで、有効競争価格p^Wは、限界費用cと、自然な（正当な）マークアップMUの和であったことを思い出そう。そして、実際の販売価格pは、有効競争価格に作為的な（不当な）マークアップMU'を足したものとなっている。つまり、

$$p = p^W + MU'$$
$$= c + MU + MU'$$

である。したがって、「販売価格と（限界）費用の差」であるマークアップ$p-c$は、

$$p-c = MU + MU' \quad \cdots (9.1)$$

となる。

---

5 ここでの記述には、本書の草稿に対して寄せられた丸山雅祥氏からのコメントが反映されている。記して感謝したい。

図 9.2　作為的なマークアップ、不当な死荷重

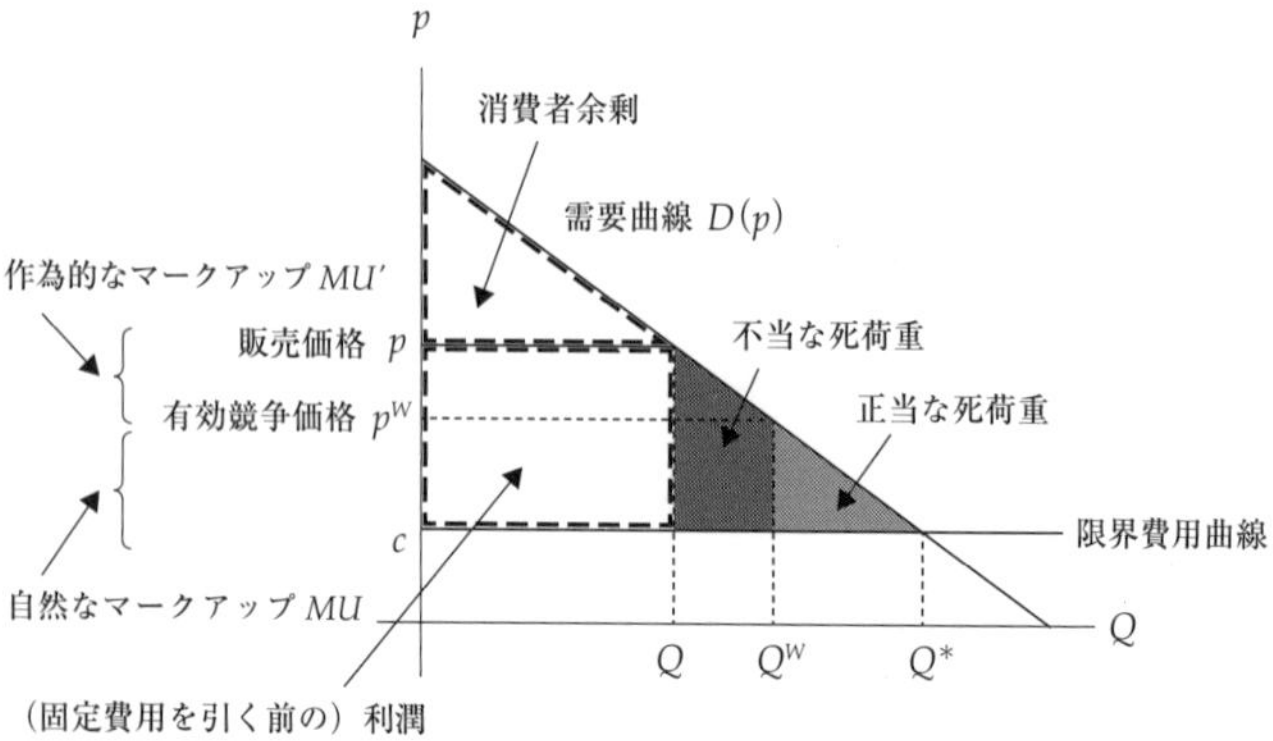

出所：図 3.10 を簡略化して再掲

第3章では、このマークアップは企業側における通常の営業・販売活動から生じる「自然水準」の部分だけで構成されている場合には問題ないが、「作為的」な市場支配力によって、それがない場合に比べて販売価格が上がっているような場合は、競争政策の観点から問題となることが指摘された。

図9・2において、実際の販売価格が、有効競争価格と一致している状況では、作為的なマークアップはゼロであり、したがって不当な死荷重も生じていない。しかし、不完全競争下にある企業は単独で、あるいは共同で、その市場支配力を駆使し、各種の反競争的行為によって、作為的なマークアップ MU' を獲得しようとする可能性がある。

競争政策とは、「この作為的なマークアップをできるだけゼロに近くするための政策」と理解することができる。その経済理論的根拠は、販売価格が有効競争価格に近付くにつれ、利潤（太点線の四角部分）は減少していくものの、その減少分を埋め合わせる以上の消費者余剰（太点線の三角形部分）の増加が発生することにあり、その結果として、利潤と消費者余剰の合計である社会的余剰は上昇するのである。

次の図９・３は、合併という「反競争的行為」による産業内の事業再編等の結果として、限界費用曲線 c が c' へと下方にシフトしたことによって効率性向上が達成されているという状況を描いている。[6] これが、反競争的行為の「利益」に対応している。他方、需要曲線 $D(p)$ には変化はない。ここで、新しい有効競争価格は、図９・２の状況に比べて下がっているものの、販売価格は全く同一水準に留まっているとしよう。その理由は、限界費用の低下が、逆転嫁（reverse pass-through）分の価格減少分に全く反映されていないことにある。この背後には作為的なマークアップの上昇があり、この上昇分が反競争的行為の「弊害」を示している。

したがって、作為的なマークアップが増加していなければ更に多くの社会的余剰が生じて

6 例えば、製鉄業の合併を対象にした大橋・中村・明城（２０１０ 92頁）による研究では、「合併によって限界費用は１トン当たり１３２９円から２１５５円の範囲で低下したことが見てとれた」という結果が報告されている。

図9.3　費用の削減に伴う社会的余剰の変化

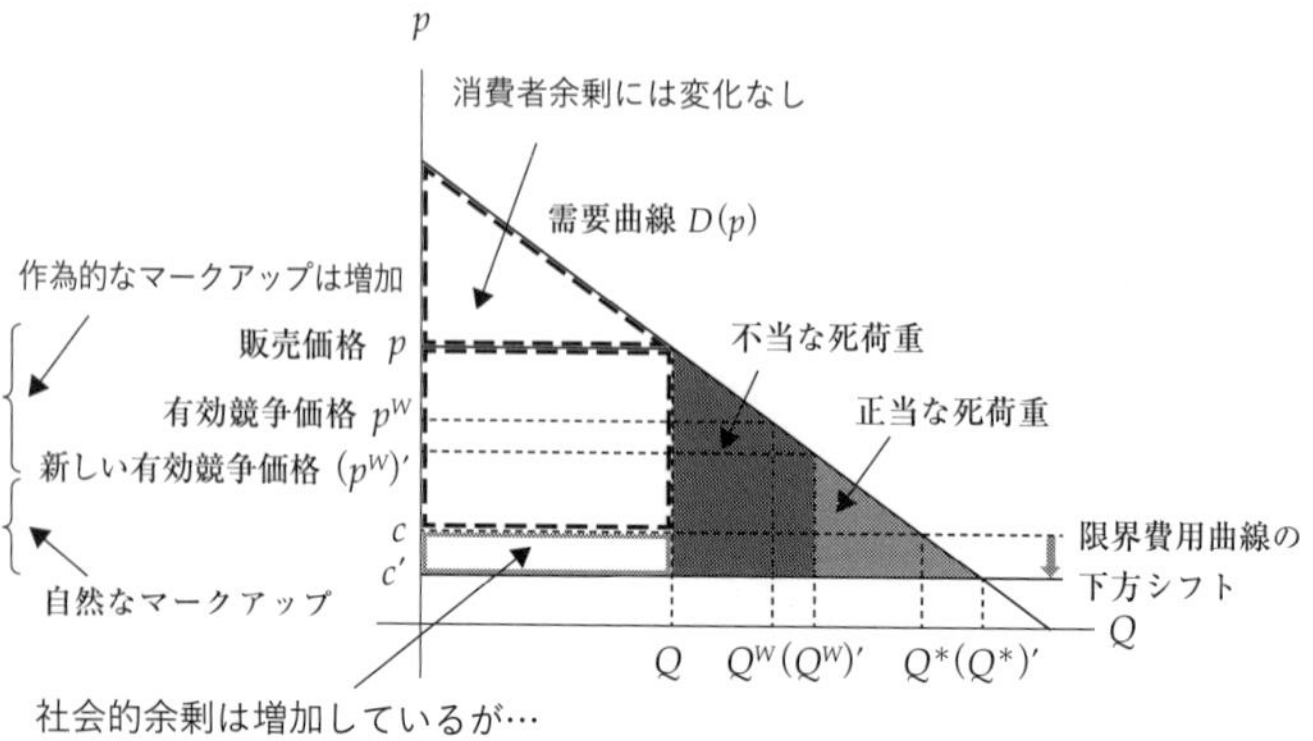

出所：筆者作成

いたはずであるにもかかわらず、それが損なわれているということになっているのだ。以上の説明は、産業再編によって社会的余剰が上昇しているからといって、当該産業に対しては競争政策の必要の余地なし、とはならないことを意味している。

このような図解的説明を軸にすることによって、競争政策に関心を持つ議員や省庁の担当者、あるいは法学畑の実務家や裁判官は、取り立てて経済学に詳しくなくても、定性的な「理屈」を感得することが可能となろう。もちろん、定量的な議論のためには、データを用いた実証分析が必要とされるわけであるが、「定性的理解」と「定量的検証」の両輪は、経済学が「データ・サイエンス」としての側面のみならず、「モラル・サイエンス」であるためには必要不可欠なものである。

付随して、この図解から分かる大切なことがある。それは、作為的なマークアップの削減は、一方では消費者余剰の上昇に伴うものの、他方では利潤の低下を引き起こすということである。上述のように、このような消費者余剰の増加は、利潤の減少分を補って余りあるものがあり、したがって、社会的余剰の増加につながるということが競争政策の経済理論的前提としてある。このことに対しては生産者サイドも表立っては異論を唱えることはできない。しかしながら、このような消費者余剰は、各消費者間で、「広く浅く」還元される一方で、より少数の個々の生産者にとっては、利潤の減少のインパクトはより深刻であるために、政治的なプロセスによって、これに抵抗しようとするインセンティブは大きいであろう（Olson 1965/1971）。その場合には、レトリックも駆使されつつ、安全性、公共性、しまいには国民性や文化的価値などといった一般向けに訴求効果の高い「正当化理由」が持ち出される可能性が高い。そのために、社会的には、この点に絶えず注意が向けられるべきということになる。

なおここでは、第3章での説明に沿って、売り手が買い手に直接販売をしているという状況（片面市場）を念頭に置いて説明をしてきた。ここに、デジタル・プラットフォームという第3のプレーヤーが入ってくると、両者間の間接的ネットワーク外部性と、それに伴って生じるマークダウンを考慮しながら、「売り手→プラットフォーム→買い手」という垂直的

図 9.4　競争政策の理念型

(1) 完全競争をベースにして競争政策を考えると…

消費者価格＝限界費用＋マークアップ

↑（マークアップ）これをゼロにしようという発想になってしまう

(2) 不完全競争をベースとした競争政策の考え方：式（3.3)、または式（9.1)

消費者価格＝限界費用＋自然なマークアップ＋作為的なマークアップ

↑（自然なマークアップ）競争政策によってはゼロにならない部分（ただし、科学技術の発展とともに、作為的と考えられるようになっているかもしれず、それは競争政策で対応すべき）

↑（作為的なマークアップ）これをゼロにしようという発想になる

(3) プラットフォームが介在する場合（作為的なマークアップはゼロと仮定したとき)：式（6.1)（6.2)、または式（8.1)

消費者価格＝限界費用＋自然なマークアップ－マークダウン

↑（マークダウン）間接的ネットワーク外部性から生じる

出所：筆者作成

な取引関係を明示的に考慮した図解が求められる。加えて、プラットフォーム間の経営統合（合併）を考える際には、第8章で分析したように、マルチ・ホーミングを加味した検討も必要となる。ただし、「自然な（正当な）マークアップ」「作為的な（不当な）マークアップ」という区分は、そこでも有効になってくるであろう。以上の点は、「不完全競争の経済学」の今後の展開に際しての課題である。[7]

前章までの内容も含め、今までの議論は、図9・4のようにまとめられる。これは、最終

---

7 【読書案内】以上では、筆者なりに経済学的な視点から競争政策の解説を試みた。競争政策に関するスタンダードな説明としては、それぞれ公正取引委員会元委員長、元事務総長の筆による

杉本和行『デジタル時代の競争政策』（日本経済新聞出版社、2019年）

菅久修一『独禁法の授業をはじめます』（商事法務、2021年）

が平易な解説を与えている。更に理解を深める上では、競争法の基礎知識を得ることも有益であろう。筆者の知る限りでは、

デビッド・ガーバー（白石忠志訳）『競争法ガイド』（東京大学出版会、2021年）

白石忠志『独禁法講義　第10版』（有斐閣、2023年）

が、法学的知識がなくても読みやすいと思う。なお、後者で、法学者の白石忠志氏は、「「選べる」ということが、大事である」（1頁）として、買い手にとっては売り手を選べるということ、そして、売り手にとっても、何を誰にどのようにして売るのかを選べるということが競争の意義である点を明確に述べている。本書で提示している競争観は、この白石氏の視点から大きな影響を受けているものである。

的な消費者にとっての価格が、どのような構成要素に分解されるかを理念型として示しているものである。そもそも、完全競争の世界では、消費者価格は限界費用と一致するので（第3章参照）、消費者価格から限界費用を引いたものであるマークアップはゼロとなっていなければならない。したがって、これがプラスであることは「異常」であるという認識になるので、完全競争の世界において競争政策を位置づけるとするならば、「これをゼロにしよう」という発想のものにしかならない。

しかし、不完全競争を想定すれば、自然なマークアップは存在することになり、これは、競争政策によってゼロにしようとする対象のものではない。しかし、前節と本節で述べたように、作為的なマークアップは生じることがあり、そのために、これをゼロにしようとすることが競争政策の目的と捉えることが可能となるのである。なお、このような経済学的視点は、日本の独禁法の議論における「競争の実質的制限」という用語との親和性が高いものであることも指摘しておきたい。

独禁法学の通説的な理解では、「競争の実質的制限」、より具体的には、「市場支配力の形成・維持・強化」が禁止の対象とされている（幕田 2017 21頁）。ここで、「市場支配力」とは、「市場の価格や数量を人為的に左右することのできる力」（河谷・中川・西村 2023 25頁）と理解されるものであるが、これは、我々の不完全競争の世界における企業の実際的行動と対応するものである。そして、市場支配力そのものが問題視されるのではなく、作為的に市場支配力が形成・維持・強化されることが違法とされるのであるが（河谷・中川・西村2023 25頁）、これは、まさに我々の枠組みにおいて、「作為的なマークアップをゼロにしようとする」ことに対応すると解釈できるであろう。このようにして、本書が提示するフレームワークによって、法学者と経済学者との協業が更に促進されることが期待されるのである。

なお、「作為的なマークアップ」の除去のために念頭に置かれるべきことは、第1章でも述べたように、「選択肢の多様性の確保」という視点であり、本章の最後では、デジタル経済の時代を念頭に置いて、具体的な議論を展開してみたい。なお、そこでは、「自然なマークアップ」も、生産や消費などの経済活動に関わる科学技術の進展に伴って、「作為的」と見なされるような部分が生じているようになっているかもしれないという可能性に絶えず注意がされる必要があるという点にも言及される。競争政策的な対応は、そのような場合にも機能しなければならない。

なお、図9・4の最後では、第6～8章で述べたように、プラットフォームが取引に介在するような場合、間接的ネットワーク外部性から生じる「マークダウン」項も考慮されなければならないことが示されている。特に、複数のプラットフォームが並存しているような場合に特有なマルチ・ホーミングという事象が、このマークダウンとどのように関係しているかについては、前章で見た通りである。[8]

経済分析の役割

デジタル化が進展している21世紀の市場と競争を適切に規律づけるためには、今までの競争法に基づく法執行では不十分なのではないか？　デジタル化に対応した新しいルールによって、デジタル・プラットフォームが引き起こす反競争的な弊害に適切に対応すべきであるという問題意識が醸成されつつある。同時に、規制自体がもたらしうる弊害にも注意深くならなければならない。このためには、学術研究者と政策担当者とのコラボレーション、法学と経済学の間の学び合いが重要となろう。このような状況下において、公正取引委員会は、２０２２年４月１日から、特にデジタル市場に関わる競争政策の運営に資することを狙い、経済分析の活用を推進するために「経済分析室」を設置した[9]。

そもそも、経済分析の背後にある「経済学的思考」とは何か？　経済学者の林文夫氏によれば、それは「足し算とインセンティブの分析がきちんとできるということ」であるという（林文夫　２０００）。まず「足し算」とは、消費者による消費、企業による投資、そして政府の歳出といった項目を足し合わせたものである総支出は、経済における総生産と一致するように辻褄が合っているはずだという見方に対応する。他方、「インセンティブの分析」とは、政策や制度の効果といったものを考える際、消費者や企業がどのように反応するのか、すなわち、果たして想定されるような行動が本当に選ばれるのかといったことが考慮されるべきであるという論点である。とりわけ、この後者の「インセンティブの分析」が競争政策と関わってくる（下津 2022 43頁）。

こうして、「個々の意思決定主体がどのように相互連関し、全体的な経済活動が形作られているのか？」「このような自発的な営みに対して、何らかの外的な介入を行なう場合、そういった経済活動の自発性を前提とした上で、介入によって期待される便益や負担はどのようなもので、そして、それらは、異なる主体間でどのように異なった影響として現れるのか？」といったことを、経済理論に基づくモデルと、利用可能なデータに基づいて推量するのである。

---

[8] なお、完全競争の世界においては、限界費用の変化は、消費者価格の変化そのものにほかならないが、不完全競争の世界では、マークアップ部分が介在しているために、両者は基本的には一致しないと考えてよい（Adachi and Fabinger 2022）。これは、マクロ経済学のように、経済全体の物価水準の動き（インフレーションやデフレーション）を考える際の価格への「転嫁」（price pass-through）とも関わる論点でもあり（渡辺 2022 第4章）、不完全競争下における価格転嫁が、余剰や分配など、経済のパフォーマンスに関わる基本的な指標とどのように関わっているかについての理解を更に深めることは、今後の課題としたい。

[9] 公正取引委員会「「経済分析室」の設置について」（令和4年4月1日）（https://www.jftc.go.jp/houdou/pressrelease/2022/apr/220401.html）

そこで有用となるのが「構造推定」（structural estimation）と呼ばれる手法である。環境の変化に応じて、当事者がどのようにして行動を調整しようとするのかを考慮するためには、それを予想できるような何らかの行動モデルを用いなければならない。この目的のためには、「XがYをどれだけ変化させたのか」を「事後検証」（ex-post evaluation）しようとする「因果推論」（causal inference）アプローチのような統計的関係のモデル化だけでは不十分である。対する構造推定アプローチでは、本書で紹介してきたような、プラットフォーム企業、出店者、消費者のインセンティブを描写する行動モデルに基づき、その「構造」をデータから推し量ろうとする。[10] その結果として、需要の価格弾力性などの有意味な概念が、概念だけに留まらず、どのような数値になっているのかを具体的に議論できるようになるのだ。

このように、意思決定主体の便益構造が具体的に表現されれば、それらに影響を与えると考えられる制度変更を仮想的に分析者が与えることによって、コンピューター上で、そのような仮想的な状況における意思決定主体の反応を予測できる。このようにして、反競争的行為の弊害や利益に関しての「事前予測」（ex-ante prediction）を行なえるのである。

例えば、「合併シミュレーション」（merger simulation）がその一例である。自動車産業のような20世紀型の産業を対象とした合併シミュレーションは少なくないが（遠山 2020）、プラットフォーム企業を対象とした研究はまだそれほど見受けられない（なお、土居 2020は、空港ネットワークを対象とした分析を解説している）。

近年の例からは、モバイル決済（ＱＲコード決済）市場において、２０２０年1月時点で、利用金額ベースでの市場シェアが1位（約55％）だったPayPay（ＳＢＫ・ＺＨＤグループ）と、5位（約5％）だったLINE Payが経営統合（合併）を発表した事案を俎上に上げることができるだろう。[11]

これは、買い手（ユーザー）と売り手（加盟店）が、決済サービス業者というプラットフォームを介して関係しあっている両面市場の典型的な事例である。そこで、二つの決済サービス業者というプラットフォーム間の合併を考えるためには、前章で提示したようなモデルを考案し、まず、合併前という現状のデータを用いることで、ユーザー側・加盟店側、そして、決済サービス業者の便益構造を想定した上で、それら複数の決済サービス業者の中で、合併申請を行なっている当事者の二社が合併し、新会社を設立するという「仮想現実」を想

10　やや専門的になるが、分析が対象とする意思決定主体の選好や知識、そして社会制度や生産技術などの経済環境のみならず、分析者の視点からはデータとしては観察されないような要素や誤差も含め、さまざまな要素（変数）が確率的に捉えられるようなものとして把握されるものが「構造」（structure）と呼ばれるものである（Rust 2014, p. 824）。

11　公正取引委員会「Ｚホールディングス株式会社及びＬＩＮＥ株式会社の経営統合に関する審査結果について」（令和2年8月4日）（https://www.jftc.go.jp/houdou/pressrelease/2022/apr/220401.html）の表2（29頁）を参照。なお、当該経営統合に関しては、コード決済事業のみならず、ニュース配信事業と広告関連事業も検討対象となった。

定する。そのような状況において、事業統合した新しい決済サービス業者とそれ以外のサービス業者が並存し、ユーザー側と加盟店側も新しい環境に置かれるという状況のもとで、それぞれの意思決定主体がどのように行動を変化させるのかを見ようとするのが、「事前予測」である。

ただし、ここで述べた構造推定は、さまざまな技法の「合わせ技」的な要素が多分にあり、分析に時間を要するという問題がある（安達　２０２２ａ　２０７頁）。そこで、本書で紹介してきたように、データを用いない定性的な経済理論的な分析もまた重要な役割を果たすものと考えられるし、そもそも、どのような論点が重要になりそうなのかを検討・整理するだけであっても十分に意味がある（五十嵐・大宮・髙木・高畑　２０２２　48頁）。

なお、法学者の林秀弥氏は、司法判断も含むような競争政策に対して経済学が貢献できる点として、

（1）規範レベル

（2）司法事実レベル

という二点を挙げている（林秀弥　２０２２　21頁）。「規範レベル」とは、条文の解釈や運用の際の論理づけへの活用ということで、まさに、前節で示したような、図解による理解が有用

である。他方、「司法事実レベル」での活用に関しては、そのような定性的な理解だけでなく、具体的な数字を伴うような定量的な分析もまた求められるということであり、そのためには、ここで紹介した「構造推定」に限らず、何らかのデータに基づいた論証が求められるということになろう。

データ整備の必要性——デジタル経済の時代に求められる「シン・集中度調査」の開始

そもそも、「プラットフォームの経済学」においては、データ分析に向けた取り組みがまだまだ十分ではないと思われる。プラットフォームというビジネス・モデル自体がデータの活用に適したものであることを考えると、これは大いなる皮肉と言わざるを得ない。例えば、前章で紹介した、マルチ・ホーミングの実態に関しての石原＝大木＝若森調査は、消費者側のみを対象としたものであり、出店者側の情報は含まれていない。両面市場の片側しか見ていないのだ。

プラットフォームに関する学術的研究に利用することが可能なデータの状況について述べよう。私たちがよく聞くＧＤＰ統計の基礎になる情報として、供給・使用表（SUT; Supply-Use Table）と呼ばれるものがある。[12] そして現在、このＳＵＴにデジタル経済を反映させる取り組みが日本でも始まっている。しかしながら、電子商取引における輸送の実態、仲介型プラットフォームに依存しているような出店者の生産構造、更には、そもそも、利用者からの課金や広告費などを主な収益源とするデジタル・プラットフォーム企業の生産構造などに関して、SUT作成のためのデータがまだまだ不足しているものと考えられる。また、国境をまたぐデジタル・プラットフォーム企業の行動の全体を把握するためには、貿易統計の改良も必要であろう。[13] 第4章でも述べたように、国際的な協力体制が必要とされる領域である。

筆者の率直な感想は、まだまだ道半ばといったものである。やはり、政府などの公的主体が、プラットフォーム企業と出店者という事業者間（B2B）サイドも対象とした継続的な調査を行なっていくべきではないか。第4章では、従来の「集中度調査」がここ10年ほど実施されていない点に言及した。これが意味することは、日本における不完全競争の実態が明らかにされなくなるということである。この事態を改善するためには、市場と競争の実態を捉えるための「集中度調査」の21世紀版、言わば「シン・集中度調査」が求められているのだ。同時に、経済学者の北村行伸氏が指摘するように、とりわけ若い研究者層がこうしたデータから興味深い研究をしたいといった機運も醸成されなければならないであろう（北村行伸 2020 7頁）。このことは、図9・4で示されているような概念的議論を、実証的に展開していくためにも重要なことである。

12　付加価値産出のために、産業ごとに、どのような商品が生産され、また利用されているのかをまとめて表にしたものである。従来、GDP推計の際に基礎となっていた産業連関表（IOT; Input-Output Table）では、産業ごとではなく、商品ごとに集計がされていたが、近年、SUTをGDP推計の際にベースにするための移行が進んでいる。例えば、首相官邸・統計改革推進会議・コア幹事会・第1回会合（2017年2月8日）https://www.kantei.go.jp/jp/singi/toukeikaikaku/core_kanji/dai1/siryou.html の「配布資料2　SUTへの移行と一次統計の整備について（総務省提出）」や、総務省・統計委員会・国民経済計算体系的整備部会・SUTタスクフォース・平成29年度第1回会合（2017年6月23日）https://www.soumu.go.jp/main_sosiki/singi/toukei/sna/kaigi/02shingi05_02000126.html の「資料4　SUT体系への移行について」などを参照。

13　総務省・統計委員会・企画部会・第2ワーキンググループ・令和4年度第3回会合（2022年8月18日）https://www.soumu.go.jp/main_sosiki/singi/toukei/kikaku/kaigi/02shingi05_02000575.html の「資料2-2　経済構造を機動的に把握するための統計整備について（グローバル経済・デジタル経済）」を参照。

コラム

間接的ネットワーク外部性の実測

本書で考えてきたモデルにおいて、「ネットワーク外部性」はあくまで概念的に捉えられてきたものであった。しかし、実態として、その程度はいかほどのものなのであろうか？　その問いに対しては、現実に観察されるデータを用いた「データ分析」によって初めて答えることが可能となる。

その点を確認するために、第5章の【コラム】で紹介した「安達モデル」を考えてみよう。そこでは、二つのグループが想定されていたが、今回は、それをサイド1、サイド2として、両面市場の状況として解釈する。サイド1、サイド2の利用者数をそれぞれQ_1、Q_2とすると、それらは（$\tilde{Q}_1$と$\tilde{Q}_2$は、それぞれQ_1、Q_2そのものになることを思い出し、多少の移項をすると）

column

$$Q_1 = a_1 - p_1 + \eta \cdot Q_2$$
$$Q_2 = a_2 - p_2 + \eta \cdot Q_1$$

として表現されていた（式（5・1）と（5・2））。さて、データ分析の定石として、左辺にあるQ_1とQ_2が右辺の式にピッタリ合うようにはデータとしてのQ_1、Q_2、p_1、p_2は観測されることはないと想定し、左辺の観測値（Q_1とQ_2）と、右辺の表現式を埋め合わせるものとしての「誤差」をそれぞれの式に導入して、

$$Q_1 = a_1 - b_1 \cdot p_1 + \eta_1 \cdot Q_2 + \epsilon_1 \qquad \cdots (9.2)$$
$$Q_2 = a_2 - b_2 \cdot p_2 + \eta_2 \cdot Q_1 + \epsilon_2 \qquad \cdots (9.3)$$

を考える。ここで、ϵ_1とϵ_2が「誤差」である。なお、更に、価格p_1とp_2の前に係数b_1とb_2が掛けられ、また、右辺に登場するQ_2とQ_1の前の係数がη_1とη_2となっており、両者に共通のηから変更されている。これは、モデル分析とデータ分析の「作法」の違いを表すものとなっている。データ分析では、観察データに対して、式をうまく合わせるようにするために、それなりに複雑な形式が選ばれるが、モデル分析においては、デ

ータとの接合性をあまり気にしなくても良いため、複雑さよりも十分な簡潔さが求められる。そのため、第5章の安達モデルにおいては、$b_1=b_2=1$、$\eta_1=\eta_2$が仮定されて分析がされていたのである。

　データ分析の主眼は、観察されるQ_1、Q_2、p_1、p_2というデータから、η_1やη_2の大きさを実測、すなわち「推定」することだ。ただし、式に登場しているη_1やη_2と概念的に対応しているものが、データを用いて推定される数値として本当に得られるかどうかが保証されていなければならない（これは一般に「識別問題」（identitication problems）と呼ばれる）。

　この問題を考えるために、式（9・2）の右辺のϵ_1が高い数値を取ったものとしよう。このことは、左辺にあるQ_1が高い値を取るようになることを意味するが、そうすると、Q_1は式（9・3）の右辺にも登場しているので、結局、式（9・3）の左辺にあるQ_2も（η_2が正とすると）高い値を取ることになる。これは、式（9・2）の右辺において、Q_2とϵ_1が同方向に変動することを意味するが、このような時には、式（9・2）に対して、最もスタンダードな推定手法である「最小二乗推定法」を用いると、η_1を正しく推定できないことが知られている。

このような場合、ϵ_1とは連動しないが、Q_2と連動するような変数z_1があれば、Q_2の動き自体がQ_1とどう関係しているかを表す係数η_1は、変数z_1からの変動に起因している部分を使うことで、ϵ_1からの影響を遮断し、推定できる。このような方法を「操作変数法」と呼ぶ。例えば、z_1としてサイド2における限界費用c_2を用いることが考えられる。というのは、c_2はプラットフォーム側の価格決定を通じてp_2に影響することを経由してQ_2と連動するが、ϵ_1の変動とは無関係と考えられるからである。この場合、c_2はQ_2に対する操作変数（instrumental variable）と呼ばれる。同様に、式（9・3）の右辺におけるQ_1に対する操作変数としては、サイド1における限界費用c_1を考えることができる。

更なる詳細については、Julien, Pavan, and Rysman（2021）による解説の第7節を参照されたい。

デジタル・プラットフォームが生み出したギグ・エコノミーとシェアリング・エコノミー

さて、本書では基本的に、モノ（商品）やサービスの取引を念頭に置いてきた。しかし、経済活動におけるデジタル・プラットフォームの浸透は、世界的な規模で、人びとの働き方という労働的側面にも影響を与えている。実際、ＥＵの域内諸国では、プラットフォーム就業者は、２０２１年時点の２８００万人から、２０２５年は４３００万人に増加すると見込まれており、それは労働力人口の20％あまりを占めるという（石田・竹内（奥野）・橋本・水町 ２０２２ ｉ頁）。そこでは、従来のように「職場に勤める」のではなく、「オンライン上のワークプレイスにいる」といった就労形態の常態化とともに、勤労概念が不明確になってきており、同時に労働者と自営業者の垣根も曖昧になってきている。

従来型の雇用制度、社会保障制度からの対応は、そういった流れにはまだ十分にはキャッチアップできていないものと思われる（金 ２０２３ 43–44頁）。ある決められた場所に滞在していることが、求められるサービスの提供のために本当に必要なことなのかということが問い直されなければならない。税制を含め、労働者・生活者として我々のセーフティネットもまた、デジタル社会を前提として、変化していかざるを得ないであろう。

逆に、企業側は、今までは、労働者として雇用していた労働サービスを、個人の請負業者との業務委託契約関係に代替することができる。こういった働き方の形態は、コンビニエンスストアのフランチャイジー、翻訳業やイラスト業など、多岐にわたって、デジタル・プラットフォームの浸透以前から見られたものであるが、近年では特に、配達業・運送業において、アプリ形式でのデジタル・プラットフォームを介して労働サービスを提供する就業者が増えている（水町　2022　17頁）。

これが、ギグ・ワーカーであり（「ギグ gig」とは、元は一回限りの即興を意味しており、こういった労働者の単発的な仕事のあり方を形容している）、こういった就労形態が多業種にわたって珍しくなくなってきているという現状がギグ・エコノミー（gig economy）である。このようにして、プラットフォーム企業は、雇用に関わる税負担を抑制することができるし（フリスビー　2021　218頁）、同時に、資産の所有や在庫という概念も絶対的なものではなくなっている。自動車を所有していなくても、費用に応じてレンタルすることは、経済社会のデジタル化とともに、ますます容易になるであろう。このようなサービスが、レンタカー会社ではなくて、個人間の融通でも可能になりつつあるのだ。これが、シェアリング・エコノミー（sharing economy）である。

労働市場におけるフリーランス化（右で述べたギグ・ワーカーも含めて）に伴って生じているものと考えられる「買い手寡占」（oligopsony）は、一方では、労働サービスの対価を抑制するものと考えられ、もしそれが財・サービス市場における消費者価格の低下に結びつくと考えられるのであれば、消費者余剰の基準からは歓迎されるものとなろう。しかし、そのような効果が、フリーランサーに対する「優越的地位の濫用」に伴って生じているようであれば、それ自体が問題となりうるし、国民経済的な観点からも望ましいと言えるかどうかははっきりしない。消費者としてはモノの価値が下がったとしても、労働者としては給料が上がらないからである。こういった論点を考えるためには、労働市場と財・サービス市場との関係性を真正面から捉えなければならないが、「不完全競争の経済学」の現状においては、このような一般均衡的（第３章の最後を参照）、あるいはマクロ的視点からの「経済の寡占化」についての分析は手薄であり、今後の課題である（林貴志 ２０１３ ２６３頁、大橋 ２０２１ 80頁）[14]。

生成系ＡＩの登場

本書では、21世紀デジタル社会の最初の20年間における市場と競争のあり方に影響を与えてきたプラットフォーム・ビジネスに焦点を当ててきた。さて、２０２４年の現在、デジタル技術に関して耳目を集めている話題は、２０２２年11月にアメリカの企業OpenAIが公開したチャットＧＰＴに代表される生成系ＡＩ（artificial intelligence; 人工知能）である。

ウェブ上のテキストデータなど入力された情報は、文脈が加味されながら、再び新しい情報として生成され、これが繰り返されていく（岡野原　２０２３）。「生成系」（generating）とはその様を表現する用語である。

生成系ＡＩは産業間の垣根を超える基盤技術として、今後利用されていくであろうが、同じデジタル技術とは言え、デジタル・プラットフォームとは同列のものとは捉えられない。生成系ＡＩは、何らかのインプットから、何らかのアウトプットを生み出すという意味では、20世紀型の工業製品と同型のプロセスを示しているに過ぎないのである。ただし、20世紀型の工業製品のインプットは、加工品など、所有や占有が明らかになるものであった。それに対して、生成系ＡＩのインプットはデータである。所有権（ownership）や占有権（right of possession）がはっきりしていないものなのだ。この問題は、まさに、科学技術と法とが交差する領域であり、今後の展開を注視しなければならない。

14　労働市場を対象として完全競争の議論を当てはめると、「労働者の受け取り分（賃金）は、その労働者の生産への貢献分（専門的には、「限界生産性」（marginal productivity）と呼ぶ）と等しくあるべし」との主張になる。しかし、完全競争ではなく、不完全競争をベースにして考えるようになると、賃金と限界生産性の差分には、競争政策的な対応をもってしても除去しきれない部分は残るという可能性は自然なものとして念頭に置くことが可能になろう。一つの方向性について簡潔にまとめた成書としては、d'Aspremont and Dos Santos Ferreira（2021）があり、また、関連する研究としては、Azar and Vives（2021）、安達（２０２２ｂ）や Kaplow（2023）がある。

他方、プラットフォーム技術とは、モノとヒト、あるいは、ヒト同士が結びつく「場」を提供するものである。つまり、モノやサービスのやり取りを媒介するというサービス（あるいは、物理的な実体を伴っているという視点からはモノとしての存在でもある）を提供しているメタ的な存在なのである。今後、デジタル・プラットフォーム企業は生成系ＡＩ技術を取り込みながら、消費者に対して、今までのような商品検索のみならず、閲覧履歴や購買履歴等に基づく個別的な商品提案を行なったり、あるいは、時間帯に応じて価格を変動させるダイナミック・プライシング（dynamic pricing）に対して、生成系ＡＩのインタラクティブな性質を活用していったりするのではないかと考えられる。出品者との関係性構築に関しても同様に予想されよう。[15]

新しく求められるビジネス対応

異なる主体間の間接的ネットワーク効果を基軸にして、利益を生みながら社会的な価値を創造するプラットフォーム型ビジネスにおいては、特定の市場を画定し、そこでの反競争的な行為を防止しようとするような既存の競争政策の考えは、素直に当てはめようとすると、「過剰規制」になってしまう恐れが高い。あるサイドにおける主体に対して、一見、反競争的な行為と見なされるようなものであっても、他サイドには利益があり、それは巡り巡って、元々のサイドの方にも利益をもたらすかもしれない。このことは、プラットフォームが事業維持・拡大のための分岐点（クリティカル・マス）を超えるか超えないかといったようなプラットフォーム・ビジネス黎明期でも既に強調されていた論ではあるが（明城・大西　2022　228頁）、第7章では、筆者自身が関わった研究に即して、それを説明した。

弁護士の長澤哲也氏は、独禁法に関わるビジネス事案に対しては日本の企業は保守的に対応する傾向が見られがちであり、このような過度に保守的な振る舞いは、ビジネスチャンスの芽を摘むことにもなりかねないことを指摘した上で、むしろ、企業の側が当局に働きかけてルールメイキングにも積極的に関わるようなマインドセットを持つことの重要性を説いている。[16]

筆者も同様に、競争を規律づけるための政策的対応は、行政や立法に任せっきりというの

---

15 【読書案内】AIと経済活動について考える上では、生成系AIが普及する以前の出版ではあるが、アジェイ・アグラワル／ジョシュア・ガンズ／アヴィ・ゴールドファーブ（小坂恵理訳）『予測マシンの世紀』（早川書房、2019年）が今後の方向性を大局的に考える上では、示唆に富んでいる。

16 「トップ弁護士に聞く⑤長沢哲也氏「独禁法は攻めが肝要」弁護士ランキング　独禁・競争法分野1位」『日本経済新聞』2022年12月31日電子版に掲載。

ではなく、ビジネス側も積極的に関わっていくべきものだと考えている。前著（安達 2022a 135-136頁）と同様、本書の第7章において、プラットフォーム事業者側がある程度裁量的な姿勢で出店者側に対峙することは、出店数の拡大、そして、間接的ネットワーク効果に伴って、消費者サイドにも望ましい影響を与える余地が多いものの、それが濫用行為だとして反発を招かないように、丁寧な説明責任を持って対応していくことが望ましい旨を論じた。更に具体的には、経営学者のマイケル・クスマノ氏、アナベル・ガワー氏、デヴィッド・ヨッフィー氏が指摘する4つのポイント、

（1）弱い者いじめにはならないようにすること
（2）労働法を遵守すること
（3）開放性と信頼性のバランスを確保すること
（4）自主規制に努めること

が、プラットフォーム側には求められているであろう（クスマノ／ガワー／ヨッフィー 2020 254頁）。上述のように、現状のデジタルプラットフォーム取引透明化法を遵守しつつも、新たな課題に伴って生じてくる行政的・司法的対応策に関しても、プラットフォーム側も当事者意識を持って、共同でルールメイキングに携わっていくという姿勢が求められてい

る。間接的ネットワーク外部性、すなわち、異なるタイプの主体同士が結びつく利益が生み出され、消費者、出店者、そしてプラットフォームが「三方よし」となるように、当事者や行政は、プラットフォームの特性を理解しながら、市場と競争のマネジメントに意を用いるようにしなければならない。

ここでも、今まで述べてきた「自然なマークアップ」「作為的なマークアップ」という区分けが有効であろう。ビジネスの視点からは、どちらも自らの儲けにつながるという意味では両者は同じものなのであるが、社会的に認められるのはあくまで「自然なマークアップ」だけなのであり、「作為的なマークアップ」への誘惑は断ち切らなければならない。

経営学と経済学を結びつける「不完全競争の経済学」

ここで、やや余談ではあるが、この二項対立の図式を敷衍すれば、経営学と経済学の違いを鮮やかに説明することが可能になることを指摘しておきたい。すなわち、経営学の主要な関心は、企業がいかにして「自然なマークアップ」を増やすための経営戦略や組織戦略を構築できるのかという点にあるのに対して、経済学は、「作為的なマークアップ」が上昇することがないように制度的・政策的な対応に関心を寄せるのだという分類である（表9・1）。

表 9.1　経営学と経済学の焦点の違い

経営学 （経営戦略的・組織戦略的関心）	自然なマークアップ部分 MU をいかに増加させるか
経済学 （競争政策的・公共政策的関心）	作為的なマークアップ部分 MU' をいかに抑制するか

出所：筆者作成

経営学と経済学の不幸な没交渉の歴史の背後には、経済学が伝統的に、完全競争をベンチマークとして、その後に「市場の失敗」の一形態として不完全競争を導入するという「ミクロ経済学の二分法」（第3章の前半部参照）を堅持してきたことが挙げられるであろう。このような体系においては、経営学的トピックスに関心を抱いている学生に対して、経済学の意義を初めからダイレクトに伝えることは難しいと考えられるからだ（そもそも、経済現象に興味を抱いている学生に対してはしっかりと興味を与えられているかどうかという点については不問としても）。

むしろ、「21世紀の経済学入門」においては、第3章や本章が提唱するように、「不完全競争の経済学」をまず始めに導入し、その後に、その一特殊形態として完全競争に触れるという順序立てが望まれるのである。このようにして、「不完全競争の経済学」は、経営学と経済学が相互の違いを理解し、そして相互に学び合うための「接点」（飯田 2017 52頁）の役割を果たすことができるのだ。[17][18]

それでは、一息ついたところで、いよいよ本書のまとめに入ることにしよう。

[17] ここでは、経営学と経済学の対比を敢えて鮮明とするために、表9・1のような対立図式を提示してみた。しかし、経済学は、すべからく、作為的なマークアップの削減のみにしか関心を持っていない、あるいは、そうであるべきと述べたいわけではないことに注意されたい。逆に、経営学の立場からも、グッド・プラクティス的な視点から、作為的なマークアップの削減に関心が持たれることもあるだろう。

[18] 第3章の最後（「二、三の注意点」）で述べたように、本書では、企業サイドを「産業」として全体的に考えており、個々の企業間の関係性については、敢えて明確にしないというスタンスを取ってきた。また、「自然なマークアップ」の大小を決める需要・供給の構造の詳細にも立ち入らないようにしてきた。もちろんこれは、「不完全競争の経済学」への導入のためのファースト・ステップとしての便法であり、詳細な分析のためには、企業間の関係も含めた構造が明確化され、またできれば、企業ごとの差異（専門用語では「異質性」（heterogeneity）と呼ばれる）も考慮されることが望ましい。それでもなお、経済学の関心は、こういった企業間の関係性や、経済全体における動きを総体的・俯瞰的に捉えようとするのに対して、経営学では、個別の企業の視点からの分析が主体のように思われる。すなわち、経済や産業全体の視点ではなく、特定の企業にとっての自然なマークアップを増やすための経営戦略や組織戦略の構築に関心を寄せることが経営学の主眼ではないかと筆者は考えている。

データ・ポータビリティーを高める
――「競い合い」ではなく「結びつき」のための市場と競争に向けて

21世紀を特徴づけるデジタル空間の市場においては、必然的にそれを司るデジタル・プラットフォームにデータが集積され、それは彼らのビジネス戦略上、重要な位置を占めることになる。第2章で述べたように、これは、検索機能やサジェスト機能の向上を通じて、消費者・出品者に利便性を与えるものであると同時に、それによって、新規参入が阻まれることなどによって、利用者側に対して選択の余地が狭められるだけでなく、そもそもの利便性自体も還元されにくくなってしまう結果になるかもしれない。

この問題の根源には、取引から生じるデータに対する所有権が曖昧であることが考えられる。法学者の小塚荘一郎氏によれば、例えば、消費者Aが、出品者Bから、プラットフォームC上で、「いつ、どういった商品を何円で購入したのか」という「データ」は、「誰かのもの」になることはないのだという（小塚 2019 79）。形のある「モノ」であれば、物理的に保持している「ヒト」が排他的に所有権を有するが、「法律的には、情報に対する独占的な支配権は認められない」（同）からだ。実際は、この「データ」は、その発生場所であるデジタル・プラットフォームが「タダ同然で占有」し、「使い放題」になっているというわけである。

したがって、この「データ」をその発生源である主体に還元するようにすれば良いのではないかという発想は自然なものであろう。ＥＵ圏で２０１８年5月から施行されている「一般データ保護規制」（GDPR; General Data Protection Regulation）は、個人をデータに対する処分権を保有する「データ主体」と位置づけている。[19] とりわけ、同規制の第20条では、自己に関するデータを「一般的で読み出し可能なフォーマット」（小塚 ２０１９ 83頁）で受け取れる権利が明記されている。これは、データの持ち運び可能性、すなわち、データ・ポータビリティー（data portability）を高めようとする発想である。

こうして、あたかも、自分の携帯電話の番号はキープしながら、携帯キャリア会社を変えるかのように、消費者側が、プラットフォームが提供するサービスの内容に応じて、あるプラットフォームから別のプラットフォームへと乗り換える潜在的なコストが低くなる。そのことによって、実質的な選択肢の幅が広がり、そして、そのことが新しいプラットフォームの参入を促すことが期待されるのである。

確かに、情報工学者の佐藤一郎氏が指摘するように、現状では、技術的にはそれほど容易

19 最近では、日本や中国では個人情報保護法の改正により（中国では、「情報」を意味する「信息」という用語が使われて、「個人信息保護法」と呼ばれる）、また、アメリカのカリフォルニア州では「消費者プライバシー法」の制定によって、ＥＵと同様の対応が取られつつある（小塚 ２０２３ ２３２頁）。

でないと考えられるが（宍戸・大屋・小塚・佐藤編著 2020 46頁）、いったん、このような権利体系が生まれれば、それ自体を根拠とするような新しいサービスが生まれるかもしれない。それは、どのプラットフォームが自分にとって適しているのかを判断してくれるようなサービスである（スタック／グランズ 2022 335頁）。そのためには、私たちの履歴という「データ資産」がまず、こういった第三者にとってアクセスすることが可能になっていなければならず、それを個人に替わって保管・利用する代理人は、経済学者の岡田羊祐氏の言うところの「ブローカー」（岡田 2019 185頁）、あるいは、法学者の生貝直人氏の言うところの「情報銀行」（宍戸・大屋・小塚・佐藤編著 2020 46頁）と呼ばれるような役割を担っていくようになるかもしれない。

プラットフォームが取引等で生じるデータを集中的に管理するウェブ2の世界に対して、ウェブ3においては、第2章で説明したようなブロックチェーンの仕組みを用いて、ユーザーは自身が関わるデータを自身のものとして所有する（市橋 2022）。こうして、取引データの分散的な管理は、特定のデジタル・プラットフォームが、データを集積しているという理由だけから優位性を持つことを防ぐことができる。そのためには、プラットフォーム利用者には、可能な限り、代替的なプラットフォームへの乗り換えの可能性、すなわち、インター・オペラビリティー（inter-operability; 相互運用性）があることが望ましいのである。具体的な技術の進展においては、第5章の最後で触れたような「モジュール化」の発想が活かされていくことであろう。

本章前半部で説明した図式に従えば、このようにして、「安全性」「公共性」といった理由で正当化されていた「反競争的行為」は、新しいウェブ3の世界では、「利益」よりも「弊害」をもたらすものとして認識されるようになっていくものと思われる。すなわち、デジタル・プラットフォームのデータ利用というビジネス戦略が、部分的には、自然なマークアップ*MU*ではなく、作為的なマークアップ*MU'*に帰着されるべきものだとして捉えられるようになっていくということだ。今後は、技術の発展状況と歩調を合わせながら、その見極めが重要となっていくのではないだろうか。その際には、本書で提示してきた「不完全競争の概念的理解」に基づいた整理が有効であると考えられる。

以上の提案は、第1章で強調したように、「競争」の本質を、選ぶ側にとっての多様性の確保に求める考え方とも合致する。こうした「競争観」に立てば、「市場」を「数多くのゆるいつながりに支えられた」（松井　２０１８　１６２頁）ものとして捉えることが自然な見方となろう。前世紀末から準備されてきた「デジタル空間」は、今世紀になってから、デジタル・プラットフォームのビジネスモデルの展開によって、人類史的観点から見れば、新たな市場の開拓へと花開いた。それは「取引機会」を通じた新しい出会いの「場」の多面的な創出であり、まさに「プラットフォーム」が本来、体現しようとする精神だ。

夏目漱石は、１９１１年８月の和歌山での講演「現代日本の開化」において、「開化が進めば進むほど競争が益《ますます》劇《はげ》しくなって生活は困難になるような気がする」[20]と述べているが、これは、競争のメリットを個人の努力発揚に見出そうとする誤った競争観から生じる取り越し苦労に過ぎない。「競い合い」や「自己発揚」を強調するのではなく、「結びつき」や「他者の発見」を促すための市場と競争を。そのためには、まず、ビジネス、法、デジタル技術にまたがる実務と、「不完全競争の経済学」に関わる学術とが互いに協力し、国境をまたぐグローバルな展開と、地に足を着けたローカルな活動とを並行させながら、確かな足取りでこの時代を進んでいかなければならない。

そして、その視点から、私たち一人ひとりも――ドイツの社会学者マックス・ヴェーバー（1864-1920）が1919年1月のミュンヘンでの講演「職業としての学問」において強調したように[21]――ビジネス戦略、公共政策、そして、自分や身近にいる誰か、あるいは見ず知らずの誰かの人生に関わる諸事の改善に日々努め、成長の足取りを確かなものとしていかなければならない。これが、自身の人生におけるさまざまな「出会い」を通じて「プラットフォームの経済学」を学んできた筆者から、21世紀を生きる読者に伝えたいメッセージである。

20 『漱石文明論集』（三好行雄編、岩波文庫、1986年）、22頁。
21 『職業としての学問』（尾高邦雄訳、岩波文庫、1980年）、74頁。

あとがき

本書は、筆者の研究遍歴に沿い、「プラットフォーム」に関して行なった近年の学術的研究（Adachi and Tremblay 2020; Adachi, Sato, and Tremblay 2023; Tremblay, Adachi, and Sato 2023）についての解説を中心としながらも、「不完全競争の経済学」こそが市場理論、いや経済学の中心的な位置を占めるべきとの持論に関わる諸論稿（下記参照）を集成することによって一書にまとめたものである。経済学的知識の多寡を問わず、より多くの読者にとって、21世紀の市場と競争を考えるための材料に資するものになればとの意図で執筆された。

本文中での記述とも重複するが、筆者による主張の要諦は、

（1）競争の意義は、何よりも、選ぶ側にとっての多様性確保に求められるべきこと

（2）安全性や公共性といったような理由で、「自然なマークアップ」に帰属する成果を生み出していると考えられる技術・慣行であっても、科学の進展や社会の価値観などの変

化に伴い、「作為的なマークアップ」に結びつくものだとして認識を転換し、見直すべき可能性は不断にあること

の二点にまとめられる。後者に関して補足しておくと、セキュリティー要因や、第7章で見たような広い意味での「交渉的」要素によって、「自然水準のマークアップ」として捉えられているような企業あるいはプラットフォーム側の取り分であっても、その正当性に対しては常に再考の余地があるということだ。企業やプラットフォーム側からのグッド・プラクティスの一環として絶えず検討の俎上にあることが望ましい、とは言うものの、それだけでは不十分な場合は、社会全体として対応をしていかなければならない。ただ、素朴な「正義感」だけでは、市場における「出会い」の機会、すなわち取引量にとってマイナスの影響を及ぼしかねないことを留意するような「バランス感覚」が求められることもまた、本書では指摘してきた。

手前味噌ではあるが、以上のような視点が「競争政策」の理念的基礎に位置づけられるべきではないだろうか。第1章では、読者諸賢に対し、「競争政策」という名称に対する代替案を募っていた筆者ではあるが、本書で提示された論点を糸口とし、各自が「競争政策」についての考えを巡らせていただけるのであれば、既に皆さんは、通俗的な競争観からは解き放たれているのであり、したがって、この「あとがき」に至って筆者は、「競争政策」に替

わる新たな名称の考案は不要なのではないかという境地に達している。

人類の科学技術がどのような変化を遂げたとしても、本書で提示した論点は、何も「21世紀の」市場と競争だけではなく、20世紀までの、そして、22世紀からの市場と競争を考える上でも一貫して当てはまるものだと考えている。「プラットフォームの経済学」が勃興する前の前世紀末から経済学を学び始め、プラットフォームの機能に関する考察を通じて、プラットフォームに限らず、広く市場や競争についての理解を深めることができたのは幸いであった。

前著『データとモデルの実践ミクロ経済学　ジェンダー・プラットフォーム・自民党』の「あとがき」の執筆時点（２０２２年１月）で、筆者は、今後、「不完全競争の経済学」を主軸として研究活動を行ない、自身の関心は「既に、新たなる書籍のための研究に向かっている」（安達　２０２２　２１２頁）ことを表明していたが、それから2年が経過して日の目を見る本書は、しかし、その「新たなる書籍」ではない。とは言え、あくまで中間報告的意味合いの強い一里塚的位置を占めているに過ぎないものの、現時点における共同研究の成果を述べ、また筆者自身の市場観・競争観も打ち出しているという意味では、今後の展開にとって重要な一書であると位置づけている。前著と同様、以下で言及させていただく方々以外からも多くの間接・無形のご助力を得ることができた。

１９３３年、イギリスの経済学者ジョーン・ロビンソン（１９０３–１９８３）が『不完全競争の経済学』（*The Economics of Imperfect Competition*）を出版してから90年あまりが経過し、２０３３年はその出版１００周年の節目にあたる。当座はそれを意識しながら、今後も引き続き、「不完全競争の経済学」を主軸においた研究活動を継続していく所存だ。ここでは、直近の研究助成である日本学術振興会・科学研究費助成事業「不完全競争下における公共政策の厚生効果：市場支配度指数アプローチによる理論と実証」（基盤研究C: 21K01440）に言及し、感謝する機会としたい。

上述のように、第7章と第8章で扱った内容は、佐藤進氏、そしてマーク・トレンブリィ氏と行なった共同研究に基づく既発表の論文に依拠している。協業の機会を与えてくれた両氏に改めて感謝したい。ただし、本書での説明は筆者の理解に基づいたものであり、したがって、論文の内容に関する記述において誤りが残っているとするならば、それは偏に筆者のみが責めを負うものである。

本書の初稿に対しては、黒田敏史先生と丸山雅祥先生から全体的に目を通していただいた上で、改稿に際して有益なコメントを頂戴した。また、善如悠介先生は第9章における記述の正確さに関わるご助言をくださった。以上の三先生からのご厚意に深く感謝を申し上げる次第である。

本書の編集を担当されたのは、勁草書房編集部の黒田拓也氏である。実は、黒田氏のご高名は、デジタル・プラットフォーム全盛以前の20世紀末より一方的に存じ上げていた。なぜ

ならば、

岩井克人・伊藤元重（編）『現代の経済理論』（１９９４年）
神谷和也・浦井憲『経済学のための数学入門』（１９９６年）
青木昌彦・奥野正寛（編著）『経済システムの比較制度分析』（１９９６年）
伊藤秀史（編）『日本の企業システム』（１９９６年）
J．E．スティグリッツ／B．C．グリーンワルド（内藤純一・家森信善訳）『新しい金融論　信用と情報の経済学』（２００３年）

など、学生時代の筆者が裨益した東京大学出版会の書籍のまえがき（あるいは、あとがき）では必ずお名前を見かけていたからであり、記憶に残らないはずがない。このように、黒田氏との「出会い」は一方的なものであったのだが、その後、黒田氏と筆者がやり取りをするようになったのは、２０１０年前後、まさにデジタル・プラットフォーム時代の申し子、ＳＮＳのTwitter（現X）経由ではなかったかと記憶している。初めてお会いしたのは、２０１３年９月に神奈川大学で開催された日本経済学会の機会を利用して設定された食事会の場であった。

前世紀末に経済学系の編集者として出発された黒田氏は、21世紀になってからの歳月の多くを営業畑や事業統括の最前線でご活躍された。同時に、学術出版業界においても多大なる貢献をされてきたが、この２０２４年１月、職場を変え、一編集者として再出発されている。

一学徒の卵として黒田氏のお名前を多くの書籍のまえがき（あるいは、あとがき）で見かけていた筆者が、初対面から10年が経過してしまったものの、他ならぬ自身の著書の「あとがき」において黒田氏のお名前に言及することは、孵化して間もない小鳥からの感謝の証と言って良いだろう。実際、編集作業に際して、黒田氏はまさに親鳥のように筆者を適切に導かれた。しかしながら同時に、本書の上梓は研究者としての自身の未熟さを示すものでしかなく、今後も引き続き、一学徒として確かな足取り、いや飛翔によってこの時代を進み、「経済学の時空」に導いてくださった黒田氏との「出会い」に対する感謝を示していくほかはないと考えている。

最後になるが、本書で示されている見解や主張、そして残りうる誤りは、純然として筆者のみに帰するべきものであって、筆者が現在に至るまでに関係してきた機関、団体、及び個人等の見解を反映するものでない点を明記しておく。

2024年2月2日

京都・吉田山麓

安達貴教

追記（２０２４年３月13日）

校正の段階で参考になるご示唆をいただいた袁岱皓イ氏（京都大学大学院）並びに斎藤博氏（『経済セミナー』元編集長）にも謝意を表したい。

初出（本書での利用に関しては、いずれも快諾済み）

1．安達貴教「「生産・出荷集中度調査」の再開を求める」『経済セミナー』２０１９年12月・２０２０年１月号、54–57頁。

2．安達貴教「高等学校公民科「現代社会」「政治・経済」文部科学省検定済教科書における不完全競争の取扱いについて」『経済科学』（名古屋大学大学院経済学研究科）第68巻第1号、２０２０年６月、19–38頁。

3．安達貴教「書評：丸山雅祥『市場の世界——新しい経済学を求めて』（２０２０年、有斐閣）経済学の歴史的発展を概観し、市場の来し方行く末を考える」『経済セミナー』２０２０年12月・２０２１年１月号、１３６頁。

4．安達貴教「書評：大橋弘『競争政策の経済学　人口減少・デジタル化・産業政策』（２０２１年、日本経済新聞出版）ポストコロナ時代の競争政策を語るための必読書」『経済セミナー』２０２１年10・11月号、１２６頁、及び、そのウェブ補論（https://note.com/keisemi/n/n56cda8f04ac7）

なお、第8章では、京都大学ウェブページ上「最新の研究成果を知る」に掲載されたプレスリリース（２０２３年11月21日）「デジタルプラットフォーム分析の新しい枠組み——マルチ・ホーミングを考慮した寡占モデル」https://www.kyoto-u.ac.jp/ja/research-news/2023-11-21-0も部分的に参考にしている。

著者略歴

安達貴教（あだち・たかのり）

京都大学経営管理大学院・大学院経済学研究科教授。Ph.D.（経済学）。「不完全競争の経済学」の視点から、産業組織、競争政策、公共政策などに関する問題を対象としたデータ分析や経済モデル分析を行なうことに主要な研究関心がある。過去の研究成果の一端は、著書『データとモデルの実践ミクロ経済学　ジェンダー・プラットフォーム・自民党』（2022年、慶應義塾大学出版会）にまとめられて刊行された。また、「不完全競争の経済学」の歴史に対する関心の一環として、『ジョーン・ロビンソンとケインズ　最強の女性経済学者はいかにして生まれたか』（ナヒド・アスランベイグイ、ガイ・オークス著、2022年、慶應義塾大学出版会）を訳出している。

21世紀の市場と競争
デジタル経済・プラットフォーム・不完全競争

2024年6月14日　第1版第1刷発行

著　者　安《あ》達《だち》貴《たか》教《のり》

発行者　井村寿人

発行所　株式会社　勁《けい》草《そう》書房

112-0005 東京都文京区水道 2-1-1 振替 00150-2-175253
（編集）電話 03-3815-5277／FAX 03-3814-6968
（営業）電話 03-3814-6861／FAX 03-3814-6854
印刷：理想社／製本：松岳社

ISBN978-4-326-55093-7　Printed in Japan

索 引

人名・団体名

や行

ら行

わ行

事項

あ行

か行

さ行

た行

な行

は行

ま行

や行

ら行

英字

参考文献

青木昌彦（2008）『比較制度分析序説　経済システムの進化と多元性』講談社学術文庫.

——（2014）『青木昌彦の経済学入門―制度論の地平を拡げる』ちくま新書.

青木玲子・小田切宏之・林秀弥（2017）「いま求められる競争政策とは独占禁止法誕生 70 年」『経済セミナー』2017 年 10・11 月号，pp. 8–23.

浅子和美（2021）『経済学入門 15 講』新世社.

安達貴教（2019）「「生産・出荷集中度調査」の再開を求める」『経済セミナー』2019 年 12 月・2020 年 1 月号，pp. 54–57.

——（2020）「高等学校公民科「現代社会」「政治・経済」文部科学省検定済教科書における不完全競争の取扱いについて」『経済科学』（名古屋大学大学院経済学研究科）第 68 巻第 1 号，pp. 19–38.

——（2022a）『データとモデルの実践ミクロ経済学　ジェンダー・プラットフォーム・自民党』慶應義塾大学出版会.

——（2022b）「不完全競争の一般均衡モデルで考える競争政策の意義」『経済論叢』（京都大学経済学会）196（3），45–54.

網野善彦（2005）『日本の歴史をよみなおす（全）』ちくま学芸文庫.

——（2012）『歴史を考えるヒント』新潮文庫.

——・阿部謹也（1994）『対談　中世の再発見　市・贈与・宴会』平凡社ライブラリー.

飯田泰之（2017）『経済学講義』ちくま新書.

伊神満（2018）『「イノベーターのジレンマ」の経済学的解明』日経 BP.

五十嵐俊子・大宮俊吾・髙木加織・高畑徹也（2022）「やさしい独占禁止法の経済分析（価格相関分析，定常性分析，見せかけの相関）」

『公正取引』No. 866, 47–52.
石垣浩晶（2020）「独禁法規制・訴訟対応への応用」経済セミナー編集部（編）『進化するビジネスの実証分析』日本評論社, 25–32.
石田信平・竹内（奥野）寿・橋本陽子・水町勇一郎（2022）『デジタルプラットフォームと労働法　労働者概念の生成と展開』東京大学出版会.
石橋孝次（2021）『産業組織　理論と実証の接合』慶應義塾大学出版会.
依田高典（2003）「ネットワーク産業の生態学」林敏彦編『日本の産業システム第5巻：コミュニケーション・ネットワーク』NTT出版, 74–110.
――（2011）『次世代インターネットの経済学』岩波新書.
――・林秀弥（2006）「第3章　市場画定」柳川隆・川濵昇編『競争の戦略と政策』有斐閣ブックス, 79–101.
市橋翔太（2022）「ウェブ3の展望㊤　巨大企業に対抗できる手段」日本経済新聞, 2022年8月31日朝刊,「経済教室」欄.
伊東光晴（2006）『現代に生きるケインズ―モラル・サイエンスとしての経済理論』岩波新書.
伊藤元重（2001）『流通は進化する』中公新書.
――（2021）『ビジネス・エコノミクス　第2版』日本経済新聞出版.
井堀利宏（2019）『入門ミクロ経済学　第3版』新世社.
入山章栄（2019）『世界標準の経営理論』ダイヤモンド社.
岩井克人（2009）『会社はこれからどうなるのか』平凡社ライブラリー.
宇沢弘文（1974）『自動車の社会的費用』岩波新書.
エヴァンス, デヴィッド・S／リチャード・シュマレンジー（2018）『最新プラットフォーム戦略　マッチメーカー』（平野敦士カール訳）朝日新聞出版.（原著：David S. Evans and Richard Schmalensee, 2016, *Matchmakers: The New Economics of Multisided Platforms*, Harvard Business Review Press）
太田勝造・草野芳郎編著, 奥村哲史・鬼澤友直・豊田愛祥・西潟眞澄（2007）『ロースクール交渉学　第2版』白桃書房.
大瀧雅之（2018）『経済学』勁草書房.

大橋弘（2017）「デジタルカルテルと競争政策」『経済セミナー』（日本評論社）2017年10・11月号，24–28.
——（2021）『競争政策の経済学　人口減少・デジタル化・産業政策』日本経済新聞出版.
——・中村豪・明城聡（2010）「八幡・富士製鐵の合併（1970）に対する定量的評価」『経済学論集』76（1），75–107.
岡田羊祐（2014）「第1章　クラウド産業論：本書の分析視角」岡田羊祐・林秀弥（編著）『クラウド産業論　流動化するプラットフォームにおける競争と規制』勁草書房，1–17.
——（2019）『イノベーションと技術変化の経済学』日本評論社.
——（2022）「デジタル経済における競争法の目的と基準：市場支配力と社会的厚生を巡って」『公正取引』No.856，12–19.
岡野原大輔（2023）『大規模原語モデルは新たな知能か　ChatGPTが変えた世界』岩波科学ライブラリー319.
小田切宏之（2019）『産業組織論―理論・戦略・政策を学ぶ』有斐閣.
音好宏（2019）「メディアの窮状」吉見俊哉編『平成史講義』ちくま新書，159–184.
勝俣鎮夫（1986）「VI 売買・質入れと所有観念」朝尾直弘・網野善彦・山口啓二・吉田孝（編）『日本の社会史　第4巻　負担と贈与』岩浪書店，181–209.
ガーバー，デビッド（2021）『競争法ガイド』（白石忠志訳）東京大学出版会.（原著：David J. Gerber, 2020, *Competition Law and Antitrust: A Global Guide*, Oxford University Press）
カブラル，ルイシュ（2023）『企業の経済学　産業組織論入門』（青木玲子・大橋弘監訳）日本評論社.（原著：Cabral, L. M. B.（2017）*Introduction to Industrial Organization*, 2nd Edition, The MIT Press）
川口大司（2019）「エビデンスに基づく政策形成と経済学」『日本労働研究雑誌』2019年4月号（No.705），8–12.
川島富士雄（2023）「第7章　中国におけるデジタルプラットフォーム事業者に対する独占禁止法規制」根岸哲・泉水文雄・和久井理子（編著）『プラットフォームとイノベーションをめぐる新たな競争政

策の構築』商事法務，157–183.
北村周平（2022）『民主主義の経済学　社会変革のための思考法』日経BP.
北村行伸（2020）「講演　産業連関表から供給使用表へ」法政大学日本統計研究所・研究所報 No. 53『産業連関表から供給・使用表へ』，1–7. http://www.gakkai.ne.jp/papaios/img/annual2020.pdf
金埈永（2023）「プラットフォームの労働者たち　ギグ・ワーカーを社会保障制度にどう位置づけるか」水嶋一憲・ケイン樹里安・妹尾麻美・山本泰三（編著）『プラットフォーム資本主義を解読する　スマートフォンからみえてくる現代社会』ナカニシヤ出版，33–47.
クスマノ，マイケル・A／アナベル・ガワー／デヴィッド・B・ヨッフィー（2020）『プラットフォームビジネス　デジタル時代を支配する力と陥穽』（青島矢一監訳）有斐閣.（原著：Michael A. Cusumano, Annabelle Gawer, and David B. Yofffie, 2019, *The Business of Platforms: Strategy in the Age of Digital Competition, Innovation, and Power*, Harper Business）
クルーグマン，ポール（1994）『脱「国境」の経済学』（北村行伸・高橋亘・妹尾美起訳）東洋経済新報社.（原著：Paul Krugman, 1991, *Geography and Trade*, The MIT Press）
黒田敏史（2014）「第 3 章　多面市場における競争戦略」岡田羊祐・林秀弥（編著）『クラウド産業論　流動化するプラットフォームにおける競争と規制』勁草書房，47–66.
小池和男（2005）『仕事の経済学　第 3 版』東洋経済新報社.
河谷清文（編著），中川寛子・西村暢史（著）（2023）『経済法』有斐閣アルマ.
小塚荘一郎（2019）『AI の時代と法』岩波新書.
——（2023）「人口知能（AI）とデータの時代の法律学とは？」飯田高・近藤絢子・砂原庸介・丸山里美（編）『世の中を知る，考える，変えていく　高校生からの社会科学講義』有斐閣，224–238.
ゴールディン，クラウディア（2023）『なぜ男女の賃金に格差があるのか　女性の生き方の経済学』（鹿田昌美訳）慶應義塾大学出版会.

（原著：Claudia Goldin, 2021, *Career & Family: Women's Century-Long Journey Toward Equity*, Princeton University Press）
斉藤利彦（2010）『試験と競争の学校史』講談社学術文庫.
齊藤誠（2021）『教養としてのグローバル経済　新しい時代を生き抜く力を培うために』有斐閣.
佐和隆光（1995）『資本主義の再定義　21 世紀問題群ブックス 20』岩波書店.
宍戸常寿・大屋雄裕・小塚荘一郎・佐藤一郎（編著）（2020）『AI と社会と法　パラダイムシフトは起きるか？』有斐閣.
柴田潤子（2021）「デジタルプラットフォームに対する優越的地位の濫用規制の意義」日本経済法学会年報第 42 号『デジタルプラットフォームと独禁法』40–60.
下津秀幸（2022）「公正取引委員会における経済分析の活用について」『公正取引』No.856, 42–47.
シャピロ，カール／ハル・ヴァリアン（2018）『情報経済の鉄則　ネットワーク型経済を生き抜くための戦略ガイド』（大野一訳）日経 BP.（原著：Carl Shapiro and Hal R. Varian, 1999, *Information Rules: A Strategic Guide to the Network Economy*, Harvard Business School Press）
ジョーク，ジャスティン（2022）『統計学を革命する　資本主義を支える AI とアルゴリズム』（本多真奈美訳）青土社.（原著：Justin Joque, 2021, *Revolutionary Mathematics*, Verso Books）
スタック，モーリス・E／アレン・P・グランズ（2022）『ビッグデータと競争政策』（佐々木勉訳）中央経済社.（原著：Maurice E. Stucke and Allen P. Grunes, 2016, *Big Data and Competition Policy*, Oxford University Press）
白石忠志（2023a）『独禁法講義　第 10 版』有斐閣.
——（2023b）『独占禁止法　第 4 版』有斐閣.
スルネック，ニック（2022）『プラットフォーム資本主義』（大橋完太郎・居村匠訳）人文書院.（原著：Nick Srnicek, 2017, *Platform Capitalism*, Polity Press）

善如悠介・佐藤進・橘高勇太（2023）「第15章　プラットフォームによる自己優遇の経済分析」根岸哲・泉水文雄・和久井理子（編著）『プラットフォームとイノベーションをめぐる新たな競争政策の構築』商事法務，343–366.
大東泰雄（2023）「第5章　優越的地位の濫用」白石忠志（監修）池田毅・藪内俊輔・秋葉健志・松田世理奈・実務競争法研究会編著『全訂版　ビジネスを促進する　独禁法の道標』第一法規，256–273.
高木聡一郎（2022）「ウェブ3の展望㊦　新たな価値を生む基盤にも」日本経済新聞，2022年8月31日朝刊，「経済教室」欄.
滝川敏明（2017）「不当廉売における原価の基準」金井貴嗣・泉水文雄・武田邦宣編『経済法判例・審決百選　第2版』有斐閣，126–127.
武田邦宣（2021）「デジタルプラットフォームと競争者排除行為規制」日本経済法学会年報第42号『デジタルプラットフォームと独禁法』17–39.
武田晴人（2008a）『高度成長　シリーズ日本近現代史⑧』岩波書店.
——（2008b）『日本人の経済観念　歴史に見る異端と普遍』岩波現代文庫.
武隈愼一（2016）『新版　ミクロ経済学』新世社.
遠山祐太（2020）「グローバル経済における企業合併：韓国における現代・起亜自動車の合併事例」経済セミナー編集部（編）『経済セミナー増刊　進化するビジネスの実証分析』日本評論社，114–121.
土居直史（2020）「ネットワーク効果——空港利用の間接ネットワーク効果の実証分析」経済セミナー編集部（編）『経済セミナー増刊　進化するビジネスの実証分析』日本評論社，122–130.
中里実（2020）「情報と課税」中里実・太田洋・伊東剛志（編著）『デジタルエコノミーと課税のフロンティア』有斐閣，2–12.
西村和雄（2011）『ミクロ経済学　第3版』岩波書店.
楡井誠（2023）『マクロ経済動学　景気循環の起源の解明』有斐閣.
根井雅弘（2021）『今こそ読みたいガルブレイス』集英社インターナショナル新書.

根岸隆（1985）『ワルラス経済学入門　「純粋経済学要論」を読む』岩波セミナーブックス.
――（2001）『改訂版　経済学史入門』放送大学教育振興会.
――（2011）『一般均衡論から経済学史へ』ミネルヴァ書房.
野田俊也（2022）「マーケットデザインで考えるスマートコントラクトの未来」日本経済研究センター編『使える！経済学　データ駆動社会で始まった大変革』日本経済新聞出版，127–155.
ハジウ，アンドレイ／ジュリアン・ライト（2021）「巨大プラットフォーム企業の支配力をしたたかに利用する方法」（倉田幸信訳）『DIAMOND ハーバード・ビジネス・レビュー』2021 年 10 月号，14–25.
蓮實重彥（2001）『私が大学について知っている二，三の事柄』東京大学出版会.
花薗誠（2018）『産業組織とビジネスの経済学』有斐閣ストゥディア.
林秀弥（2022）「法学から見る競争政策と経済学」『公正取引』No.856, 20–26.
林貴志（2013）『ミクロ経済学　増補版』ミネルヴァ書房.
林文夫（2000）「経済を知る（下）磨こう　経済学的な思考力」『日本経済新聞』2000 年 3 月 31 日朝刊，「経済教室」面.
春名章二（2004）『産業組織論』中央経済社.
フリスビー，ドミニク（2021）『税金の世界史』（中島由華訳）河出書房新社.（原著：Dominic Frisby, 2019, *Daylight Robbery*, Penguin Books）
フリードマン，トーマス（2010）『フラット化する世界　経済の大転換と人間の未来』上中下（伏見威蕃訳）日本経済新聞出版社.（原著：Thomas L. Friedman, 2005, *The World Is Flat: A Brief History of the Twenty-first Century*, Farrar, Straus and Giroux）
ポズナー，エリック・A.／E・グレン・ワイル（2019）『ラディカル・マーケット　脱・私有財産の世紀　公正な社会への資本主義と民主主義改革』（安田洋祐監訳，遠藤真美訳）東洋経済新報社.（原著：Eric A. Posner and E. Glen Weyl, 2018, *Radical Markets: Uprooting Capitalism and Democracy for a Just Society*, Princeton University

Press)
マカフィー，アンドリュー／エリック・ブリニョルフソン（2018）『プラットフォームの経済学』（村井章子訳）日経 BP.（原著：Andrew McAfee and Erik Brynjolfsson, 2017, *Machine, Platform, Crowd: Harnessing Our Digital Future,* W. W. Norton & Company）
幕田英雄（2017）『公取委実務から考える独占禁止法』商事法務.
マグレイン，シャロン・バーチュ（2018）『異端の統計学　ベイズ』（冨永星訳）草思社文庫.（原著：Sharon Bertsch McGrayne, 2011, *The Theory That Would Not Die: How Bayes' Rule Cracked the Enigma Code, Hunted Down Russian Submarines, and Emerged Triumphant from Two Centuries of Controversy,* Yale University Press）
松井彰彦（2018）『市場って何だろう　自立と依存の経済学』ちくまプリマー新書.
松沢裕作（2018）『生きづらい明治社会　不安と競争の時代』岩波ジュニア新書.
松島法明・植田真太郎・中田健介（2022）「デジタル・プラットフォーム事業者によるエコシステム形成・拡大について」公正取引委員会・競争政策研究センター・ディスカッションペーパー CPDP–89–1–J.
松原望（2019）「統計学　その銀の時代——明治日本の国政をリードした福澤，大隈，杉，呉の学識」『UP』（東京大学出版会 PR 誌），2019 年 1 月号，1–14.
松山公紀（1994）「独占的競争の一般均衡モデル」，岩井克人・伊藤元重（編著）『現代の経済理論』東京大学出版会，103–137.
丸山徹（2008）『ワルラスの肖像』勁草書房.
丸山眞男（1986）『「文明論之概略」を読む　上』岩波新書.
丸山雅祥（2017）『経営の経済学　第 3 版』有斐閣.
——（2020）『市場の世界　新しい経済学を求めて』有斐閣.
——・成生達彦（1997）『現代のミクロ経済学　情報とゲームの応用ミクロ』創文社.
三枝暁子（2022）『日本中世の民衆世界　西京神人の世界』岩波新書.

水町勇一郎（2022）「第１章　問題の所在と日本法の状況」，石田信平・竹内（奥野）寿・橋本陽子・水町勇一郎『デジタルプラットフォームと労働法　労働者概念の生成と展開』東京大学出版会，1–19.
宮川努（2018）『生産性とは何か　日本経済の活力を問いなおす』ちくま新書.
宮崎義一（1972）『寡占　現代の経済機構』岩波新書.
宮本又郎（2013）『シリーズ日本の近代　企業家たちの挑戦』中公文庫.
明城聡・大西宏一郎（2022）『産業組織のエッセンス』有斐閣ストゥディア.
村上政博（2017）『独占禁止法 新版　国際標準の競争法へ』岩波新書.
森嶋通夫（1994）『思想としての近代経済学』岩波新書.
矢野誠（2020）「序章　ソシオ・エコノミクスと第４次産業革命」矢野誠（編）『第４次産業革命と日本経済　経済社会の変化と持続的成長』東京大学出版会，1–13.
山口慎太郎（2021）『子育て支援の経済学』日本評論社.
山本和博（2022）『大都市はどうやってできるのか』ちくまプリマー新書.
横山和輝（2018）『日本史で学ぶ経済学』東洋経済新報社.
吉川洋（2012）『高度成長　日本を変えた六〇〇〇日』中公文庫.
レヴィ，スティーブン（2011）『グーグル　ネット覇者の真実　追われる立場から追う立場へ』（仲達志・池村千秋訳）阪急コミュニケーションズ.（原著：Steven Levy, 2011, *In the Plex: How Google Thinks, Works, and Shapes Our Lives*, Simon & Schuster）
渡辺努（2022）『物価とは何か』講談社選書メチエ.

Adachi, T.（2002）“A Note on “Third-Degree Price Discrimination with Interdependent Demands”,” *Journal of Industrial Economics*, 50(2), 235.
——（2004）“Reply to Paolo Bertoletti, “A Note on Third-Degree Price Discrimination and Output”,” *Journal of Industrial Economics*, 52(3), 457.

—— (2005) "Third-Degree Price Discrimination, Consumption Externalities, and Social Welfare," *Economica*, 72 (285), 171–178.

—— (2023) "A Sufficient Statistics Approach for Welfare Analysis of Oligopolistic Third-Degree Price Discrimination," *International Journal of Industrial Organization*, 86, 102893.

——, and M. Fabinger (2022) "Pass-Through, Welfare, and Incidence under Imperfect Competition," *Journal of Public Economics*, 211, 104589.

——, R. Hashizume, T. Ikeda, T. Nariu, and T. Okada (2023) *Recent Advances in the Theory of Third-Degree Price Discrimination: A Nexus to Network, Innovation, and Behavioral Economics*, Springer.

——, and N. Matsushima (2014) "The Welfare Effects of Third - Degree Price Discrimination in a Differentiated Oligopoly," *Economic Inquiry*, 52 (3), 1231–1244.

——, S. Sato, and M. J. Tremblay (2023) "Platform Oligopoly with Endogenous Homing: Implications for Mergers and Free Entry," *Journal of Industrial Economics*, 71 (4), 1203–1232.

——, and M. J. Tremblay (2020) "Business-to-Business Bargaining in Two-Sided Markets," *European Economic Review*, 130, 103591.

Anderson, S., and Ö. Bedre-Defolie (2022) "Online Trade Platforms: Hosting, Selling, or Both?" *International Journal of Industrial Organization*, 84, 102861.

Armstrong, M. (2006) "Competition in Two-Sided Markets," *RAND Journal of Economics*, 37 (3), 668–691.

d'Aspremont, C., and R. Dos Santos Ferreira (2021) *The Economics of Competition, Collusion and In-between*, Palgrave Macmillan.

Azar, J., and X. Vives (2021) "General Equilibrium Oligopoly and Ownership Structure," *Econometrica*, 89 (3), 999–1048.

Becker, G. S. (1991) "A Note on Restaurant Pricing and Other Examples of Social Influences on Price," *Journal of Political Economy*, 99 (5), 1109–1116.

Belleflamme, P., and M. Peitz (2021) *The Economics of Platforms: Concepts and Strategy*, Cambridge University Press.

Caillaud, B., and B. Jullien (2003) "Chicken & Egg: Competition among Intermediation Service Providers," *RAND Journal of Economics*, 34(2), 309–328.

Catalini, C., and J. S. Gans (2020) "Some Simple Economics of the Blockchain," *Communications of the ACM*, 63(7), 80–90.

Clark, J. M. (1940) "Toward a Concept of Workable Competition," *American Economic Review*, 30(2), Part 1, 241–256.

Coase, R. H. (1988) *The Firm, the Market, and the Law*, The University of Chicago Press.（邦訳：ロナルド・H・コース『企業・市場・法』（宮澤健一・後藤晃・藤垣芳文訳）ちくま学芸文庫，2020 年）

Correia-da-Silva, J., B. Jullien, Y. Lefouili, and J. Pinho (2019) "Horizontal Mergers between Multisided Platforms: Insights from Cournot Competition," *Journal of Economics & Management Strategy*, 28(1), 109–124.

de Cornière, A., A. Mantovani, and S. Shekhar (2023) "Third-Degree Price Discrimination in Two-Sided Markets," Unpublished.

Etro, F. (2023) "Hybrid Marketplaces with Free Entry of Sellers," *Review of Industrial Organization*, 62, 119–148.

Farrell, J., and C. Shapiro (1990) "Horizontal Mergers: An Equilibrium Analysis," *American Economic Review*, 80(1), 107–126.

Hashizume, R., T. Ikeda, and T. Nariu (2021) "Price Discrimination with Network Effects: Different Welfare Results from Identical Demand functions," *Economics Bulletin*, 41(3), 1807–1812.

Hirschman, A. O. (1945) *National Power and the Structure of Foreign Trade*, University of California Press.（邦訳：アルバート・ハーシュマン『国力と外国貿易の構造』（飯田敬輔訳）勁草書房，2011 年）

Johnson, D. B. (1973) "Meade, Bees, and Externalities," *Journal of Law & Economics*, 16(1), 35–52.

Jullien, B., A. Pavan, and M. Rysman (2021) "Two-Sided Markets, Pricing, and Network Effects," K. Ho, A. Hortaçsu, and A. Lizzeri (eds.), *Handbook of Industrial Organization*, 4(1), 485–592.

Kaplow, L. (2023) "Competition Policy in a Simple General Equilibrium Model," *Journal of Political Economy Microeconomics*, 1(1), 80–114.

Katz, M. L., and C. Shapiro (1985) "Network Externalities, Competition, and Compatibility," *American Economic Review*, 75(3), 424–440.

Kreps, D. M., and J. A. Scheinkman (1983) "Quantity Precommitment and Betrand Competition Yield Cournot Outcomes," *Bell Journal of Economics*, 14(2), 326–337.

Landes, W. M., and R. A. Posner (1981) "Market Power in Antitrust Cases," *Harvard Law Review*, 94(5), 937–996.

Layson, S. (1988) "Third-Degree Price Discrimination, Welfare and Profits: A Geometrical Analysis," *American Economic Review*, 78(5), 1131–1132.

Leibenstein, H. (1950) "Bandwagon, Snob, and Veblen Effects in the Theory of Consumers' Demand," *Quarterly Journal of Economics*, 64(2), 183–207.

Lerner, A. P. (1934) "The Concept of Monopoly and the Measurement of Monopoly Power," *Review of Economic Studies*, 1(3), 157–175.

Lerner, J., and J. Tirole (2002) "Some Simple Economics of Open Source," *Journal of Industrial Economics*, 50(2), 197–234.

Motta, M. (2004) *Competition Policy: Theory and Practice*, Cambridge University Press.

Nocke, V., and M. D. Whinston (2010) "Dynamic Merger Review," *Journal of Political Economy*, 118(6), 1200–1251.

Okada, T. (2014) "Third-degree Price Discrimination with Fairness-concerned Consumers," *The Manchester School*, 82(6), 701–715.

Olson, M. (1965/1971) *The Logic of Collective Action: Public Goods and the Theory of Groups*, Harvard University Press.

Pigou, A. C.（1920）*The Economics of Welfare*, Macmillan.（邦訳：A・C ピグウ『厚生経済学』(1) − (4)（永田清監修／気賀健三・千種義人・鈴木諒一・福岡正夫・大熊一郎訳）東洋経済新報社，1953–1955 年）

Rochet, J.-C., and J. Tirole（2003）"Platform Competition in Two-Sided Markets," *Journal of the European Economic Association*, 1(4), 990–1029.

Rohlfs, J.（1974）"A Theory of Interdependent Demand for a Communications Service," *Bell Journal of Economics and Management Science*, 5(1), 16–37.

Rust, J.（2014）"The Limits of Inference with Theory: A Review of Wolpin（2013）," *Journal of Economic Literature*, 52(3), 820–850.

Schmalensee, R.（1981）"Output and Welfare Implications of Monopolistic Third-Degree Price Discrimination," *American Economic Review*, 71(1), 242–247.

——（2002）"Payment Systems and Interchange Fees," *Journal of Industrial Economics*, 50(2), 103–122.

Song, M.（2021）"Estimating Platform Market Power in Two-Sided Markets with an Application to Magazine Advertising," *American Economic Journal: Microeconomics*, 13(2), 35–67.

Teh, T.-H., C. Liu, J. Wright, and J. Zhou（2023）"Multihoming and Oligopolistic Platform Competition," *American Economic Journal: Microeconomics*, 15(4), 68–113.

Tremblay, M. J., T. Adachi, and S. Sato（2023）"Cournot Platform Competition with Mixed-Homing," *International Journal of Industrial Organization*, 91, 103002.

Zennyo, Y.（2022）"Platform Encroachment and Own-Content Bias," *Journal of Industrial Economics*, 70(3), 684–710.

Zhu, F., and Q. Liu（2018）"Competing with Complementors: An Empirical Look at Amazon.com," *Strategic Management Journal*, 39(10), 2618–2642.